설교자를 위한
속 시원한 로마서

설교자를 위한

속 시원한 로마서

copyright ⓒ 대서출판사 2010

초판 1쇄 인쇄 2010년 12월 6일
초판 1쇄 발행 2010년 12월 9일

    지은이 홍인규
    펴낸이 장대윤

    펴낸곳 도서출판 대서
    등 록 제22-2411호
    주 소 서울시 서초구 방배동 981-56
    전 화 02-583-0612 / 팩스 02-583-0543
    메 일 daiseo1216@hanmail.net

    디자인 참디자인(02-3216-1085)

ISBN 978-89-92619-41-7 03230

책값은 뒷표지에 있습니다.
잘못된 책은 교환하여 드립니다.

홍인규 지음

설·교·자·를·위·한
속 시원한 로마서

로마서를 연구하는 분들이나 설교를 준비하는 분들이 로마서 주석서나 다른 해설서를 보기 전에 반드시 본서를 먼저 읽어야 한다. 그래야 독자적으로 본문의 핵심 내용을 파악할 수 있고, 그에 따라 여러 주석서들을 비평적으로 지혜롭게 이용할 수 있게 될 것이다. _ 저자 서문 중에서

✤ 구문 분석에 근거한 로마서 각 단락의 핵심 해설 ✤

도서출판
대서

서문

로마서에 대한 주석서는 홍수처럼 쏟아지고 있다. 그리고 주석서의 부피도 갈수록 엄청나게 커져가고 있다. 견해가 다른 학자들과의 대화가 많아지고 복잡해지기 때문이다. 그러나 우리가 로마서 본문의 내용을 가능한 한 있는 그대로 파악하기 위해서는, 다른 학자들과의 대화보다는 본문 자체와의 대화가 우선적으로 중요하다.

본서는 독특하게 구성되어 있다. 1) 먼저 헬라어 텍스트의 구문 분석이 등장한다. 구문 분석 없이 문장을 이해하는 것은 불가능하다. 많은 주석가들이 구문 분석 없이 주석 작업에 들어가는 것은 이해하기 어렵다. 안으로(오른쪽으로) 약간 들여 쓴 구(phrase)나 절(clause)은 선행하는 구(phrase)나 절(clause)에 종속됨을 나타낸다. 2) 한글 본문은 직역에 충실한 한글개역개정이다. 그런데 필자는 종종 이 번역과 다른 번역이나 해석을 제시한다. 3) 형식 관찰은 다양한 수사학적 기법에 주목한다. 이 기법은 민감한 독자들에게 저자의 의도를 파악하도록 신호를 보내는 것이다. 우리가 주로 주목하는 기법은 인클루지오(inclusio), 평행법, 교차대구법(chiasmus), 반복법, 대조 등이 있다. 이 형식 관찰을 통해서 우리는 저자의 논리의 흐름과 강조점을 파악할 수 있다. 구문 분석된 헬라어 텍스트에서 밑줄 그어진 단어나 문장은 그 단락의 중심 단어나 중심 문장을 의미한다. 4) 본문 흐름은 인접 문맥 속에서 저자의 논리의 흐름을 추적하는 것이다. 여기서 우리는 특별히 접속사의 의미와 역할에 주목한다. 5) 내용 정리는 문단의 내용을 일목요연하게 정리하는 것이다.

필자는 로마서를 연구하는 분들이나 설교를 준비하는 분들이 로마서 주석서나 다른 해설서를 보기 전에 반드시 본서를 먼저 읽어야 한다고 생각한다. 그래야 독자적으로 본문의 핵심 내용을 파악할 수 있고, 그에 따라 여러 주석서들을 비평적으로 지혜롭게 이용할 수 있게 될 것이다.

본서를 작성하는 데 여러 사람들의 도움을 받았다. 처음 구상할 때부터 여러 가지 아이디어를 주고 출판 작업에서도 도움을 주신 배동한 목사님, 세심하게 교정을 해 주신 제 아내 이경복님, 그리고 출판을 허락해 주신 대서 장대윤님께 감사를 드린다. 또한 의미 있는 말씀 사역의 현장을 제공해 주신 백석대학교 설립자 장종현 목사님께 심심한 감사를 드린다.

SOLI DEO GLORIA

목차

* 서문 _ 4

I. 편지 서문 1:1-17 /9

   1. 서두의 인사 (1:1-7) _ 11
   2. 바울의 감사와 로마 방문 계획 (1:8-15) _ 15
   3. 로마서의 주제: 하나님의 의의 계시 (1:16-17) _ 20

II. 하나님의 의와 인간의 믿음 1:18-4:25 /23

   1. 하나님의 진노 아래 있는 인간 (1:18-3:20) _ 25
     1) 인간의 하나님 배척 (1:18-23)
     2) 하나님의 진노 (1:24-32)
     3) 하나님의 공평하신 심판 (2:1-11)
     4) 율법 소유는 안전보장의 수단이 아니다 (2:12-16)
     5) 유대인의 율법 위반 (2:17-24)
     6) 율법을 지키지 않으면 할례는 무익하다 (2:25-29)
     7) 유대인의 항의 (3:1-8)
     8) 죄의 권세 아래 있는 인류 (3:9-20)
   2. 하나님의 의와 인간의 믿음 (3:21-31) _ 59
   3. 아브라함의 선례 (4:1-25) _ 66
     1) 믿음으로 의롭다 하심을 얻은 아브라함 (4:1-12)
     2) 약속은 아브라함처럼 믿는 자에게 성취된다 (4:13-25)

III. 그리스도 안에서의 새 삶과 미래 소망 5:1-8:39 /77

1. 그리스도인의 현재 복과 미래 소망 (5:1-11) _ 79
2. 마지막 아담의 은혜의 통치 (5:12-21) _ 82
3. 죄의 세력에 대한 죽음과 하나님에 대한 삶 (6:1-23) _ 92
   1) 죄에 대한 죽음과 하나님께 대한 삶 (6:1-14)
   2) 하나님께 대한 새로운 순종 (6:15-23)
4. 율법의 권세로부터의 해방 (7:1-6) _ 106
5. 율법과 죄 (7:7-25) _ 111
   1) 죄의 도구로 전락된 율법 (7:7-13)
   2) 죄의 지배 아래 있는 자의 탄식 (7:14-25)
6. 성령 안에서의 새로운 삶 (8:1-17) _ 124
   1) 성령 안에서의 새 삶 (8:1-13)
   2) 성령과 하나님의 자녀로서의 삶 (8:14-17)
7. 고난과 미래 소망 (8:18-30) _ 135
8. 하나님의 변함없는 사랑과 믿음의 확신 (8:31-39) _ 141

IV. 이스라엘의 불신앙과 하나님의 의 9:1-11:36 /147

1. 이스라엘에 대한 바울의 비탄 (9:1-5) _ 149
2. 하나님의 주권적인 은혜의 선택 (9:6-29) _ 152
   1) 하나님의 주권적인 선택 (9:6-13)
   2) 하나님의 주권과 자비 (9:14-29)
3. 그리스도 안에 나타난 하나님의 의를 거절한 이스라엘 (9:30-10:21) _ 164
   1) 하나님의 의에 대한 이스라엘의 오해 (9:30-10:4)
   2) 율법으로 말미암는 의와 믿음으로 말미암는 의 (10:5-13)
   3) 복음에 대한 이스라엘의 불순종 (10:14-21)
4. 이스라엘의 위한 하나님의 자비로운 계획 (11:1-32) _ 179
   1) 이스라엘의 남은 자 (11:1-10)
   2) 이스라엘의 회복에 대한 소망 (11:11-24)

3) 이스라엘의 구원에 대한 비밀 (11:25-32)

5. 하나님께 대한 찬양 (11:33-36) _ 197

V. 그리스도인의 실제적인 순종의 삶 12:1-15:13 /201

1. 그리스도인의 영적 예배 (12:1-2) _ 203
2. 그리스도의 몸 안에서의 은사 활용 (12:3-8) _ 206
3. 형제자매에 대한 사랑과 외인들에 대한 사랑 (12:9-21) _ 209
4. 국가에 대한 그리스도인의 책임 (13:1-7) _ 215
5. 율법의 완성인 사랑 (13:8-10) _ 220
6. 권면의 종말론적인 기초 (13:11-14) _ 223
7. 공동체 안에서 서로 받으라는 호소 (14:1-15:13) _ 227

1) 서로 반대하지 말라는 호소 (14:1-12)

2) 강한 자에 대한 권면 (14:13-23)

3) 그리스도의 모범 (15:1-6)

4) 서로 받으라는 권면 (15:7-13)

VI. 결론 15:14-16:27 /247

1. 바울의 선교 사역 (15:14-21) _ 249
2. 바울의 여행 계획 (15:22-33) _ 254
3. 마지막 인사 (16:1-23) _ 260

1) 뵈뵈의 천거 (16:1-2)

2) 바울의 문안 인사 (16:3-16)

3) 거짓 선생에 대한 경고 (16:17-20)

4) 바울의 동역자들의 문안 인사 (16:21-23)

4. 결론적인 송영 (16:25-27) _ 273

* 참고문헌 _ 277

I 편지 서문 1:1-17

서두의 인사 1:1-7

| 서두의 인사 1:1-7

1) 구문 분석

1 Παῦλος
　바울은

　　δοῦλος Χριστοῦ Ἰησοῦ,
　　그리스도 예수의 종

　　κλητὸς ἀπόστολος
　　사도로 부르심을 받아

　　ἀφωρισμένος εἰς εὐαγγέλιον θεοῦ,
　　하나님의 복음을 위하여 택정함을 받았으니

2　　ὃ προεπηγγείλατο διὰ τῶν προφητῶν αὐτοῦ ἐν γραφαῖς ἁγίαις
　　이 복음은 하나님이 그의 선지자들을 통하여 성경에 미리 약속하신 것이라

3　　περὶ τοῦ υἱοῦ αὐτοῦ
　　그의 아들에 관하여 (미리 약속하신)

　　　τοῦ γενομένου ἐκ σπέρματος Δαυὶδ κατὰ σάρκα,
　　　육신으로는 다윗의 후손으로 태어나셨고

4　　　τοῦ ὁρισθέντος υἱοῦ θεοῦ ἐν δυνάμει κατὰ πνεῦμα ἁγιωσύνης
　　　성결의 영으로는 하나님의 권능 있는 아들(Son of God in power)로 1) 선포되셨으니

     ἐξ ἀναστάσεως νεκρῶν,
     죽은 자들 가운데서 부활하사

     Ἰησοῦ Χριστοῦ τοῦ <u>κυρίου</u> ἡμῶν,
     곧 우리 주 예수 그리스도시니라

5   δι' οὗ ἐλάβομεν χάριν καὶ ἀποστολὴν
    그로 말미암아 우리가 은혜와 사도의 직분을 받아

      εἰς ὑπακοὴν πίστεως
      믿어 순종하게 하나니

       ἐν πᾶσιν τοῖς ἔθνεσιν
       모든 이방인 중에서

      ὑπὲρ τοῦ ὀνόματος αὐτοῦ,
      그의 이름을 위하여

6   ἐν οἷς ἐστε καὶ ὑμεῖς κλητοὶ Ἰησοῦ Χριστοῦ,
        그들 중에서 너희도 예수 그리스도의 것으로 부르심을 받은 자니라

7 πᾶσιν τοῖς οὖσιν ἐν Ῥώμῃ ἀγαπητοῖς θεοῦ, κλητοῖς ἁγίοις,
  (나 바울은) 로마에 살며 하나님의 사랑하심을 받고 성도로 부르심을 받은 모든 자에게 (편지하노라)

    χάρις ὑμῖν καὶ εἰρήνη
    은혜와 평강이 있기를 원하노라

      ἀπὸ θεοῦ πατρὸς ἡμῶν καὶ κυρίου Ἰησοῦ Χριστοῦ.
      하나님 우리 아버지와 주 예수 그리스도로부터

2) 한글 본문

1 예수 그리스도의 종 바울은 사도로 부르심을 받아 하나님의 복음을 위하여 택정함을 입었으니

2 이 복음은 하나님이 선지자들을 통하여 그의 아들에 관하여 성경에 미리 약속하신 것이라

3 그 아들에 관하여 말하면 육신으로는 다윗의 혈통으로 나셨고

---

1) ἐν δυνάμει라는 전치사구는 동사 ὁρισθέντος보다는 명사구 υἱοῦ θεοῦ를 수식한다. M. Zerwick, *A Grammatical Analysis of the Greek New Testament* (Roma: Editrice Pontificio Istituto Biblico, 1988), 457.

4 성결의 영으로는 죽은 자들 가운데서 부활하사 능력으로 하나님의 아들로 선포되셨으니 곧 우리 주 예수 그리스도시니라

5 그로 말미암아 우리가 은혜와 사도의 직분을 받아 그의 이름을 위하여 모든 이방인 중에서 믿어 순종하게 하나니

6 너희도 그들 중에서 예수 그리스도의 것으로 부르심을 받은 자니라

7 로마에서 하나님의 사랑하심을 받고 성도로 부르심을 받은 모든 자에게 하나님 우리 아버지와 주 예수 그리스도로부터 은혜와 평강이 있기를 원하노라

3) 형식 관찰

(1) 이 서두는 고대 헬라 편지의 서두에 나타나는 전형적인 형식을 취한다. 곧, 발신자(바울)가 수신자(로마 성도)에게 인사한다는 형태를 취한다.

(2) 여기서 매우 특징적인 것은 바울이 발신자 자신을 언급하면서, 자기 자신과 복음에 관한 긴 삽입구(1:1b-6)를 포함시킨다는 것이다.[2)] 이 삽입구에 있는 내용이 로마서의 복음을 이해하는 열쇠를 제공한다.

(3) 바울이 1:2-4에서 하나님의 복음의 내용인 하나님의 아들을 '다윗의 자손,' '하나님의 권능 있는 아들' 그리고 '주'로 제시하고 있는 것을 주목하라.

(4) 1:3-5에서 아들에 대한 설명을 할 때, '육신으로는'(지상적인 관점)과 '성결의 영으로는'(천상적인 관점) 사이의 대조적인 평행을 주목하라.

(5) 1:1-6이 한 문장인 것을 주목하라.

4) 본문의 흐름

1:1-7은 로마서의 서두다. 이 서두는 발신자, 수신자, 그리고 인사로 구성되어 있다.

발신자 바울은 먼저 1:1에서 자신을 세 가지로 소개한다. (1) 그리스도 예수의 종이다.

---

2) J. D. G. Dunn, *Romans 1-8* (WBC; Dallas: Word Books, 1988), 4-5.

(2) 사도로 부르심을 받았다. (3) 하나님의 복음을 위하여 따로 세우심을 받았다.

바울은 1:2이하에서 하나님의 복음에 대해 설명한다. 이 복음은 하나님이 그의 선지자들을 통하여 그의 아들에 관하여 성경에 미리 약속하신 것이다(1:2).

그리고 1:3-4에서 복음의 핵심인 아들에 관하여 세 가지로 설명한다. (1) 육신으로는 다윗의 자손으로 나셨다. (2) 성결의 영으로는 죽은 자 가운데서 부활하여 하나님의 권능 있는 아들(υἱοῦ θεοῦ ἐν δυνάμει, Son of God in power)로 선포되셨다.[3] (3) 이 아들은 곧 우리 주 예수 그리스도시다.

바울은 주(Lord)를 통하여 은혜와 사도의 직분, 곧 사도직의 은혜를 받았다(1:5a).[4] 그 목적은 그의 이름을 위하여 모든 이방인이 믿고 순종하게[5] 하려는(εἰς ὑπακοὴν πίστεως) 것이다(1:5b). 이방인 중에서 로마 성도들도 예수 그리스도의 것으로 부르심을 받았다(1:6).

긴 삽입구(1:1b-6)를 끝내고, 1:7a에서 바울은 편지 수신자를 언급한다. 그들은 로마에 살며 하나님의 사랑하심을 받고 성도로 부르심을 받은 자들이다. 바울은 1:7b에서 그들에게 하나님 우리 아버지와 주 예수 그리스도로부터 은혜와 평강이 있기를 기원한다.

5) 내용 정리[6]

1:1a 발신자(바울)

1:1b,c,d 바울의 신분

1:2-4 복음에 대한 고백적인 정의

1:5-6 바울의 사도적 부르심과 사명

1:7a 수신자

1:7b 인사 7

---

3) 개역 개정은 1:4a를 이렇게 번역한다 "성결의 영으로는 죽은 자들 가운데서 부활하사 능력으로 하나님의 아들로 선포되셨으니."
4) χάριν καὶ ἀποστολὴν은 중언법으로 사도직의 은혜를 의미한다. Zerwick, *A Grammatical Analysis of the Greek New Testament*, 457.
5) 믿음과 순종의 관계에 대해서는, 홍인규, 『로마서 어떻게 읽을 것인가』, 개정증보판 (서울: 성서유니온, 2008), 37-38을 보라.
6) 참조. R. Jewett, *Romans* (Hermeneia; Minneapolis: Fortress, 2007), 99.

바울의 감사와 로마 방문 계획 1:8-15

| 바울의 감사와 로마 방문 계획 1:8-15

1) 구문 분석

8 Πρῶτον μὲν εὐχαριστῶ τῷ θεῷ μου
　　먼저 내가 내 하나님께 감사한다

　　　　διὰ Ἰησοῦ Χριστοῦ
　　　　예수 그리스도로 말미암아

　　　　περὶ πάντων ὑμῶν
　　　　너희 모두에 관하여

　　ὅτι ἡ πίστις ὑμῶν καταγγέλλεται ἐν ὅλῳ τῷ κόσμῳ.
　　이는 너희 믿음이 온 세상에 전파되고 있기 때문이로다

9 μάρτυς γάρ μού ἐστιν ὁ θεός,
　　하나님이 나의 증인이 되시거니와

　　　　ᾧ λατρεύω ἐν τῷ πνεύματί μου
　　　　내가 내 영으로 섬기는 (하나님)

　　　　　　ἐν τῷ εὐαγγελίῳ τοῦ υἱοῦ αὐτοῦ,
　　　　　　그의 아들의 복음 안에서

　　ὡς ἀδιαλείπτως μνείαν ὑμῶν ποιοῦμαι
　　내가 쉬지 않고 너희를 기억하며

10 πάντοτε ἐπὶ τῶν προσευχῶν μου
항상 내 기도에

δεόμενος
구하노라

εἴ πως ἤδη ποτὲ εὐοδωθήσομαι
어떻게 하든지 이제 마침내 길이 열리기를

ἐν τῷ θελήματι τοῦ θεοῦ
하나님의 뜻 안에서

ἐλθεῖν πρὸς ὑμᾶς.
너희에게로 나아갈

11 <u>ἐπιποθῶ γὰρ ἰδεῖν ὑμᾶς,</u>
<u>내가 너희 보기를 심히 원한다</u>

ἵνα τι μεταδῶ χάρισμα ὑμῖν πνευματικὸν
이는 내가 어떤 영적인 은사를 너희에게 나눠 주어

εἰς τὸ στηριχθῆναι ὑμᾶς,
너희를 견고하게 하려 함이니

12 τοῦτο δέ ἐστιν συμπαρακληθῆναι
이는 곧 내가 안위함을 얻으려 함이라

ἐν ὑμῖν
너희 가운데서

διὰ τῆς ἐν ἀλλήλοις πίστεως ὑμῶν τε καὶ ἐμοῦ.
서로의 믿음 곧 너희와 나의 믿음으로 말미암아

13 οὐ θέλω δὲ ὑμᾶς ἀγνοεῖν, ἀδελφοί,
형제들아 너희가 이것을 모르기를 원하지 아니하노니

ὅτι πολλάκις προεθέμην ἐλθεῖν πρὸς ὑμᾶς,
내가 여러 번 너희에게 가고자 한 것을

καὶ ἐκωλύθην ἄχρι τοῦ δεῦρο,
(그러나 지금까지 길이 막혔도다)

ἵνα τινὰ καρπὸν σχῶ
내가 얼마만큼 열매를 얻기 위하여

καὶ ἐν ὑμῖν καθὼς καὶ ἐν τοῖς λοιποῖς ἔθνεσιν.
너희 중에서도 다른 이방인 중에서와 같이

14 Ἕλλησίν τε καὶ βαρβάροις,
헬라인에게나 야만인에게나

σοφοῖς τε καὶ ἀνοήτοις
지혜 있는 자에게나 어리석은 자에게

ὀφειλέτης εἰμί,
내가 빚진 자라

15 οὕτως τὸ κατ' ἐμὲ πρόθυμον καὶ ὑμῖν τοῖς ἐν Ῥώμῃ εὐαγγελίσασθαι.
그러므로 나는 할 수 있는 대로 로마에 있는 너희에게도 복음 전하기를 원하노라

2) 한글 본문

8 먼저 내가 예수 그리스도로 말미암아 너희 모든 사람에 관하여 내 하나님께 감사함은 너희 믿음이 온 세상에 전파됨이로다

9 내가 그의 아들의 복음 안에서 내 심령으로 섬기는 하나님이 나의 증인이 되시거니와 항상 내 기도에 쉬지 않고 너희를 말하며

10 어떻게 하든지 이제 하나님의 뜻 안에서 너희에게로 나아갈 좋은 길 얻기를 구하노라

11 내가 너희 보기를 간절히 원하는 것은 어떤 신령한 은사를 너희에게 나누어 주어 너희를 견고하게 하려 함이니

12 이는 곧 내가 너희 가운데서 너희와 나의 믿음으로 말미암아 피차 안위함을 얻으려 함이라

13 형제들아 내가 여러 번 너희에게 가고자 한 것을 너희가 모르기를 원하지 아니하노니 이는 너희 중에서도 다른 이방인 중에서와 같이 열매를 맺게 하려 함이로되 지금까지 길이 막혔도다

14 헬라인이나 야만인이나 지혜 있는 자나 어리석은 자에게 다 내가 빚진 자라

15 그러므로 나는 할 수 있는 대로 로마에 있는 너희에게도 복음 전하기를 원하노라

3) 형식 관찰

(1) 고대 헬라 편지 관례에 따라, 바울은 서론에 자신의 독자들을 위하여 감사(1:8)와 기도(1:10)를 포함하고 있다.

(2) 이 단락에서 바울은 자신의 주요 관심사인 믿음, 이방인, 복음화를 강조하고 있다.

(3) 바울이 서신의 본론(1:18-15:13)을 완성하고, 편지 결어가 시작되는 15:14-33에서 1:8-15에 표현된 관심사로 돌아오고 있는 것을 주목하라.

4) 본문의 흐름

인사 다음에, 바울은 감사와 기도를 덧붙인다. 그리고 그는 청중의 관심을 끌기 위해 그들을 방문하고자하는 열정과 의도를 표명하고 있다.[7]

바울은 먼저 1:8에서 하나님께 감사한다. 그 이유는(ὅτι) 로마 성도들의 믿음이 온 세상에 전파되고 있기 때문이다.

더 나아가 바울은 1:9-10에서 로마 성도들을 위하여 쉬지 않고 기도하고 있음을 확신시키며, 그들을 방문할 수 있기를 바라는 그의 간절한 기도를 언급한다.

1:11-12에서 바울은 로마 방문 목적(ἵνα)과 그 방문에서 바라는 바를 밝힌다. 곧, 영적 은사를 그들에게 나누어주어 그들을 견고하게 하고, 또한 서로의 믿음으로 서로 위로받기를 원한다는 것을 밝힌다.

1:13에서는 이방인의 사도로서 로마에서도 복음전하기를 원했지만, 왜 그때까지 로마에 갈 수 없었는지에 대하여 말한다.

1:14-15에서 바울은 사도로서 자신에게 부여된 의무에 대하여 말한다. 곧, 그는 모든 이방인들에게 빚진 자이기 때문에 로마 성도들에게도 복음 전하기를 갈망하고 있다고 말한다.

---

[7] 수사학적으로 볼 때, 이 부분은 서론(*exodium*)에 해당한다. 참조, Jewett, *Romans*, 117이하.

5) 내용 정리

1:8 바울의 감사

1:9-10 바울의 기도

1:11-12 바울의 로마 방문 열망과 목적

1:13 로마 방문을 위한 바울의 과거 계획 실패

1:14-15 바울의 사도적 의무

로마서의 주제: 하나님의 의의 계시 1:16-17

| 로마서의 주제: 하나님의 의의 계시 1:16-17

1) 구문 분석

16 Οὐ γὰρ ἐπαισχύνομαι τὸ εὐαγγέλιον,
   내가 복음을 부끄러워하지 아니하노니

   δύναμις γὰρ θεοῦ ἐστιν
   이 복음은 하나님의 능력이 됨이라

   εἰς σωτηρίαν
   구원을 주시는

   παντὶ τῷ πιστεύοντι, Ἰουδαίῳ τε πρῶτον καὶ Ἕλληνι.
   모든 믿는 자에게, 먼저는 유대인에게요 또한 헬라인에게,

17 δικαιοσύνη γὰρ θεοῦ ἐν αὐτῷ ἀποκαλύπτεται
   복음에는 하나님의 의가 나타나서

   ἐκ πίστεως εἰς πίστιν,
   믿음에서 믿음에 이르게 하나니

   καθὼς γέγραπται,
   기록된 바   함과 같으니라

   Ὁ δὲ δίκαιος ἐκ πίστεως ζήσεται.
   오직 의인은 믿음으로 말미암아 살리라

2) 한글 본문

16 내가 복음을 부끄러워하지 아니하노니 이 복음은 모든 믿는 자에게 구원을 주시는 하나님의 능력이 됨이라 먼저는 유대인에게요 그리고 헬라인에게로다

17 복음에는 하나님의 의가 나타나서 믿음으로 믿음에 이르게 하나니 기록된 바 오직 의인은 믿음으로 말미암아 살리라 함과 같으니라

3) 형식 관찰

(1) 형식적으로 볼 때, 1:16-17은 1:8에서 시작된 단락의 일부이자 절정이다. 1:16의 γάρ(for)는 1:15와 1:16을 연결시켜 준다.

(2) 1:16-17은 로마서 전체의 지배적인 주제다.

(3) 여기서 중심 용어는 '하나님의 의'와 '믿음'이다.

4) 본문의 흐름

1:16-17은 로마서 본론(1:18-15:13)의 명제(*propositio*)다.[8]

1:16a에서 바울은 복음을 부끄러워하지 않는다고 주장한다. 왜 그런가? 그 이유는(γάρ) 복음이 유대인이나 헬라인의 구분 없이 모든 믿는 자에게 구원을 주시는 하나님의 능력이기 때문이다(1:16b).[9] 그러면 복음은 왜 하나님의 구원하시는 능력인가? 그 이유는(γάρ) 복음 안에는 하나님의 의가 나타나 믿음에 이르게 하기 때문이다(1:17a).[10] 구약 하박국 2:4에 이렇게 기록되어 있다. "오직 의인은 믿음으로 말미암아 살리라"(1:17b). 이 구약 인용은 1:17a의 말씀을 지지해 준다.

---

8) 이것은 대부분의 학자들의 공통된 견해이다. 예. C. E. B. Cranfield, *The Epistle to the Romans*, I (ICC; Edinburgh: T. & T. Clark, 1975), 87; Dunn, *Romans 1-8*, 37; Jewett, *Romans*, 135.

9) Cranfield, *Romans*, I, 87.

10) Cranfield, *Romans*, I, 91.

5) 내용 정리

1:16a 복음에 대한 바울의 태도

1:16b 복음은 구원을 주시는 하나님의 능력이다

1:17a 복음에는 하나님의 의가 나타나 믿음에 이르게 한다

1:17b 성경적 입증

II 하나님의 의와 인간의 믿음
1:8-4:25

하나님의 진노 아래 있는 인간 1:18-3:20

| 인간의 하나님 배척 1:18-23

1) 구문 분석

18 Ἀποκαλύπτεται γὰρ ὀργὴ θεοῦ ἀπ' οὐρανοῦ
하나님의 진노가 하늘로부터 나타나나니

  ἐπὶ πᾶσαν ἀσέβειαν καὶ ἀδικίαν ἀνθρώπων
  사람들의 모든 경건하지 않음과 불의에 대하여

   τῶν τὴν ἀλήθειαν ἐν ἀδικίᾳ κατεχόντων,
   불의로 진리를 막는 (사람들의)

19   διότι τὸ γνωστὸν τοῦ θεοῦ φανερόν ἐστιν ἐν αὐτοῖς·
   이는 하나님을 알 만한 것이 그들 속에 뚜렷이 드러나 있기 때문이라

   ὁ θεὸς γὰρ αὐτοῖς ἐφανέρωσεν.
   하나님께서 그것을 그들에게 밝히 보여 주셨으므로

20 τὰ γὰρ ἀόρατα αὐτοῦ ἀπὸ κτίσεως κόσμου τοῖς ποιήμασιν νοούμενα καθορᾶται,
그의 보이지 아니하는 것들이 창세로부터 그가 만드신 만물에 의해 분명히 보여 알게 되나니

  ἥ τε ἀΐδιος αὐτοῦ δύναμις καὶ θειότης,
  곧 그의 영원하신 능력과 신성이

εἰς τὸ εἶναι αὐτοὺς ἀναπολογήτους,
그러므로 그들이 핑계하지 못할지니라

21 διότι γνόντες τὸν θεὸν
하나님을 알되

οὐχ ὡς θεὸν ἐδόξασαν ηὐχαρίστησαν,
하나님을 하나님으로 영화롭게 하지 아니하며 하나님께 감사하지도 아니하고

ἀλλ' ἐματαιώθησαν ἐν τοῖς διαλογισμοῖς αὐτῶν
오히려 그들의 생각이 허망하여지며

καὶ ἐσκοτίσθη ἡ ἀσύνετος αὐτῶν καρδία.
그들의 미련한 마음이 어두워졌나니

22 φάσκοντες εἶναι σοφοὶ
스스로 지혜 있다 하나

ἐμωράνθησαν
그들이 어리석게 되어

23 καὶ ἤλλαξαν τὴν δόξαν τοῦ ἀφθάρτου θεοῦ
썩지 않는 하나님의 영광을 … 바꾸었느니라

ἐν ὁμοιώματι εἰκόνος
형상의 모양으로

φθαρτοῦ ἀνθρώπου καὶ πετεινῶν καὶ τετραπόδων καὶ ἑρπετῶν.
썩어질 사람과 새와 네 발 가진 짐승과 기어다니는 동물의

2) 한글 본문

18 하나님의 진노가 불의로 진리를 막는 사람들의 모든 경건하지 않음과 불의에 대하여 하늘로부터 나타나나니

19 이는 하나님을 알 만한 것이 그들 속에 보임이라 하나님께서 이를 그들에게 보이셨느니라

20 창세로부터 그의 보이지 아니하는 것들 곧 그의 영원하신 능력과 신성이 그가 만드신 만물에 분명히 보여 알려졌나니 그러므로 그들이 핑계하지 못할지니라

21 하나님을 알되 하나님을 영화롭게도 아니하며 감사하지도 아니하고 오히려 그 생각이 허망하여지며 미련한 마음이 어두워졌나니

22 스스로 지혜 있다 하나 어리석게 되어

23 썩어지지 아니하는 하나님의 영광을 썩어질 사람과 새와 짐승과 기어다니는 동물 모양의 우상으로 바꾸었느니라

3) 형식 관찰

(1) 1:18a의 진술과 1:17a의 진술이 대조적 평행을 이루고 있다.

1:17a 복음에는 하나님의 의가 나타나서(δικαιοσύνη θεοῦ ἐν αὐτῷ ἀποκαλύπτεται)

1:18a 하나님의 진노가 하늘로부터 나타나나니(ἀποκαλύπτεται ὀργὴ θεοῦ ἀπ' οὐρανοῦ)

(2) 1:18은 1:18-3:20의 주제절이다.

4) 본문의 흐름

1:16-17에서 로마서의 주제를 간단하게 언급한 후, 바울은 이제 자기 복음을 자세하게 논증하고자 한다. 먼저 그는 이방인과 유대인이 동일하게 하나님의 진노 아래 있으며 따라서 구원이 필요하다는 것을 역설한다.

1:18-32에서는 주로 이방인의 죄를 염두에 두고 있다. 하지만 유대인이 완전히 배제된 것은 아니다.[11]

1:18-32는 두 단락으로 나누어진다. 1:18-23은 인간이 하나님의 진리를 억누르고 우상숭배를 하기 때문에 하나님의 진노가 하늘로부터 나타난다는 사실을 말한다. 그리고 1:24-32는 하나님의 진노를 구체적으로 묘사한다. 달리 말하면, 우상숭배의 결과를 상세하게 진

---

11) 1:23에 시편 106:2와 예레미야 2:11이 반영되어 있다는 사실이 그것을 말해 준다. Cranfield, *Romans*, I, 105.

술한다.

    1:18a는 주제문이다. 곧, 하나님의 진노가 하늘로부터 나타난다는 것이다. 그러면 하나님의 진노는 어떤 인간의 무슨 죄들에 대하여 나타나는가? 그 진노는 불의로 진리를 막는 사람들의 불경건과 불의에 대하여 나타난다(1:18b). 인간이 불의로 진리를 막는다는 것을 어떻게 알 수 있는가? 1:19는 설명한다(διότι). 인간 속에는 하나님을 알만한 것이 뚜렷이 드러나 있기 때문이다(1:19a). 왜냐하면(γάρ) 하나님께서 그것을 그들에게 밝히 보여 주셨기 때문이다(1:19b). 말하자면, 하나님의 능력과 신성이 창조물에 의해 분명히 보여 알게 되기 때문이다(1:20a). 이렇게 인간은 이미 드러난 진리를 억누르기에, 인간은 결코 핑계하지 못하며 정당하게 하나님의 진노를 대면하게 된다(1:20b).

    1:21-23은 인간이 하나님의 진리를 억누르는 모습을 구체적으로 보여주면서, 인간이 핑계할 수 없는 사실(1:20b)에 대한 이유를 다시 설명한다. 그 이유는(διότι) 곧 인간이 하나님을 알면서도 하나님께 영광을 드리지도 않고 감사하지도 않고(1:21a), 대신에 인간의 생각은 허망해지고 미련한 마음이 어두워졌으며(1:21b), 스스로 지혜 있다고 생각하나 실상은 어리석게 되었고(1:22), 불멸의 하나님의 영광을 썩어질 사람과 동물의 모양으로 바꾸었기 때문이다(1:23).

5) 내용 정리

1:18 하나님의 진노의 계시
1:19-20 핑계할 수 없는 인간
1:21-23 인간이 하나님의 진리를 억누르는 모습

| 하나님의 진노 1:24-32

1) 구문 분석

24 Διὸ <u>παρέδωκεν</u> αὐτοὺς ὁ θεὸς
   그러므로 하나님께서 그들을 <u>내버려 두사</u>

    ἐν ταῖς ἐπιθυμίαις τῶν καρδιῶν αὐτῶν
    그들의 마음의 정욕대로

    εἰς ἀκαθαρσίαν
    더러움에

        τοῦ ἀτιμάζεσθαι τὰ σώματα αὐτῶν ἐν αὐτοῖς·
        그들의 몸을 서로 욕되게 하셨느니라

25   οἵτινες μετήλλαξαν τὴν ἀλήθειαν τοῦ θεοῦ ἐν τῷ ψεύδει
        그들은 하나님의 진리를 거짓과 바꾸었으며

        καὶ ἐσεβάσθησαν καὶ ἐλάτρευσαν τῇ κτίσει παρὰ τὸν κτίσαντα,
        창조주 대신 피조물을 경배하고 섬겼도다

            ὅς ἐστιν εὐλογητὸς εἰς τοὺς αἰῶνας, ἀμήν.
            주는 영원히 찬송을 받으실 분이시로다 아멘

26 διὰ τοῦτο <u>παρέδωκεν</u> αὐτοὺς ὁ θεὸς εἰς πάθη ἀτιμίας,
   그러므로 하나님께서 그들을 부끄러운 욕심에 <u>내버려 두셨으니</u>

  αἵ τε γὰρ θήλειαι αὐτῶν μετήλλαξαν τὴν φυσικὴν χρῆσιν
  그들의 여인들은 자연스런 관계를 … 바꾸었으며

    εἰς τὴν παρὰ φύσιν,
    부자연스런 관계로

27 ὁμοίως τε καὶ οἱ ἄρσενες ἀφέντες τὴν φυσικὴν χρῆσιν τῆς θηλείας
   이와 같이 남자들도 여자와의 자연스런 관계를 버리고

  ἐξεκαύθησαν ἐν τῇ ὀρέξει αὐτῶν εἰς ἀλλήλους,
  서로 향하여 음욕이 불 일듯 하매

ἄρσενες ἐν ἄρσεσιν τὴν ἀσχημοσύνην κατεργαζόμενοι
남자가 남자로 더불어 부끄러운 일을 행하여

καὶ τὴν ἀντιμισθίαν ἣν ἔδει τῆς πλάνης αὐτῶν ἐν ἑαυτοῖς ἀπολαμβάνοντες.
그들의 그릇됨에 상당한 보응을 그 자신에 받았느니라

28 καὶ καθὼς οὐκ ἐδοκίμασαν τὸν θεὸν ἔχειν ἐν ἐπιγνώσει,
또한 그들이 하나님을 인정하기를 싫어하매

<u>παρέδωκεν</u> αὐτοὺς ὁ θεὸς εἰς ἀδόκιμον νοῦν,
하나님께서 그들을 그 타락한 마음에 <u>내버려 두사</u>

    ποιεῖν τὰ μὴ καθήκοντα,
    합당하지 못한 일을 하게 하셨으니

29 πεπληρωμένους πάσῃ ἀδικίᾳ πονηρίᾳ πλεονεξίᾳ κακίᾳ,
그들은 곧 모든 불의, 추악, 탐욕, 악의가 가득하며

  μεστοὺς φθόνου φόνου ἔριδος δόλου κακοηθείας,
  시기, 살인, 분쟁, 사기, 악독이 가득하며

  ψιθυριστάς
  수군수군하는 자요

30 καταλάλους θεοστυγεῖς ὑβριστάς ὑπερηφάνους ἀλαζόνας,
비방하는 자요 하나님을 미워하시는 자요 무례한 자요 교만한 자요 자랑하는 자요

  ἐφευρετὰς κακῶν,
  악을 도모하는 자요

  γονεῦσιν ἀπειθεῖς,
  부모를 거역하는 자요

31 ἀσυνέτους ἀσυνθέτους ἀστόργους ἀνελεήμονας·
우매한 자요 신의가 없는 자요 무정한 자요 무자비한 자라

32   οἵτινες τὸ δικαίωμα τοῦ θεοῦ ἐπιγνόντες
    그들은 하나님의 정하심을 알고도

    ὅτι οἱ τὰ τοιαῦτα πράσσοντες ἄξιοι θανάτου εἰσίν,
    이같은 일을 행하는 자는 사형에 해당하다는 (하나님의 정하심)

οὐ μόνον αὐτὰ ποιοῦσιν
그런 일을 할 뿐 아니라

ἀλλὰ καὶ συνευδοκοῦσιν τοῖς πράσσουσιν.
또한 그 일을 행하는 자들을 옳다 하느니라

2) 한글 본문

24 그러므로 하나님께서 그들을 마음의 정욕대로 더러움에 내버려 두사 그들의 몸을 서로 욕되게 하셨으니

25 이는 그들이 하나님의 진리를 거짓 것으로 바꾸어 피조물을 조물주보다 더 경배하고 섬김이라 주는 곧 영원히 찬송할 이시로다 아멘

26 이 때문에 하나님께서 그들을 부끄러운 욕심에 내버려 두셨으니 곧 그들의 여자들도 순리대로 쓸 것을 바꾸어 역리로 쓰며

27 그와 같이 남자들도 순리대로 여인 쓰기를 버리고 서로 향하여 음욕이 불 일듯 하매 남자가 남자와 더불어 부끄러운 일을 행하여 그들의 그릇됨에 상당한 보응을 그 자신에 받았느니라

28 또한 그들이 마음에 하나님 두기를 싫어하매 하나님께서 그들을 그 상실한 마음대로 내버려 두사 합당하지 못한 일을 하게 하셨으니

29 곧 모든 불의, 추악, 탐욕, 악의가 가득한 자요 시기, 살인, 분쟁, 사기, 악독이 가득한 자요 수군수군 하는 자요

30 비방하는 자요 하나님께서 미워하시는 자요 능욕하는 자요 교만한 자요 자랑하는 자요 악을 도모하는 자요 부모를 거역하는 자요

31 우매한 자요 배약하는 자요 무정한 자요 무자비한 자라

32 그들이 이같은 일을 행하는 자는 사형에 해당한다고 하나님께서 정하심을 알고도 자기 들만 행할 뿐 아니라 또한 그런 일을 행하는 자들을 옳다 하느니라

3) 형식 관찰

(1) 1:24, 26, 28에서 "하나님께서 내버려 두셨다(παρέδωκεν)"라는 표현이 3번이나 반복되

어 등장하는 것을 주목하라.

4) 본문의 흐름

1:24-32는 1:18-32의 두 번째 단락이다. 위에서 본 바와 같이, 1:18-23은 인간이 하나님을 하나님으로 인정하지 않고 우상숭배를 하기 때문에 하나님의 진노가 나타난다는 사실을 말한다. 이제 1:24-32는 인간이 하나님을 배척한 결과 나타난, 하나님의 진노를 구체적으로 묘사한다. 1:24-32는 내용적으로 둘로 나누어진다. 곧 1:24-27과 1:28-32이다.

하나님은 진리를 억누르는 반역적인 인간을 마음의 정욕대로 더러움에 내버려 두어 그들의 몸을 서로 욕되게 하셨다(1:24). 그 이유는 하나님의 진리를 거짓과 바꾸었고 창조주 대신 피조물을 경배하고 섬겼기 때문이다(1:25). [12] (여기서 진리와 거짓, 그리고 창조주와 피조물 사이의 대조를 주목하라.) 이런 이유 때문에(διὰ τοῦτο) 하나님은 그런 인간을 부끄러운 욕심에 내버려 두어 동성애에 빠지게 하셨다(1:26-27). (1:26-27의 진술은 1:24의 진술을 상술한 것이다.)

또한(καί) 하나님은 인간이 하나님을 인정하길 싫어하매, 그들을 타락한 마음에 내버려 두어 합당하지 못한 일을 하게 하셨다(1:28). 1:29-31에는 긴 악덕의 목록이 제시된다. [13] 이 목록에 제시된 온갖 악을 행하는 인간들은, 그런 일을 행하는 자는 사형에 해당하다는 하나님의 정하심을 알고도 그런 일을 할 뿐만 아니라 그런 일을 하는 자들을 옳다고 한다(1:32).

5) 내용 정리

1:24 하나님이 인간을 정욕대로 더러움에 내버려 두시다

1:25 이유: 인간이 하나님을 배척하고 우상숭배에 빠졌기 때문이다

1:26-27 결과1: 하나님은 인간을 부끄러운 욕심에 내버려 두어 동성애에 넘겨주셨다

1:28-32 결과2: 또한 하나님은 타락한 마음에 내버려 두어 부당한 일들을 하게 하셨다

---

12) 1:25는 구문론적으로 볼 때 관계대명사절이지만, 의미적으로는 이유를 나타낸다.
13) 1:29-31에 제시된 악덕 목록에 대한 분석을 원하면, Jewett, *Romans*, 165-166을 보라.

하나님의 공평하신 심판 2:1-11

1) 구문 분석

1 Διὸ ἀναπολόγητος εἶ, ὦ ἄνθρωπε πᾶς ὁ κρίνων·
그러므로 남을 판단하는 사람아, 네가 누구이든지간에 평계할 수 없음은

    ἐν ᾧ γὰρ κρίνεις τὸν ἕτερον, σεαυτὸν κατακρίνεις,
    남을 판단하는그것으로 네가 너 자신을 정죄함이니

    τὰ γὰρ αὐτὰ πράσσεις ὁ κρίνων.
    판단하는 네가 같은 일을 행하기 때문이니라

2 οἴδαμεν δὲ
우리가 아노라

    ὅτι τὸ κρίμα τοῦ θεοῦ ἐστιν κατὰ ἀλήθειαν
    하나님의 판단이 진리대로 되는 줄을

    ἐπὶ τοὺς τὰ τοιαῦτα πράσσοντας.
    이런 일을 행하는 자들에게

3 λογίζῃ δὲ τοῦτο, ὦ ἄνθρωπε
너는 생각하느냐　　오 사람아

    ὁ κρίνων τοὺς τὰ τοιαῦτα πράσσοντας καὶ ποιῶν αὐτά,
    이런 일을 행하는 자들을 판단하고도 같은 일을 행하는 (사람)

    ὅτι σὺ ἐκφεύξῃ τὸ κρίμα τοῦ θεοῦ;
    네가 하나님의 판단을 피할 줄로

4 ἢ τοῦ πλούτου τῆς χρηστότητος αὐτοῦ καὶ τῆς ἀνοχῆς καὶ τῆς μακροθυμίας
혹 그의 인자하심과 용납하심과 길이 참으심의 풍성함을

καταφρονεῖς,
네가 멸시하느냐

ἀγνοῶν ὅτι τὸ χρηστὸν τοῦ θεοῦ εἰς μετάνοιάν σε ἄγει;
하나님의 인자하심이 너를 인도하여 회개하게 하심을 알지 못하여

5 κατὰ δὲ τὴν σκληρότητά σου καὶ ἀμετανόητον καρδίαν
다만 네 고집과 회개하지 아니한 마음 때문에14)

θησαυρίζεις σεαυτῷ ὀργὴν
네가 진노를 네 자신에게 쌓는도다

ἐν ἡμέρᾳ ὀργῆς καὶ ἀποκαλύψεως δικαιοκρισίας τοῦ θεοῦ
진노의 날 곧 하나님의 의로우신 판단이 나타나는 그 날에 임할 (진노를)

6 <u>ὃς ἀποδώσει ἑκάστῳ</u>
<u>하나님께서 각 사람에게 보응하시되</u>

<u>κατὰ τὰ ἔργα αὐτοῦ·</u>
<u>그 행위 대로</u>

7 τοῖς μὲν καθ᾽ ὑπομονὴν ἔργου ἀγαθοῦ δόξαν καὶ τιμὴν καὶ ἀφθαρσίαν ζητοῦσιν
참고 선을 행하여 영광과 존귀와 썩지 아니함을 구하는 자에게는

ζωὴν αἰώνιον,
영생으로 하시고

8 τοῖς δὲ ἐξ ἐριθείας καὶ ἀπειθοῦσι τῇ ἀληθείᾳ πειθομένοις δὲ τῇ ἀδικίᾳ
오직 이기심에 사로잡혀 진리를 좇지 아니하고 불의를 좇는 자에게는

ὀργὴ καὶ θυμός.
노와 분으로 하시리라

9 θλῖψις καὶ στενοχωρία
환난과 곤고가 있으리니

ἐπὶ πᾶσαν ψυχὴν ἀνθρώπου
각 사람의 영혼에게

τοῦ κατεργαζομένου τὸ κακόν,
악을 행하는 (사람)

---

14) BDAG, "κατά," B. 5. a. δ.

Ἰουδαίου τε πρῶτον καὶ Ἕλληνος·
먼저는 유대인에게요 또한 헬라인에게며

10 δόξα δὲ καὶ τιμὴ καὶ εἰρήνη
영광과 존귀와 평강이 있으리니

παντὶ τῷ ἐργαζομένῳ τὸ ἀγαθόν,
선을 행하는 각 사람에게는

Ἰουδαίῳ τε πρῶτον καὶ Ἕλληνι·
먼저는 유대인에게요 또한 헬라인에게라

11 οὐ γάρ ἐστιν προσωπολημψία παρὰ τῷ θεῷ.
이는 하나님께서 외모로 사람을 취하지 아니하심이니라

2) 한글 본문

1 그러므로 남을 판단하는 사람아, 누구를 막론하고 네가 핑계하지 못할 것은 남을 판단하는 것으로 네가 너를 정죄함이니 판단하는 네가 같은 일을 행함이니라

2 이런 일을 행하는 자에게 하나님의 심판이 진리대로 되는 줄 우리가 아노라

3 이런 일을 행하는 자를 판단하고도 같은 일을 행하는 사람아, 네가 하나님의 심판을 피할 줄로 생각하느냐

4 혹 네가 하나님의 인자하심이 너를 인도하여 회개하게 하심을 알지 못하여 그의 인자하심과 용납하심과 길이 참으심이 풍성함을 멸시하느냐

5 다만 네 고집과 회개하지 아니한 마음을 따라 진노의 날 곧 하나님의 의로우신 심판이 나타나는 그 날에 임할 진노를 네게 쌓는도다

6 하나님께서 각 사람에게 그 행한 대로 보응하시되

7 참고 선을 행하여 영광과 존귀와 썩지 아니함을 구하는 자에게는 영생으로 하시고

8 오직 당을 지어 진리를 따르지 아니하고 불의를 따르는 자에게는 진노와 분노로 하시리라

9 악을 행하는 각 사람의 영에는 환난과 곤고가 있으리니 먼저는 유대인에게요 또한 헬라인에게며

10 선을 행하는 각 사람에게는 영광과 존귀와 평강이 있으리니 먼저는 유대인에게요 그리고 헬라인

에게라

11 이는 하나님께서 외모로 사람을 취하지 아니하심이라

3) 형식 관찰

(1) 2:1-5에서 논쟁적인 문체 곧 디아트리베(diatribe)라는 대담형식의 문체가 사용되고 있다.

(2) 2:1-5에서 명사 '판단'이 2번 그리고 동사 '판단하다'라는 말이 5번 등장하고 있다.

(3) 2:7-10에서는 ABBA 구조를 갖는 교차대구법(chiasmus)이 사용되고 있다. 아래 본문의 흐름을 보라.

(4) 2:6의 진술과 2:11의 진술은 상응한다.

> 2:6 하나님께서 각 사람에게 그 행한 대로 보응하시되
>
> 2:11 하나님께서 외모로 사람을 취하지 아니하심이라

4) 본문의 흐름

1:18-32에서 바울은 이방인의 죄와 하나님의 진노를 묘사했다. 이제 그는 계속해서 유대인에 대한 고발로 나아간다. 2:1-3:8에서 바울은 유대인도 하나님의 심판을 피할 수 없음을 입증한다.

유대인은 이방인만큼 절박하게 하나님의 의의 복음의 필요성을 느끼지 않는다. 그들은 하나님의 선민이라고 자처하기 때문이다. 이런 유대인의 환상은 뿌리 채 뽑혀야 한다. 2:1-3:8의 구조는 그런 의도와 잘 부합한다. (1) 2:1-11에서 바울은 다른 사람들을 정죄하면서 자신도 동일한 죄를 범하는 자들이 하나님의 심판을 피하지 못할 것이라고 주장하면서, 하나님의 심판의 기준 곧 하나님은 유대인과 이방인을 구별하지 않고 각 사람에게 자기의 행위대로 보응하신다는 것을 선포한다. (2) 2:12-16에서 그는 유대인의 율법 소유가 그들의 안전을 보장해준다는 생각을 거부한다. (3) 2:17-24에서는 이제 유대인의 이름을 직접 대면서, 유대인의 율법 위반을 날카롭게 지적한다. (4) 2:25-29에서 바울은 율법을 지키지 않으

면 할례는 무익하다고 주장한다. (5) 마지막으로, 3:1-8에서는 자신의 주장과 선포에 대한 유대인의 항의에 답변한다.

2:1-5에서 바울은 대화자를 설정하고 그를 기소한 다음, 2:6-11에서는 행위에 의한 공평한 심판을 천명한다.

남을 판단하는 자(유대인)는 누구든지 정죄를 받는다(2:1a). 왜냐하면(γάρ) 판단하는 자(유대인)가 자신도 같은 일을 행함으로 자신을 정죄하기 때문이다(2:1b). 2:2에서는 "우리가 아노라"고 시작함으로 교회가 알고 있는 바를 회상하는 진술이 뒤따른다. 곧, 하나님의 판단은 진리대로 된다는 것이다. 다음에 바울은 2:3-4에서 두 개의 수사학적인 질문을 통해, 두 가지 사실을 강조한다. 하나는 남을 판단하고도 같은 일을 행하는 자(유대인)는 하나님의 심판을 피할 수 없다는 것이요(2:3), 다른 하나는 하나님의 인자하심이 회개의 기회를 주려함이라는 것을 알지 못하여, 그분의 인자하심과 용납하심과 길이 참으심의 풍성함을 멸시하고 방종주의에 빠져서는 안 된다는 것이다(2:4). 만약 그가 회개하지 아니하고 죄를 고집한다면, 진노의 날에 임할 진노를 그 자신 위에 쌓는 것이다(2:5).

2:6은 관계대명사절이지만, 내용적으로는 2:5의 진술에 대한 근거를 제공한다.[15] 하나님은 각 사람에게 행위대로 보응하신다(2:6). 이 주제는 2:7-10에서 교차대구법적으로 상술된다.

    A 선을 행하면서 영광과 존귀와 불멸을 구하는 자에게는 영생으로 하신다(2:7)

      B 이기심에 사로잡혀 불의를 좇는 자에게는 노와 분으로 하신다(2:8)

      B' 악을 행하는 각 사람에게는 환난과 곤고가 있을 것이다(2:9)

    A' 선을 행하는 각 사람에게는 영광과 존귀와 평강이 있을 것이다(2:10)

2:11은 2:6-10의 진술에 대한 이유를 설명한다. 2:6-10을 한 마디로 정리하면, 하나님은

---

15) T. R. Schreiner, *Romans* (BECNT; Grand Rapids: Baker, 1998), 111.

각 사람을 행위대로 심판하신다는 것이다. 유대인이 하나님의 심판에서 이방인보다 더 가치 있게 여겨지지 않는다. 왜 그러는가? 그 이유는(γάρ) 하나님이 사람을 차별하지 않기 때문이다(2:11).

5) 내용 정리

2:1-5 바울의 기소: 남을 판단하면서도 같은 일을 하고 회개하지 아니하는 자는 누구든지 하나님의 심판을 피하지 못한다.

2:6-11 기소 이유: 하나님이 사람을 차별하지 않고 각 사람에게 그 행한 대로 보응하시기 때문이다.

| 율법 소유는 안전보장의 수단이 아니다 2:12-16

1) 구문 분석

12 ὅσοι γὰρ ἀνόμως ἥμαρτον, ἀνόμως καὶ ἀπολοῦνται,
율법 없이 범죄한 자마다 또한 율법 없이 망하고

καὶ ὅσοι ἐν νόμῳ ἥμαρτον, διὰ νόμου κριθήσονται·
율법이 있고 범죄한 자마다 율법으로 말미암아 심판을 받으리라

13 <u>οὐ γὰρ οἱ ἀκροαταὶ νόμου δίκαιοι παρὰ [τῷ] θεῷ</u>,
하나님 앞에서는 율법을 듣는 자가 의인이 아니요

<u>ἀλλ' οἱ ποιηταὶ νόμου δικαιωθήσονται</u>.
오직 율법을 행하는 자라야 의롭다 하심을 얻으리니

14 ὅταν γὰρ ἔθνη τὰ μὴ νόμον ἔχοντα φύσει τὰ τοῦ νόμου ποιῶσιν,
율법 없는 이방인이 본성으로 율법의 일을 행할 때는

οὗτοι νόμον μὴ ἔχοντες ἑαυτοῖς εἰσιν νόμος·
이들은 율법이 없어도 자기가 자기에게 율법이 되나니

15   οἵτινες ἐνδείκνυνται τὸ ἔργον τοῦ νόμου γραπτὸν ἐν ταῖς καρδίαις αὐτῶν,
이런 이들은 율법의 행위가 그들의 마음에 새겨져 있다는16) 것을 나타내느니라

   συμμαρτυρούσης αὐτῶν τῆς συνειδήσεως
   그들의 양심이 증언하고

   καὶ μεταξὺ ἀλλήλων τῶν λογισμῶν κατηγορούντων
   그 생각들이 서로 고발하기도 하며

   ἢκαὶ ἀπολογουμένων,
   혹은 변명하기도 하여

16   ἐν ἡμέρᾳ ὅτε κρίνει ὁ θεὸς τὰ κρυπτὰ τῶν ἀνθρώπων
   하나님이 사람들의 은밀한 것을 심판하시는 그 날에

---

16) 번역과 의미에 대해서 Jewett, *Romans*, 215를 보라.

κατὰ τὸ εὐαγγέλιόν μου
내 복음대로 (심판하시는)

διὰ Χριστοῦ Ἰησοῦ.
예수 그리스도로 말미암아

2) 한글 본문

12 무릇 율법 없이 범죄한 자는 또한 율법 없이 망하고 무릇 율법이 있고 범죄한 자는 율법으로 말미암아 심판을 받으리라

13 하나님 앞에서는 율법을 듣는 자가 의인이 아니요 오직 율법을 행하는 자라야 의롭다 하심을 얻으리니

14 (율법 없는 이방인이 본성으로 율법의 일을 행할 때는 이 사람은 율법이 없어도 자기가 자기에게 율법이 되나니

15 이런 이들은 그 양심이 증거가 되어 그 생각들이 서로 혹은 고발하며 혹은 변명하여 그 마음에 새긴 율법의 행위를 나타내느니라)

16 곧 나의 복음에 이른 바와 같이 하나님이 예수 그리스도로 말미암아 사람들의 은밀한 것을 심판하시는 그 날이라

3) 형식 관찰

(1) '율법'(νόμος)이란 단어가 9번 등장하고(2:12-15), '율법 없이'(ἀνόμως)라는 단어가 두 번 등장한다(2:12).

(2) 2:13은 이 단락의 주요 주제를 제시한다. 곧, 율법이 하나님의 심판의 기준이라고 말한다. 그런데 2:16은 하나님의 심판이 복음을 기준으로 이루어질 것이라고 말한다.

4) 본문의 흐름

2:1-11에서 바울은 하나님이 유대인과 이방인을 구별하지 않고 각자의 행위대로 심판하

신다는 것을 천명했다. 이와 관련하여 2:12-16에서는 하나님이 율법의 요구에 따라 유대인과 이방인을 심판하실 것이라고 주장한다. 여기서 요지는 단순히 율법을 소유하거나 율법을 듣는 것이 하나님의 심판을 막아주는 역할을 조금도 할 수 없다는 것이다.

    2:11에서 바울은 하나님이 사람을 차별하지 않으신다고 주장했다. 달리 말하면, 율법 없이 범죄한 자는 율법 없이 망하고(2:12a), 율법이 있고 범죄한 자는 율법으로 말미암아 심판을 받을 것이다(2:12b). 2:13은 2:12b의 요점을 분명히 한다. 2:12b가 말한 바와 같이, 율법은 하나님의 심판의 기준이다. 그렇다면, 하나님 앞에서는 율법을 듣는 자가 의인이 아니고(2:13a), 오직 율법을 행하는 자라야 의롭다 하심을 얻는다(2:13b).

    2:14-16은 한 문장인데, 이 문장이 앞 구절과 어떻게 연결되는지 이해하는 것은 쉽지 않다. 필자가 보기에, 2:14-16은 특별히 2:13a와 연결되는 것 같다. 율법을 소유한 유대인은 자신들이 율법이 없는 이방인보다 우월하다고 생각한다. 그러나 하나님은 율법을 소유하고 율법을 듣기만 하는 자를 의롭다고 인정하시지 않는다(2:13a). 달리 말하면, 율법 소유가 유대인의 안전을 보장하는 것은 아니다. 어떤 점에서 볼 때, 이방인도 율법을 소유하고 있다. 이방인이 본성으로 율법의 일을 종종 행한다는 것은, 그들도 율법을 소유하고 있다는 것을 말해준다(2:14). 사실 율법은 이방인의 마음에 새겨져 있다(2:15a). 그 증거는 자기 행동을 비판적으로 감시하는 양심과 자기 자신에 대한 고발과 변명이다(2:15b). 그렇지만 이방인이 마음에 기록된 율법을 가끔 행하는 것은, 하나님의 최후 심판의 날에 그들을 구원해주지 못한다(2:16).

5) 내용 정리

2:12 율법 소유가 심판으로부터 면제를 제공하지 않는다
2:13 하나님 앞에서는 오직 율법을 행하는 자라야 의롭다 하심을 얻는다
2:14-16 이방인도 자기 마음에 새겨진 율법을 소유하고 있다

| 유대인의 율법 위반 2:17-24

1) 구문 분석

17 Εἰ δὲ σὺ Ἰουδαῖος ἐπονομάζῃ
    만일 네가 스스로 유대인이라 하고[17]

    καὶ ἐπαναπαύῃ νόμῳ
    율법을 의지하며

    καὶ καυχᾶσαι ἐν θεῷ
    하나님을 자랑하며

18 καὶ γινώσκεις τὸ θέλημα
    하나님의 뜻을 알고

    καὶ δοκιμάζεις τὰ διαφέροντα κατηχούμενος ἐκ τοῦ νόμου,
    율법의 교훈을 받아 지극히 선한 것을 분별하며

19 πέποιθάς τε σεαυτὸν ὁδηγὸν εἶναι τυφλῶν,
    네가 소경의 인도자요 ... 라고 스스로 믿으니

    φῶς τῶν ἐν σκότει,
    어두움에 있는 자의 빛이요

20 παιδευτὴν ἀφρόνων,
    어리석은 자의 교사요

    διδάσκαλον νηπίων,
    어린 아이의 선생이라(고 스스로 믿으니)

        ἔχοντα τὴν μόρφωσιν τῆς γνώσεως καὶ τῆς ἀληθείας ἐν τῷ νόμῳ·
        율법에 있는 지식과 진리의 구체적인 표현을 가지고 있기 때문에

21 ὁ οὖν διδάσκων ἕτερον σεαυτὸν οὐ διδάσκεις;
    그러면 다른 사람을 가르치는 네가 네 자신을 가르치지 아니하느냐

---
17) Zerwick, *A Grammatical Analysis of the Greek New Testament*, 463.

ὁ κηρύσσων μὴ κλέπτειν κλέπτεις;
도적질 말라 선포하는 네가 도적질 하느냐

22 ὁ λέγων μὴ μοιχεύειν μοιχεύεις;
간음하지 말라 말하는 네가 간음하느냐

ὁ βδελυσσόμενος τὰ εἴδωλα ἱεροσυλεῖς;
우상을 혐오하는 네가 신전 물건을 도적질하느냐

23 <u>ὃς ἐν νόμῳ καυχᾶσαι, διὰ τῆς παραβάσεως τοῦ νόμου τὸν θεὸν ἀτιμάζεις·</u>
<u>율법을 자랑하는 네가 율법을 범함으로 하나님을 욕되게 하느니라</u>[18)]

24 τὸ γὰρ ὄνομα τοῦ θεοῦ δι' ὑμᾶς βλασφημεῖται ἐν τοῖς ἔθνεσιν,
하나님의 이름이 너희로 인하여 이방인 중에서 모독을 받는도다

καθὼς γέγραπται.
기록된 바와 같이

2) 한글 본문

17 유대인이라 불리는 네가 율법을 의지하며 하나님을 자랑하며

18 율법의 교훈을 받아 하나님의 뜻을 알고 지극히 선한 것을 분간하며

19 맹인의 길을 인도하는 자요 어둠에 있는 자의 빛이요

20 율법에 있는 지식과 진리의 모범을 가진 자로서 어리석은 자의 교사요 어린 아이의 선생이라고 스스로 믿으니

21 그러면 다른 사람을 가르치는 네가 네 자신은 가르치지 아니하느냐 도둑질하지 말라 선포하는 네가 도둑질하느냐

22 간음하지 말라 말하는 네가 간음하느냐 우상을 가증히 여기는 네가 신전 물건을 도둑질하느냐

23 율법을 자랑하는 네가 율법을 범함으로 하나님을 욕되게 하느냐

24 기록된 바와 같이 하나님의 이름이 너희 때문에 이방인 중에서 모독을 받는도다

---

18) Jewett(*Romans*, 229)은 2:23을 의문문으로 번역한다.

3) 형식 관찰

(1) 2:17-20이 '만일'(Ei)로 시작되는 조건문이라는 것을 주목하라. 2:21-24는 내용적으로 주절 역할을 한다.

(2) 2:17-20은 4개의 쌍으로 구성되어 있다.

    율법을 의지하며   하나님을 자랑하며
    하나님의 뜻을 알고   지극히 선한 것을 분간하며
    맹인의 길을 인도하는 자요 어둠에 있는 자의 빛이요
    어리석은 자의 교사요   어린 아이의 선생이라

(3) 2:21-22는 4개의 수사학적인 질문으로 구성되어 있다.

4) 본문의 흐름

2:1-11에서 하나님의 행위 심판의 원리를 천명하고, 2:12-16에서 율법이 심판의 기준이라는 사실을 분명히 선포한 다음, 바울은 2:17-24에서 다시 디아트리베 스타일로 돌아가 유대인의 율법 위반을 날카롭게 지적한다.

2:17-24의 구조는 쉽게 파악될 수 있다. 2:17-20은 하나의 조건문이고, 2:21-24는 내용적으로 주절 역할을 한다.

2:17-20에서 바울은 이방인에 대한 유대인 자신들의 주장을 간략하게 진술한다. 2:17-20은 두 개의 작은 단락으로 나누어진다. 2:17-18은 유대인의 특권을 말한다. 곧, 유대인은 이방인과 달리 율법을 의지하며, 하나님을 자랑하며, 하나님의 뜻을 알고, 율법의 교훈을 받아 지극히 선한 것을 분별한다. 이런 특권을 가지고, 유대인은 이방인에 대해 소경의 인도자요 어두움에 있는 자의 빛이요 어리석은 자의 교사요 어린 아이의 선생이라고 자처한다(2:19-20).

2:21-22에서 바울은 네 개의 수사학적인 질문들을 사용하여 불순종으로 하나님을 욕되

게 하는 유대인을 직접적으로 고발한다.

다른 사람을 가르치는 네가 네 자신을 가르치지 아니하느냐

도적질 말라 선포하는 네가 도적질 하느냐

간음하지 말라 말하는 네가 간음하느냐

우상을 혐오하는 네가 신사 물건을 도적질하느냐

한 마디로 말하면, 율법을 자랑하는 유대인이 율법을 범함으로 하나님을 욕되게 한다(2:23). 마지막으로 바울은 구약성경(사 52:5; 겔 36:20)을 인용하여 자기 고발에 정당성을 부여한다. "기록된 바와 같이 하나님의 이름이 너희로 인하여 이방인 중에서 모독을 받는도다"(2:24).

5) 내용 정리

2:17-20 이방인에 대한 유대인 자신들의 주장
   2:17-18 유대인의 특권
   2:19-20 이방인에 대한 유대인의 역할
2:21-24 유대인에 대한 바울의 고발
   2:21-22 유대인은 자기가 가르치는 대로 행하지 않는다
   2:23 유대인은 율법을 자랑하면서도 율법을 범함으로 하나님을 욕되게 한다
   2:24 구약 성경도 바울의 고발을 지지한다

율법을 지키지 않으면 할례는 무익하다 2:25-29

1) 구문 분석

25 περιτομὴ μὲν γὰρ ὠφελεῖ
할례가 유익하다

    ἐὰν νόμον πράσσῃς·
    네가 율법을 행하면

    ἐὰν δὲ παραβάτης νόμου ᾖς,
    그러나 만일 율법을 범하면

    ἡ περιτομή σου ἀκροβυστία γέγονεν.
    네 할례가 무할례가 되었느니라

26 ἐὰν οὖν ἡ ἀκροβυστία τὰ δικαιώματα τοῦ νόμου φυλάσσῃ,
그런즉 무할례자가 율법의 요구를 지키면

    οὐχ ἡ ἀκροβυστία αὐτοῦ εἰς περιτομὴν λογισθήσεται;
    그의 무할례가 할례로 여김을 받지 않겠느냐

27 καὶ κρινεῖ ἡ ἐκ φύσεως ἀκροβυστία τὸν νόμον τελοῦσα σὲ
또한 본래 무할례자가 율법을 온전히 지키면 너를 판단할 것이다

    τὸν διὰ γράμματος καὶ περιτομῆς παραβάτην νόμου.
    율법 문자와 할례를 가지고도 율법을 범하는 (너를)

28 οὐ γὰρ ὁ ἐν τῷ φανερῷ Ἰουδαῖός ἐστιν
표면적 유대인이 유대인이 아니요

    οὐδὲ ἡ ἐν τῷ φανερῷ ἐν σαρκὶ περιτομή,
    표면적 육신의 할례가 할례가 아니라

29 ἀλλ᾽ ὁ ἐν τῷ κρυπτῷ Ἰουδαῖος,
    오직 내면적 유대인이 유대인이며

καὶ περιτομὴ καρδίας ἐν πνεύματι οὐ γράμματι,
할례는 마음에 할지니 영에 있고 율법 문자에 있지 아니한 것이라

οὗ ὁ ἔπαινος οὐκ ἐξ ἀνθρώπων ἀλλ' ἐκ τοῦ θεοῦ.
이런 사람의 칭찬은 사람에게서가 아니요 다만 하나님에게서니라

2) 한글 본문

25 네가 율법을 행하면 할례가 유익하나 만일 율법을 범하면 네 할례는 무할례가 되느니 라

26 그런즉 무할례자가 율법의 규례를 지키면 그 무할례를 할례와 같이 여길 것이 아니냐

27 또한 본래 무할례자가 율법을 온전히 지키면 율법 조문과 할례를 가지고 율법을 범하는 너를 정죄 하지 아니하겠느냐

28 무릇 표면적 유대인이 유대인이 아니요 표면적 육신의 할례가 할례가 아니니라

29 오직 이면적 유대인이 유대인이며 할례는 마음에 할지니 영에 있고 율법 조문에 있지 아니한 것이라 그 칭찬이 사람에게서가 아니요 다만 하나님에게서니라

3) 형식 관찰

(1) 2:25-27에 나타난 '할례'와 '무할례'(또는 '무할례자') 사이의 대조를 주목하라.

(2) 2:28-29에 나타난 '표면적 유대인'(ὁ ἐν τῷ φανερῷ Ἰουδαῖος)과 '내면적 유대인'(ὁ ἐν τῷ κρυπτῷ Ἰουδαῖος) 사이의 대조를 주목하라.

(3) 2:29에 나타난 '영'(πνεύματι)과 '율법 조문'(γράμματι) 사이의 대조를 주목하라.

(4) 이 단락에서 바울이 강조하고자 하는 바는 '표면적 유대인'이 아닌 '내면적 유대인,' '육신의 할례'가 아닌 마음의 할례, 그리고 '율법 문자'가 아닌 '영'이다.

4) 본문의 흐름

이제 유대인에 대한 바울의 고발은 절정에 도달한다. 2:25-29에서 바울은 유대인의 최후의 피난처인 할례, 곧 하나님의 언약 백성의 외적 표시를 공격한다. 말하자면, 율법을 지키지

않으면 할례마저도 무익하다는 것이다. 이런 논증은 2:12-16의 사상, 곧 율법 소유는 안전 보장의 수단이 아니라는 사상과 유사하다.

유대인은 할례가 언약의 표로서 하나님의 특별한 언약 백성이라는 사실을 보여주며 따라서 하나님의 진노를 막아주는 기능을 한다고 생각한다. 바울은 유대인의 이런 생각을 공격한다. 물론, 율법을 행하면 할례가 유익하다(2:25a). 그러나 율법을 범하면 할례는 무할례가 된다(2:25b).

여기서 하나의 추론이 가능하다. 그 추론은(οὖν) 곧 무할례자(이방인)가 율법의 요구를 지키면 하나님 보시기에 할례자로 인정될 것이라는 것이다(2:26). 또한 본래 무할례자(이방인)가 율법을 온전히 지키면, 율법과 할례를 가지고도 율법을 범하는 유대인을 심판할 것이다(2:27).

왜 그런가? 그 이유는(γάρ) 표면적 유대인이 참 유대인이 아니고 표면적 육신의 할례가 참 할례가 아니라(2:28), 오직 내면적 유대인이 참 유대인이며 참 할례는 성령으로 행해진 마음의 할례이기 때문이다(2:29a). 이런 참 할례자에 대한 칭찬은 사람에게서가 아니라 하나님에게서 온다(2:29b).

5) 내용 정리

유대인의 잘못된 전제: 할례는 언약의 표로서 하나님의 진노를 막아주는 기능을 한다.

2:25 원리: 율법을 행하면 할례가 유익하지만, 율법을 범하면 할례는 무할례가 된다.

2:26-27 추론: 그런즉 무할례자가 율법을 지키면 할례자로 여김을 받고, 율법과 할례를 가지고도 율법을 범하는 유대인을 심판할 것이다.

2:28-29 이유: 참 유대인은 표면적 유대인이 아니라 내면적 유대인이며, 참 할례는 표면적 할례가 아니라 성령으로 행해진 마음의 할례이기 때문이다.

| 유대인의 항의 3:1-8

1) 구문 분석

1 Τί οὖν τὸ περισσὸν τοῦ Ἰουδαίου
그런즉 유대인의 나은 점이 무엇이며

ἡ τίς ἡ ὠφέλεια τῆς περιτομῆς;
할례의 유익이 무엇이뇨

2 πολὺ κατὰ πάντα τρόπον.
범사에 많으니

πρῶτον μὲν [γὰρ] ὅτι ἐπιστεύθησαν τὰ λόγια τοῦ θεοῦ.
첫째는 그들이 하나님의 말씀을 맡았음이니라

3 τί γάρ;
어찌하리요

εἰ ἠπίστησάν τινες,
어떤 자들이 믿지 아니하였으면

μὴ ἡ ἀπιστία αὐτῶν τὴν <u>πίστιν τοῦ θεοῦ</u> καταργήσει;
그들의 믿지 아니함이 <u>하나님의 신실하심</u>을 폐하겠느뇨

4 μὴ γένοιτο·
그럴 수 없느니라

γινέσθω δὲ <u>ὁ θεὸς ἀληθής</u>,
오직 <u>하나님은 참되시다</u> 할지어다

πᾶς δὲ ἄνθρωπος ψεύστης,
사람은 다 거짓되지만

καθὼς γέγραπται,
기록된 바 ... 함과 같으니라

Ὅπως ἂν δικαιωθῇς ἐν τοῖς λόγοις σου
주께서 말씀하실 때19) 의롭다 함을 얻으시고

καὶ νικήσεις ἐν τῷ κρίνεσθαί σε.
판단하실 때에20) 이기려 하심이라

5 εἰ δὲ ἡ ἀδικία ἡμῶν θεοῦ δικαιοσύνην συνίστησιν, τί ἐροῦμεν;
그러나 우리의 불의가 하나님의 의를 드러나게 하면, 우리가 무슨 말 하리요

μὴ ἄδικος ὁ θεὸς ὁ ἐπιφέρων τὴν ὀργήν;
진노를 내리시는 하나님이 불의하시냐

κατὰ ἄνθρωπον λέγω.
내가 사람의 말하는 대로 말하노니

6 μὴ γένοιτο·
그럴 수 없느니라

ἐπεὶ πῶς κρινεῖ ὁ θεὸς τὸν κόσμον;
만일 그러하면 하나님께서 어찌 세상을 심판하시리요

7 εἰ δὲ ἡ ἀλήθεια τοῦ θεοῦ ἐν τῷ ἐμῷ ψεύσματι ἐπερίσσευσεν
그러나 나의 거짓말로 하나님의 진실하심이 더 풍성하여

εἰς τὴν δόξαν αὐτοῦ,
그의 영광이 되었으면

τί ἔτι κἀγὼ ὡς ἁμαρτωλὸς κρίνομαι;
어찌 나도 여전히 죄인처럼 심판을 받으리요

8 καὶ μὴ καθὼς βλασφημούμεθα
그러면 왜 이렇게 말하지 않는가 (우리를 비방하여

καὶ καθώς φασίν τινες ἡμᾶς λέγειν
어떤 이들이 우리가 이런 말을 한다고 하는 것처럼)

---

19) Zerwick, *A Grammatical Analysis of the Greek New Testament*, 464.
20) Zerwick, *A Grammatical Analysis of the Greek New Testament*, 464.

ὅτι Ποιήσωμεν τὰ κακὰ, ἵνα ἔλθη τὰ ἀγαθά;
선을 이루기 위하여 악을 행하자

ὧν τὸ κρίμα ἔνδικόν ἐστιν.
그들이 정죄 받는 것이 옳으니라[21]

2) 한글 본문

1 그런즉 유대인의 나음이 무엇이며 할례의 유익이 무엇이냐
2 범사에 많으니 우선은 그들이 하나님의 말씀을 맡았음이니라
3 어떤 자들이 믿지 아니하였으면 어찌하리요 그 믿지 아니함이 하나님의 미쁘심을 폐하겠느뇨
4 그럴 수 없느니라 사람은 다 거짓되되 오직 하나님은 참되시다 할지어다 기록된 바 주께서 주의 말씀에 의롭다 함을 얻으시고 판단 받으실 때에 이기려 하심이라 함과 같으니라
5 그러나 우리 불의가 하나님의 의를 드러나게 하면 무슨 말 하리요 [내가 사람의 말하는대로 말하노니] 진노를 내리시는 하나님이 불의하시냐
6 결코 그렇지 아니하니라 만일 그러하면 하나님께서 어찌 세상을 심판하시리요
7 그러나 나의 거짓말로 하나님의 참되심이 더 풍성하여 그의 영광이 되었으면 어찌 내가 죄인처럼 심판을 받으리요
8 또는 그러면 선을 이루기 위하여 악을 행하자 하지 않겠느냐 어떤 이들이 이렇게 비방하여 우리가 이런 말을 한다고 하니 그들은 정죄 받는 것이 마땅하니라

3) 형식 관찰

(1) 이 단락에서 바울은 디아트리베 스타일로 된 대화 형식을 취한다. 3:1, 3, 5, 7은 4개의 질문이며, 3:2, 4, 6, 8은 그 질문에 상응하는 4개의 답변이다.

(2) 3:3, 5, 7에 등장하는 3쌍의 대조를 주목하라.

---

[21] 3:8을 정확하게 번역하기가 참으로 어렵다. 학자들마다 달리 번역하는데, 내가 보기에 가장 좋은 번역은 New Revised Standard Version(NRSV)이다. "And why not say (as some people slander us by saying that we say), 'Let us do evil so that good may come? Their condemnation is deserved!'"

인간의 믿지 아니함　하나님의 미쁘심
인간의 불의　　　　하나님의 의
인간의 거짓말　　　하나님의 참되심

(3) 3:3, 5, 7에서 '하나님의 미쁘심'과 '하나님의 의'와 '하나님의 참되심'이 평행을 이루고 있음을 주목하라.

(4) 이 단락에서 강조되고 있는 것은 유대인의 불신에도 불구하고 하나님은 신실하시고 참되시다는 것이다.

4) 본문의 흐름

2장에서 바울은 하나님의 심판은 물려받은 신분에 근거하는 것이 아니라 행위에 근거하는 공평무사한 심판이며, 따라서 유대인의 율법 소유나 할례 자체는 면죄부를 제공하지 못한다고 논증했다. 이런 강한 논증은 유대인의 입장에서 볼 때 심각한 문제를 불러일으킨다. 하나님의 언약 백성으로서의 유대인의 특권적인 지위는 이제 완전히 낡은 것인가? 언약 백성에게 주어진 하나님의 약속들은 취소되었는가? 하나님의 언약적인 신실하심은 폐하여졌는가? 할례는 더 이상 아무런 유익이 없는가? 3:1-8은 이런 문제에 대한 바울의 대답이다.

유대인은 항변한다. "그런즉 유대인의 나은 점이 무엇이며, 할례의 유익이 무엇이냐?"(3:1) 바울은 대답한다. "모든 점에서 많다. 많은 특권 중에서 첫째는 그들이 하나님의 말씀을 맡았다는 것이다"(3:2). [22]

유대인은 질문한다. "많은 유대인이 믿지 아니하였으면, 그들의 믿지 아니함이 하나님의 신실하심을 폐하겠는가?"(3:3) 바울은 대답한다. "결코 그럴 수 없다. 사람은 다 거짓되지만, 하나님은 참되시다. 성경에 기록된 바와 같이, 하나님은 죄인과의 법정 소송에서 승리하실 것이며 의롭다 함을 얻으실 것이다"(3:4). [23]

---

22) 이것은 필자의 의역이다.
23) 이것은 필자의 의역이다.

유대인은 반론을 제기한다. "인간의 불의가 하나님의 의를 아름답게 드러나게 하는데도, 하나님이 여전히 죄인에게 진노의 심판을 내리신다면, 하나님은 불의하지 않으신가?"(3:5). [24] 바울은 어리석은 반론을 즉각적으로 배척한다. "결코 그럴 수 없다. 만일 그러하면 하나님이 어떻게 세상을 심판하시겠는가?"(3:6)

유대인은 수긍하지 않고, 더욱 더 날카롭게 항변한다. "하나님의 심판에서 우리 인간의 거짓이 하나님의 진실하심을 더 풍성하게 하여 하나님께 영광이 된다면, 우리가 죄인처럼 심판을 받아야 하는가?"(3:7)[25] 이런 항변에 대해 바울은 자신을 비판하는 자들의 비방적인 주장을 인용하면서 그들을 반박한다. "그러면 왜 '선을 이루기 위하여 악을 행하자'라고 말하지 않는가? 그들이 정죄를 받는 것은 마땅하다"(3:8b).

5) 내용 정리[26]

3:1-2 유대인의 특권에 대한 질문과 대답

3:3-4 유대인의 불신에 대한 질문과 대답

3:5-6 하나님의 진노가 의로운 것인가에 대한 질문과 대답

3:7-8 방종주의의 문제에 대한 질문과 대답

---

24) 이것은 필자의 의역이다.
25) 이것은 필자의 의역이다.
26) Jewett, *Romans*, 241.

죄의 권세 아래 있는 인류 3:9-20

1) 구문 분석

9 Τί οὖν;
그러면 어떠하뇨

προεχόμεθα;
우리는 나으뇨

οὐ πάντως·
결코 아니라

προῃτιασάμεθα γὰρ Ἰουδαίους τε καὶ Ἕλληνας πάντας ὑφ' ἁμαρτίαν εἶναι,
유대인이나 헬라인이나 다 죄 아래 있다고 우리가 이미 선언하였느니라

10 καθὼς γέγραπται ὅτι
기록된 바 ... 함과 같으니라

Οὐκ ἔστιν δίκαιος οὐδὲ εἷς,
의인은 없나니 하나도 없으며

11 οὐκ ἔστιν ὁ συνίων,
깨닫는 자도 없고

οὐκ ἔστιν ὁ ἐκζητῶν τὸν θεόν.
하나님을 찾는 자도 없고

12 πάντες ἐξέκλιναν
모두가 탈선하여

ἅμα ἠχρεώθησαν·
한가지로 무익하게 되고

οὐκ ἔστιν ὁ ποιῶν χρηστότητα,
선을 행하는 자는 없나니

[οὐκ ἔστιν] ἕως ἑνός.
하나도 없도다

13 τάφος ἀνεῳγμένος ὁ λάρυγξ αὐτῶν,
그들의 목구멍은 열린 무덤이요

ταῖς γλώσσαις αὐτῶν ἐδολιοῦσαν,
그 혀로는 속임을 일삼으며

ἰὸς ἀσπίδων ὑπὸ τὰ χείλη αὐτῶν·
그 입술에는 독사의 독이 있고

14 ὧν τὸ στόμα ἀρᾶς καὶ πικρίας γέμει,
그 입에는 저주와 독설이 가득하고

15 ὀξεῖς οἱ πόδες αὐτῶν ἐκχέαι αἷμα,
그들의 발은 피 흘리는 데 빠른지라

16 σύντριμμα καὶ ταλαιπωρία ἐν ταῖς ὁδοῖς αὐτῶν,
파멸과 비참함이 그들의 길에 있어

17 καὶ ὁδὸν εἰρήνης οὐκ ἔγνωσαν.
평강의 길을 알지 못하였고

18 οὐκ ἔστιν φόβος θεοῦ ἀπέναντι τῶν ὀφθαλμῶν αὐτῶν.
그들의 눈 앞에 하나님을 두려워함이 없느니라

19 Οἴδαμεν δὲ
우리가 알거니와

ὅτι ὅσα ὁ νόμος λέγει τοῖς ἐν τῷ νόμῳ λαλεῖ,
무릇 율법이 말하는 바는 율법 안에 있는 자들에게 말하는 것이니

ἵνα πᾶν στόμα φραγῇ
이는 모든 입을 막고

καὶ ὑπόδικος γένηται πᾶς ὁ κόσμος τῷ θεῷ·
온 세상으로 하나님의 심판 아래 있게 하려 함이니라

20 <u>διότι ἐξ ἔργων νόμου οὐ δικαιωθήσεται πᾶσα σὰρξ ἐνώπιον αὐτοῦ,</u>
<u>그러므로 율법의 행위로 그의 앞에 의롭다 하심을 얻을 육체가 없나니</u>

διὰ γὰρ νόμου ἐπίγνωσις ἁμαρτίας.
율법으로는 죄를 깨달음이니라

2) 한글 본문

9 그러면 어떠하냐 우리는 나으냐 결코 아니라 유대인이나 헬라인이나 다 죄 아래 있다고 우리가 이미 선언하였느니라

10 기록된 바 의인은 없나니 하나도 없으며

11 깨닫는 자도 없고 하나님을 찾는 자도 없고

12 다 치우쳐 함께 무익하게 되고 선을 행하는 자는 없나니 하나도 없도다

13 그들의 목구멍은 열린 무덤이요 그 혀로는 속임을 일삼으며 그 입술에는 독사의 독이 있고

14 그 입에는 저주와 악독이 가득하고

15 그 발은 피 흘리는 데 빠른지라

16 파멸과 고생이 그 길에 있어

17 평강의 길을 알지 못하였고

18 그들의 눈 앞에 하나님을 두려워함이 없느니라 함과 같으니라

19 우리가 알거니와 무릇 율법이 말하는 바는 율법 아래 있는 자들에게 말하는 것이니 이는 모든 입을 막고 온 세상으로 하나님의 심판 아래에 있게 하려 함이라

20 그러므로 율법의 행위로 그의 앞에 의롭다 하심을 얻을 육체가 없나니 율법으로는 죄를 깨달음이니라

3) 형식 관찰

(1) 3:9의 수사학적인 질문과 답변은 2:1-3:8의 논증을 주도했던 디아트리베 스타일의 연속이다.

(2) 3:10, 11, 12, 18에서 '없다'(οὐκ ἔστιν)는 말이 6번 반복되는 것을 주목하라.

4) 본문의 흐름

3:9-20은 3:1-8의 논증에서 제기된 문제에 대한 바울의 답변이며, 동시에 1:18-3:20의 논증의 결론이다. 3:9-20에서 바울은 이방인과 유대인에 대한 그의 고발을 마무리한다. 3:10-18은 구약 성경(전도서, 시편, 이사야)을 연쇄적으로 인용한 인용문인데, 이 연쇄 인용문은 3:9의 주장을 뒷받침하기 위한 것이다. 3:19-20은 결론이다.

바울은 수사학적인 질문으로 시작한다. "그러면 우리[유대인]는 나으냐?"(3:9a,b) 바울은 즉각적으로 부정한다. "결코 아니다"(3:9c). 그 이유는(γάρ) 우리가 유대인이나 이방인이나 다 죄의 권세 아래 있다고 다 선언하였기 때문이다(3:9d). 모든 인류가 다 죄의 권세 아래 있다는 사실은 구약 성경에 의해 확인된다(3:10a).

> 의인은 하나도 없다(3:10b).
> 모두가 하나님으로부터 이탈했다(3:11-12).
> 모두가 말로 죄를 지었다(3:13-14).
> 모두가 동료 인간을 상해했다(3:15-17).
> 하나님을 두려워함이 없다(3:18).

마지막으로 바울은 3:19-20에서 결론을 내린다. 율법이 말하는 것은 율법 안에 있는 유대인에게 말하는 것인데(3:19a), 이는(ἵνα) 모든 입을 막고 온 세상으로 하나님의 심판 아래 있게 하려 함이다(3:19b). 시편 143:2가 말한 바와 같이, 율법의 행위로는 하나님 앞에 의롭다 하심을 얻을 육체가 없다(3:20a). 왜냐하면(γάρ) 율법으로는 죄를 깨닫게 될 뿐이기 때문이다(3:20b). [27]

---

[27] 페터 슈툴마허, 『로마서 주석』, 장흥길 역 (서울: 장로회신학대학교출판부, 2002), 106-107; 홍인규, 『로마서 어떻게 읽을 것인가』, 74-75를 보라.

5) 내용 정리[28]

3:9a-c 유대인이 결코 나은 게 아니다

3:9d 유대인이나 헬라인이나 다 죄 아래 있다

3:10-18 성경이 모두가 다 죄 아래 있다는 것을 입증한다

3:19-20 율법은 온 세상이 하나님의 심판 아래 있음을 말한다

---

28) Jewett, *Romans*, 241.

하나님의 의와 인간의 믿음 3:21-31

| 하나님의 의와 인간의 믿음 3:21-31

1) 구문 분석

21 Νυνὶ δὲ χωρὶς νόμου
그러나 이제는 율법과 상관없이

<u>δικαιοσύνη θεοῦ</u> πεφανέρωται
<u>하나님의 의</u>가 나타났으니

μαρτυρουμένη ὑπὸ τοῦ νόμου καὶ τῶν προφητῶν,
율법과 선지자들에 의하여 증언을 받은 것이라

22 <u>δικαιοσύνη</u> δὲ <u>θεοῦ</u>
곧29) <u>하나님의 의</u>가 (나타났다)

διὰ πίστεως Ἰησοῦ Χριστοῦ
예수 그리스도의 신실하심으로 말미암아

εἰς πάντας τοὺς πιστεύοντας.
모든 믿는 자를 위하여

οὐ γάρ ἐστιν διαστολή,
차별이 없느니라

---

29) BDAG, "δέ," 2.

23 πάντες γὰρ ἥμαρτον
　　모든 사람이 죄를 범하였으매

　　καὶ ὑστεροῦνται τῆς δόξης τοῦ θεοῦ
　　하나님의 영광에 이르지 못하더니

24 δικαιούμενοι δωρεὰν
　　그들이 이제 값없이 의롭다 하심을 얻은 자 되었느니라

　　　τῇ αὐτοῦ χάριτι
　　　하나님의 은혜로

　　διὰ τῆς ἀπολυτρώσεως τῆς ἐν Χριστῷ Ἰησοῦ·
　　그리스도 예수 안에 있는 구속으로 말미암아

25　　ὃν προέθετο ὁ θεὸς ἱλαστήριον
　　　이 예수를 하나님이 화목제물로 세우셨으니

　　　　διὰ [τῆς] πίστεως
　　　　그 신실하심으로 말미암아

　　　　ἐν τῷ αὐτοῦ αἵματι
　　　　그의 피로써

　　　　εἰς ἔνδειξιν τῆς <u>δικαιοσύνης αὐτοῦ</u>
　　　　이는 (하나님께서) <u>자기의 의</u>를 나타내려 하심이니

　　　　διὰ τὴν πάρεσιν τῶν προγεγονότων ἁμαρτημάτων
　　　　전에 지은 죄를 간과하심으로

26　　　ἐν τῇ ἀνοχῇ τοῦ θεοῦ,
　　　　하나님께서 길이 참으시는 중에

　　　πρὸς τὴν ἔνδειξιν τῆς <u>δικαιοσύνης αὐτοῦ</u>
　　　곧 <u>자기의 의</u>를 나타내사

　　　　ἐν τῷ νῦν καιρῷ,
　　　　이 때에

　　　　εἰς τὸ εἶναι αὐτὸν δίκαιον
　　　　자기도 의로우시며

καὶ δικαιοῦντα τὸν ἐκ πίστεως Ἰησου.
또한 예수 믿는 자를 의롭다 하려 하심이니라

27 Ποῦ οὖν ἡ καύχησις;
그런즉 자랑할 데가 어디냐

ἐξεκλείσθη.
있을 수가 없느니라

διὰ ποίου νόμου;
무슨 법으로냐

τῶν ἔργων;
행위의 법으로냐

οὐχί,
아니라

ἀλλὰ διὰ νόμου πίστεως.
오직 믿음의 법으로니라

28 λογιζόμεθα γὰρ δικαιοῦσθαι πίστει ἄνθρωπον
이는 사람이 의롭다 하심을 얻는 것은 믿음으로 되는 줄 우리가 인정하기 때문이라

χωρὶς ἔργων νόμου.
율법의 행위와 상관없이

29 ἢ Ἰουδαίων ὁ θεὸς μόνον;
하나님은 홀로 유대인의 하나님뿐이시냐

οὐχὶ καὶ ἐθνῶν;
또 이방인의 하나님은 아니시냐

ναὶ καὶ ἐθνῶν,
진실로 이방인의 하나님도 되시느니라

30 εἴπερ εἷς ὁ θεός
하나님은 한 분이시니라

ὃς δικαιώσει
의롭다 하실 (하나님)

περιτομὴν ἐκ πίστεως
할례자도 믿음으로 말미암아

καὶ ἀκροβυστίαν διὰ τῆς πίστεως.
또한 무할례자도 믿음으로 말미암아

31 νόμον οὖν καταργοῦμεν διὰ τῆς πίστεως;
그런즉 우리가 믿음으로 말미암아 율법을 폐하느냐

μὴ γένοιτο·
그럴 수 없느니라

ἀλλὰ νόμον ἱστάνομεν.
도리어 율법을 굳게 세우느니라

2) 한글 본문

21 이제는 율법 외에 하나님의 한 의가 나타났으니 율법과 선지자들에게 증거를 받은 것이라

22 곧 예수 그리스도를 믿음으로 말미암아 모든 믿는 자에게 미치는 하나님의 의니 차별이 없느니라

23 모든 사람이 죄를 범하였으매 하나님의 영광에 이르지 못하더니

24 그리스도 예수 안에 있는 속량으로 말미암아 하나님의 은혜로 값없이 의롭다 하심을 얻은 자 되었느니라

25 이 예수를 하나님이 그의 피로써 믿음으로 말미암는 화목제물로 세우셨으니 이는 하나님께서 길이 참으시는 중에 전에 지은 죄를 간과하심으로 자기의 의로우심을 나타내려 하심이니

26 곧 이 때에 자기의 의로우심을 나타내사 자기도 의로우시며 또한 예수 믿는 자를 의롭다 하려 하심이라

27 그런즉 자랑할 데가 어디냐 있을 수가 없느니라 무슨 법으로냐 행위로냐 아니라 오직 믿음의 법으로니라

28 그러므로 사람이 의롭다 하심을 얻는 것은 율법의 행위에 있지 않고 믿음으로 되는 줄 우리가 인정하노라

29 하나님은 다만 유대인의 하나님이시냐 또 이방인의 하나님은 아니시냐 진실로 이방인의 하나님

도 되시느니라

30 할례자도 믿음으로 말미암아 또는 무할례자도 믿음으로 말미암아 의롭다 하실 하나님은 한 분이시니라

31 그런즉 우리가 믿음으로 말미암아 율법을 파기하느냐 그럴 수 없느니라 도리어 율법을 굳게 세우느니라

3) 형식 관찰

(1) 3:21-26에서 아주 중요한 어구인 '하나님의 의'가 4번이나 등장한다(3:21, 22, 25, 26).

(2) 3:24-26의 문장 구문이 얼마나 복잡한지 주목하라. 전치사구들의 상호관계성을 결정하는 것이 쉽지 않다.

(3) 3:25에서 '그 신실하심으로 말미암아'(διὰ [τῆς] πίστεως)와 '그의 피로써'(ἐν τῷ αὐτοῦ αἵματι)가 평행을 이루고 있는 것을 주목하라.

(4) 또한 다음 평행을 주목하라.

> 3:22 예수 그리스도의 신실하심으로 말미암아(διὰ πίστεως Ἰησοῦ Χριστοῦ)
>
> 3:24 그리스도 예수 안에 있는 구속으로 말미암아(διὰ τῆς ἀπολυτρώσεως τῆς ἐν Χριστῷ Ἰησοῦ)
>
> 3:25 그 신실하심으로 말미암아'(διὰ [τῆς] πίστεως)
>
> 그의 피로써'(ἐν τῷ αὐτοῦ αἵματι)

(5) 3:27-31은 간결한 질문들과 답변들로 구성되어 있다.
(6) 3:27에 나타난 '행위의 법'과 '믿음의 법' 사이의 대조를 주목하라.
(7) 3:28에 나타난 '믿음'과 '율법의 행위' 사이의 대조를 주목하라.

4) 본문의 흐름

하나님의 진노는 범죄한 모든 인간(유대인과 이방인)에게 나타났다(1:18-3:20).

그러나 이제는(Νυνὶ δέ) 하나님의 의(언약적인 신실하심)가 율법과 상관없이 나타났다(3:21a). 하나님의 의는 율법과 예언자에 의해 증언된 것이다(3:21b). 좀 더 설명하면(δέ),[30] 하나님의 의는 예수 그리스도의 신실하심(죽기까지 신실하심)으로 말미암아 나타난 것이며,[31] 그것은 모든 믿는 자를 위한 것이다(3:22a).

하나님의 의는 왜 '모든' 믿는 자를 위하는 것인가? 그 이유는(γάρ) 그리스도 안에서는 유대인과 이방인의 차별이 없기 때문이다(3:22b). 왜 차별이 없는가? 모든 사람이 죄를 범하여 하나님의 영광에 이르지 못하였지만(3:23),[32] 그들이 이제 그리스도 예수 안에 있는 구속으로 말미암아 하나님의 은혜로 값없이 의롭다 하심을 얻었기 때문이다(3:24).

이 예수를 하나님은 그의 신실하심으로 말미암아[33] 그의 피로써 속죄제물로 세우셨다(3:25a).[34] 여기에는 두 가지 목적이 있다. (1) 하나님이 길이 참으시는 중에 전에 지은 죄를 간과하심으로 자기의 의를 나타내려 하심이다(3:25b-26a).[35] (2) 하나님이 지금 이 때에 자신의 의를 나타내어(3:26b), 자신도 의로우시며 또한 예수 믿는 자를 의롭다 하려 하심이다(3:26c).

그러므로(οὖν) 인간의 자랑, 특히 유대인이 하나님의 선민이라는 자랑은 있을 수 없다(3:27a). 무슨 법을 통해서 인간의 자랑이 제외되는가? 행위의 법이 아니라 믿음의 법에 의해서 제외된다(3:27b). 왜 믿음의 법으로 자랑이 배제되는가? 그 이유는(γάρ) 사람이 의롭다 하심을 얻는 것은 율법의 행위와 상관없이 믿음으로 되기 때문이다(3:28). 바울은 3:28의 연장선에서 계속 말한다. 하나님은 유대인의 하나님뿐만 아니라 이방인의 하나님도 되신다(2:29). 하나

---

30) BDAG("δέ," 2)에 의하면, 여기서 δέ는 설명을 의미하는 that is로 번역되어야 한다.
31) 여기서 필자는 개역개정의 해석과 다른 입장을 취하고 있다.
32) Cranfield, *Romans*, I, 205.
33) 여기서 필자는 개역개정의 해석과 다른 입장을 취하고 있다.
34) 필자의 해석의 근거를 원하면, 위 구문 분석을 보라.
35) 3:25b의 의미를 원하면, 홍인규, 『로마서 어떻게 읽을 것인가』, 78-79를 보라.

님이 이방인의 하나님도 되시는 이유는(εἴπερ),36) 할례자도 믿음으로 말미암아 또한 무할례자도 믿음으로 말미암아 의롭다 하실 하나님은 한 분이시기 때문이다(3:30).

　여기서 유대인으로부터 한 가지 반론이 제기될 수 있다. 그것은 오직 믿음으로 의롭게 된다고 하는 복음이 율법을 폐하지 않느냐는 것이다(3:31a). 바울은 그런 반론을 즉각적으로 물리친다. 우리 믿는 자들은 결코 믿음으로 율법을 무효화하지 않는다(3:31b). 도리어 율법을 굳게 세운다(3:31).37)

5) 내용 정리

3:21-22a 하나님의 의가 예수 그리스도의 신실하심으로 말미암아 나타났다

3:22b-24 하나님의 의는 모든 믿는 자에게 주어진다

3:25a 하나님이 예수를 속죄제물로 세우셨다

3:25b-26 목적은 자기 의를 나타내고 또한 예수 믿는 자를 의롭다 하려 하기 위함이다

3:27-28 믿음은 자랑을 배제한다

3:29-30 한 분 하나님은 유대인의 하나님뿐 아니라 이방인의 하나님도 되신다

3:31 율법은 믿음으로 말미암아 세움을 받는다

---

36) εἴπερ의 기능에 대한 토론을 원하면, Jewett, *Romans*, 299-300을 보라.
37) 3:31의 의미를 원하면, 슈툴마허, 『로마서 주석』, 125를 보라.

아브라함의 선례 4:1-25

| 믿음으로 의롭다 하심을 얻은 아브라함 4:1–12

1) 구문 분석

1 Τί οὖν ἐροῦμεν εὑρηκέναι Ἀβραὰμ
　그런즉 아브라함이 무엇을 얻었다 말하리요

　　τὸν προπάτορα ἡμῶν κατὰ σάρκα;
　　육신으로 우리 조상 된 (아브라함)

2 εἰ γὰρ Ἀβραὰμ ἐξ ἔργων ἐδικαιώθη,
　만일 아브라함이 행위로써 의롭다 하심을 얻었으면

　　ἔχει καύχημα,
　　그가 자랑할 것이 있으려니와

　　ἀλλ᾽ οὐ πρὸς θεόν.
　　하나님 앞에서는 없느니라

3 τί γὰρ ἡ γραφὴ λέγει;
　성경이 무엇을 말하느냐

　　Ἐπίστευσεν δὲ Ἀβραὰμ τῷ θεῷ
　　아브라함이 하나님을 믿으매

　　καὶ ἐλογίσθη αὐτῷ εἰς δικαιοσύνην.
　　이것이 그에게 의로 여기신 바 되었느니라

4 τῷ δὲ ἐργαζομένῳ ὁ μισθὸς οὐ λογίζεται κατὰ χάριν ἀλλὰ κατὰ ὀφείλημα,
일하는 자에게는 그 품삯이 은혜로 여겨지지 아니하고 보수로 여겨지거니와

5 τῷ δὲ μὴ ἐργαζομένῳ πιστεύοντι δὲ ἐπὶ τὸν δικαιοῦντα τὸν ἀσεβῆ
일을 하지 않더라도 경건하지 아니한 자를 의롭다 하시는 이를 믿는 자에게는

λογίζεται ἡ πίστις αὐτοῦ εἰς δικαιοσύνην·
그의 믿음이 의로 여겨지나니

6 καθάπερ καὶ Δαυὶδ λέγει τὸν μακαρισμὸν τοῦ ἀνθρώπου
사람의 행복에 대하여 다윗이 말한 바와 같이

ᾧ ὁ θεὸς λογίζεται δικαιοσύνην χωρὶς ἔργων,
일한 것이 없이 하나님께 의로 여기심을 받는(사람)

7 Μακάριοι ὧν ἀφέθησαν αἱ ἀνομίαι
그 불법을 용서받는 자는 복이 있고

καὶ ὧν ἐπεκαλύφθησαν αἱ ἁμαρτίαι·
그 죄가 가리워진 자는 (복이 있으며)

8 μακάριος ἀνὴρ οὗ οὐ μὴ λογίσηται κύριος ἁμαρτίαν.
주께서 그 죄를 인정하지 아니하실 사람은 복이 있도다

9 ὁ μακαρισμὸς οὖν οὗτος ἐπὶ τὴν περιτομὴν ἢκαὶ ἐπὶ τὴν ἀκροβυστίαν;
그런즉 이 행복이 할례자에게만 내리느냐 혹 무할례자에게도 내리느냐

λέγομεν γάρ, Ἐλογίσθη τῷ Ἀβραὰμ ἡ πίστις εἰς δικαιοσύνην.
대저 우리가 말하기를 아브라함에게는 그 믿음이 의로 여겨졌다 하노라

10 πῶς οὖν ἐλογίσθη;
그런즉 이것이 어떻게 여기심을 받았느냐

ἐν περιτομῇ ὄντι ἢἐν ἀκροβυστίᾳ;
할례 시냐 무할례 시냐

οὐκ ἐν περιτομῇ ἀλλ' ἐν ἀκροβυστίᾳ·
할례 시가 아니라 무할례 시니라

11 καὶ σημεῖον ἔλαβεν περιτομῆς σφραγῖδα τῆς δικαιοσύνης τῆς πίστεως
그가 할례의 표를 받은 것은 믿음의 의를 인친 것이니

II 하나님의 의와 인간의 믿음

τῆς ἐν τῇ ἀκροβυστίᾳ,
무할례 시에 가졌던 (믿음)

εἰς τὸ εἶναι αὐτὸν πατέρα πάντων τῶν πιστευόντων δι' ἀκροβυστίας,
이는 무할례자로서 믿는 모든 자의 조상이 되기 위함이라

εἰς τὸ λογισθῆναι [καὶ] αὐτοῖς [τὴν] δικαιοσύνην,
그들도 의로 여기심을 얻게 하려고

12 καὶ πατέρα περιτομῆς
또한 이는 그가 할례자의 조상이 되기 위함이라

τοῖς οὐκ ἐκ περιτομῆς μόνον
곧 할례 받은 자들에게 뿐 아니라

ἀλλὰ καὶ τοῖς στοιχοῦσιν τοῖς ἴχνεσιν
발자취를 좇는 자들에게도

τῆς ἐν ἀκροβυστίᾳ πίστεως τοῦ πατρὸς ἡμῶν Ἀβραάμ.
우리 조상 아브라함이 무할례 시에 가졌던 믿음의 (발자취)

2) 한글 본문

1 그런즉 육신으로 우리 조상 된 아브라함이 무엇을 얻었다 하리요

2 만일 아브라함이 행위로써 의롭다 하심을 받았으면 자랑할 것이 있으려니와 하나님 앞에서는 없느니라

3 성경이 무엇을 말하느냐 아브라함이 하나님을 믿으매 그것이 그에게 의로 여겨진 바 되었느니라

4 일하는 자에게는 그 삯이 은혜로 여겨지지 아니하고 보수로 여겨지거니와

5 일을 아니할지라도 경건하지 아니한 자를 의롭다 하시는 이를 믿는 자에게는 그의 믿음을 의로 여기시나니

6 일한 것이 없이 하나님께 의로 여기심을 받는 사람의 복에 대하여 다윗의 말한 바

7 불법이 사함을 받고 죄가 가리어짐을 받는 사람들은 복이 있고

8 주께서 그 죄를 인정하지 아니하실 사람은 복이 있도다 함과 같으니라

9 그런즉 이 복이 할례자에게냐 혹 무할례자에게도냐 무릇 우리가 말하기를 아브라함에게는 그 믿음이 의로 여겨졌다 하노라

10 그런즉 그것이 어떻게 여겨졌느냐 할례시냐 무할례시냐 할례시가 아니라 무할례시니라

11 그가 할례의 표를 받은 것은 무할례시에 믿음으로 된 의를 인친 것이니 이는 무할례자로서 믿는 모든 자의 조상이 되어 그들도 의로 여기심을 얻게 하려 하심이라

12 또한 할례자의 조상이 되었나니 곧 할례 받을[38] 자에게 뿐 아니라 우리 조상 아브라함의 무할례시에 가졌던 믿음의 자취를 따르는 자들에게도 그러하니라

3) 형식 관찰

(1) 이 단락에서 명사 '의'(δικαιοσύνη)라는 단어는 6번(4:3, 5, 6, 9, 11), 그리고 동사 '의롭다 하다'(δικαιόω)는 2번 등장한다(4:2, 5).

(2) 명사 '믿음'은 4번(4:5, 9, 11, 12), 그리고 동사 '믿는다'는 3번 등장한다(4:3, 5, 11).

4) 본문의 흐름

3:27-31에서 바울은 사람이 의롭다 하심을 얻는 것은 율법의 행위와 상관없이 믿음으로 되기 때문에 인간의 자랑은 배제된다고 주장했다. 이 주장을 더 확립하고 변호하기 위해, 바울은 아브라함의 이야기를 꺼낸다.[39]

아브라함은 하나님에게서 무엇을 얻었는가?(4:1) 만일 아브라함이 행위로써 의롭다 하심을 얻었으면, 자랑할 것이 있을 것이다(4:2a). 그러나 실제로 아브라함은 행위가 없기 때문에 하나님 앞에서 자랑할 것이 없다(4:2b). 성경(창 15:6)이 말한 바와 같이, 아브라함이 하나님을 믿으매, 이것이 그에게 의로 여기신 바 되었다(4:3).

4:4-5는 4:2-3의 요점을 자세히 설명한다. 일하는 자에게는 그 품삯이 은혜로 여겨지지 아니하고 보수로 여겨진다(4:4). 그러나 일을 하지 않더라도 경건하지 아니한 자를 의롭다

---

38) 개역개정 번역 '할례 받을'은 '할례 받은'으로 수정되어야 한다.
39) Cranfield, *Romans*, I, 226; Dunn, *Romans 1-8*, 198.

하시는 이를 믿는 자에게는 그의 믿음이 의로 여겨진다(4:5).

또한 바울은 4:6-8에서 다윗의 예(시 32:1-2)를 들어, 믿음으로 의롭다 하심을 얻는다는 주제를 입증한다. 다윗은 일한 것이 없이 하나님께 의로 여기심을 받은 사람의 행복에 대해 말했다(4:6).

> 그 불법을 용서받는 자는 복이 있고
> 그 죄가 가리워진 자는 복이 있으며(4:7)
> 주께서 그 죄를 인정하지 아니하실 사람은 복이 있도다(4:8).

유대교에서는 위 시편에서 노래하는 사죄의 복이 할례 받은 유대인에게만 유효하다고 주장한다.[40] 이에 반대하여 바울은 사죄의 행복이 할례자에게만 내리는 것은 아니고 무할례자에게도 내린다고 주장한다(4:9a). 그 이유는(γάρ) 창세기 15:6이 "아브라함에게는 그 믿음이 의로 여겨졌다"라고 말하고 있기 때문이다(4:9b).

더 나아가서, 바울은 그렇게 여겨진 것은 아브라함이 할례 받지 않았을 때에 된 것이라고 주장한다(4:10). 아브라함이 할례의 표를 받은 것은 할례 받기 전에 얻은 믿음의 의를 확증하는 것이다(4:11a). 이는 아브라함이 모든 무할례 신자의 조상이 되기 위함이요(4:11b), 또한 아브라함이 할례 받기 전에 가졌던 믿음의 발자취를 좇는 할례자의 조상이 되기 위함이다(4:12).

5) 내용 정리

4:1-5 아브라함은 행한 일이 없지만 하나님을 믿고 의롭다 하심을 받았다
4:6-8 다윗도 불법을 용서받고 의롭다 하심을 받은 자의 복에 대해 말한다
4:9-12 아브라함이 할례받기 전에 믿음으로 의롭다 하심을 받았기 때문에, 사죄의 행복은 무할례자에게도 내린다

---

40) 홍인규, 『로마서 어떻게 읽을 것인가』, 88.

| 약속은 아브라함처럼 믿는 자에게 성취된다 4:13-25

1) 구문 분석

13 Οὐ γὰρ διὰ νόμου
   율법으로 말미암은 것이 아니요

   ἡ ἐπαγγελία τῷ Ἀβραὰμ ἠτῷ σπέρματι αὐτοῦ,
   아브라함이나 그 후손에게 주어진 약속은

   τὸ κληρονόμον αὐτὸν εἶναι κόσμου,
   곧 세상의 상속자가 되리라고 하신 것은

      ἀλλὰ διὰ δικαιοσύνης πίστεως.
      오직 믿음의 의로 말미암은 것이니라

14 εἰ γὰρ οἱ ἐκ νόμου κληρονόμοι,
   만일 율법에 속한 자들이 상속자이면

   κεκένωται ἡ πίστις
   믿음은 헛것이 되고

   καὶ κατήργηται ἡ ἐπαγγελία·
   약속은 폐하여졌느니라

15 ὁ γὰρ νόμος ὀργὴν κατεργάζεται·
   율법은 진노를 이루게 하나니

   οὗ δὲ οὐκ ἔστιν νόμος
   율법이 없는 곳에는

   οὐδὲ παράβασις.
   범법도 없느니라

16 διὰ τοῦτο ἐκ πίστεως,
   그러므로 상속자가 되는 이것이 믿음으로 되나니

ἵνα κατὰ χάριν,
은혜에 속하기 위하여

εἰς τὸ εἶναι βεβαίαν τὴν ἐπαγγελίαν παντὶ τῷ σπέρματι,
이는 그 약속을 그 모든 후손에게 굳게 하려 하심이라

    οὐ τῷ ἐκ τοῦ νόμου μόνον
    곧 율법에 속한 자에게 뿐 아니라

    ἀλλὰ καὶ τῷ ἐκ πίστεως Ἀβραάμ,
    아브라함의 믿음에 속한 자에게도니

ὅς ἐστιν πατὴρ πάντων ἡμῶν,
아브라함은 우리 모든 사람의 조상이라

17 καθὼς γέγραπται ὅτι Πατέρα πολλῶν ἐθνῶν τέθεικά σε,
기록된 바 내가 너를 많은 민족의 조상으로 세웠다 하심과 같으니

    κατέναντι οὗ ἐπίστευσεν θεοῦ
    그가 믿은 하나님 앞에서

        τοῦ ζῳοποιοῦντος τοὺς νεκροὺς
        죽은 자를 살리시며

        καὶ καλοῦντος τὰ μὴ ὄντα ὡς ὄντα.
        없는 것을 있는 것같이 부르시는 (하나님)

18 ὃς παρ' ἐλπίδα ἐπ' ἐλπίδι ἐπίστευσεν
아브라함이 바랄 수 없는 중에 바라고 믿었으니

    εἰς τὸ γενέσθαι αὐτὸν πατέρα πολλῶν ἐθνῶν
    이는 그가 많은 민족의 조상이 되려 하심이라

    κατὰ τὸ εἰρημένον·
    말씀대로

        Οὕτως ἔσται τὸ σπέρμα σου,
        네 후손이 이 같으리라 (하신 말씀)

19 καὶ μὴ ἀσθενήσας τῇ πίστει
믿음이 약하여지지 아니하고

    κατενόησεν τὸ ἑαυτοῦ σῶμα [ἤδη] νενεκρωμένον,
    그가 자기 몸의 죽은 것 같음을 알고도

       ἑκατονταετής που ὑπάρχων,
       백 세나 되어

    καὶ τὴν νέκρωσιν τῆς μήτρας Σάρρας·
    그리고 사라의 태의 죽은 것 같음을 (알고도)[41]

20 εἰς δὲ τὴν ἐπαγγελίαν τοῦ θεοῦ οὐ διεκρίθη τῇ ἀπιστίᾳ
    믿음이 없어 하나님의 약속을 의심하지 않고

    ἀλλ' ἐνεδυναμώθη τῇ <u>πίστει</u>,
    <u>믿음</u>에 견고하여져서

       δοὺς δόξαν τῷ θεῷ
       하나님께 영광을 돌리며

21 καὶ πληροφορηθεὶς ὅτι ὃ ἐπήγγελται δυνατός ἐστιν καὶ ποιῆσαι.
    약속하신 그것을 또한 능히 이루실 줄을 확신하였으니

22 διὸ [καὶ] ἐλογίσθη αὐτῷ εἰς δικαιοσύνην.
    그러므로 그의 믿음이 그에게 의로 여겨졌느니라

23 Οὐκ ἐγράφη δὲ δι' αὐτὸν μόνον ὅτι ἐλογίσθη αὐτῷ
    그것이 그에게 의로 여겨졌느니라 기록된 것은 아브라함만 위한 것이 아니오

24 ἀλλὰ καὶ δι' ἡμᾶς,
    우리도 위함이니

       οἷς μέλλει λογίζεσθαι,
       의로 여기심을 받을 (우리)

       τοῖς <u>πιστεύουσιν</u> ἐπὶ τὸν ἐγείραντα Ἰησοῦν τὸν κύριον ἡμῶν ἐκ νεκρῶν,
       곧 예수 우리 주를 죽은 자 가운데서 살리신 이를 <u>믿는</u> (우리)

---

41) Dunn(*Romans 1-8*, 195)은 4:19를 다음과 같이 직역한다. "Without weakening in faith he considered his own body already dead, being about one hundred years old, and the deadness of Sarah's womb."

25　ὃς παρεδόθη διὰ τὰ παραπτώματα ἡμῶν
예수는 우리 범죄 때문에[42] 내어 줌이 되고

καὶ ἠγέρθη διὰ τὴν δικαίωσιν ἡμῶν.
또한 우리를 의롭다 하심을 위하여 살아나셨느니라

2) 한글 본문

13 아브라함이나 그 후손에게 세상의 상속자가 되리라고 하신 언약은 율법으로 말미암은 것이 아니요 오직 믿음의 의로 말미암은 것이니라

14 만일 율법에 속한 자들이 상속자이면 믿음은 헛것이 되고 약속은 파기되었느니라

15 율법은 진노를 이루게 하나니 율법이 없는 곳에는 범법도 없느니라

16 그러므로 상속자가 되는 그것이 은혜에 속하기 위하여 믿음으로 되나니 이는 그 약속을 그 모든 후손에게 굳게 하려 하심이라 율법에 속한 자에게 뿐만 아니라 아브라함의 믿음에 속한 자에게도 그러하니 아브라함은 우리 모든 사람의 조상이라

17 기록된 바 내가 너를 많은 민족의 조상으로 세웠다 하심과 같으니 그의 믿은 바 하나님은 죽은 자를 살리시며 없는 것을 있는 것으로 부르시는 이시니라

18 아브라함이 바랄 수 없는 중에 바라고 믿었으니 이는 네 후손이 이같으리라 하신 말씀대로 많은 민족의 조상이 되게 하려 하심이라

19 그가 백 세나 되어 자기 몸이 죽은 것 같고 사라의 태가 죽은 것 같음을 알고도 믿음이 약하여지지 아니하고

20 믿음이 없어 하나님의 약속을 의심하지 않고 믿음으로 견고하여져서 하나님께 영광을 돌리며

21 약속하신 그것을 또한 능히 이루실 줄을 확신하였으니

22 그러므로 그것이 그에게 의로 여겨졌느니라

23 그에게 의로 여기셨다 기록된 것은 아브라함만 위한 것이 아니요

24 의로 여기심을 받을 우리도 위함이니 곧 예수 우리 주를 죽은 자 가운데서 살리신 이를 믿는 자니라

---
42) Schreiner, *Romans*, 243.

25 예수는 우리 범죄한 것 때문에 내줌이 되고 또한 우리를 의롭다 하시기 위하여 살아나셨느니라

3) 형식 관찰
(1) 이 단락에서 '약속'(ἐπαγγελία)이란 단어는 4번 등장한다(4:13, 14, 16, 20). '약속하다'(ἐπαγγέλλομαι)라는 동사는 1번 등장한다(4:21).
(2) 명사 '믿음'은 6번 등장하고(4:13, 14, 16, 19, 20), 동사 '믿는다'는 3번 등장한다(4:17, 18, 24).

4) 본문의 흐름
4:1-12에서 아브라함이 믿음으로 의롭다 하심을 받았다고 주장한 다음, 바울은 4:13-25에서 약속이 아브라함처럼 믿는 자에게 성취된다고 주장한다.

아브라함이나 그 후손에게 주어진 약속 곧 세상의 상속자가 되리라고 하신 약속은, 율법에 근거한 것이 아니라 믿음의 의에 근거한 것이다(4:13). 이 주장을 입증하기 위하여(γάρ), 바울은 4:14에서 반대의 경우를 가정한다. 만일 율법에 속한 자들이 상속자이면, 믿음은 헛것이 되고 약속은 폐하여진다(4:14). 왜(γάρ) 그렇게 되는가? 율법은 범법을 생산하여 진노를 이루게 하기 때문이다(4:15). 그러므로(διὰ τοῦτο) 약속의 상속자가 되는 것은 믿음으로 된다(4:16a). 여기에는 두 가지 목적이 있다. 하나는 하나님의 구원이 은총의 일이 되도록 하려는 것이고(4:16b), 다른 하나는 약속이 그 모든 후손에게 견고히 되게 하려 함이다(4:16c). 그 후손에는 유대인 신자뿐만 아니라 이방인 신자도 포함된다(4:16d). 아브라함은 모든 믿는 자의 조상이다(4:16e). 이것은 "내가 너를 많은 민족의 조상으로 세웠다"는 성경 말씀과 일치한다(4:17a). 아브라함이 우리의 조상인 것은 그가 믿은 하나님 앞에서 사실이다(4:17b).

아브라함이 믿은 하나님은(4:17b) [43] 죽은 자를 살리시며 없는 것을 있는 것같이 부르시는 분이시다(4:17c,d). 따라서 아브라함은 바랄 수 없는 중에 바라고 믿었다(4:18a). 그 결과 "네 후손이 이 같으리라"하신 말씀대로 그가 많은 민족의 조상이 되었다(4:18b). [44] 또한 아브라

---
43) 4:17b는 구문론적으로는 앞 문장의 일부이지만, 내용적으로는 다음 문장에 속한다. Cranfield, *Romans*, I, 225.

함은 백세나 되어 자기 몸이 죽은 것 같음과 사라의 태가 죽은 것 같음을 알고도, 믿음이 약하여지지 아니하였다(4:19). 그는 믿음이 없어 하나님의 약속을 의심하지 않고 믿음에 견고하여져서, 하나님께 영광을 돌리며 약속하신 그것을 또한 능히 이루실 줄 확신하였다(4:20-21). 그러므로(διό) 그의 믿음이 그에게 의로 여겨졌다(4:22).

마지막으로, 바울은 아브라함의 예에서 나온 진리를 독자들에게 적용시킨다. 아브라함은 단순히 역사상 한 개인이 아니라 하나님을 믿는 믿음의 의미를 결정해주는 원형이다. 이런 관점에서 볼 때, 아브라함의 믿음이 의로 여겨진 것은 아브라함만을 위한 것이 아니요(4:23), 의로 여기심을 받을 우리, 곧 예수 우리 주를 죽은 자 가운데서 살리신 이를 믿는 우리도 위함이다(4:24). 하나님이 살리신 예수는 누구신가? 그는 우리 범죄 때문에 내어 줌이 되고, 또한 우리를 의롭다 하심을 위하여 살아나신 분이다(4:25).

5) 내용 정리

4:13-17b 아브라함과 그의 후손이 세상의 상속자가 되리라는 약속은 믿음의 의로 말미암은 것이다.

4:17b-22 아브라함의 믿음의 본질적인 성격

4:23-25 적용: 아브라함의 믿음이 의로 여겨진 것은 예수를 죽은 자 가운데서 살리신 이를 믿는 우리도 위함이다.

---

44) 개역개정은 4:18b를 목적으로 이해하고 있는데, 결과로 보는 것이 더 자연스럽다. Cranfield(*Romans*, I, 226)와 Schreiner(*Romans*, 234)도 우리와 같은 입장을 취하고 있다.

III 그리스도 안에서의 새 삶과 미래 소망

5:1-8:39

그리스도인의 현재 복과 미래 소망 5:1-11

| 그리스도인의 현재 복과 미래 소망 5:1-11

1) 구문 분석

1 Δικαιωθέντες οὖν ἐκ πίστεως
   그러므로 우리가 믿음으로 의롭다 하심을 얻었으므로

   εἰρήνην ἔχομεν πρὸς τὸν θεὸν
   하나님으로 더불어 화평을 누리느니라

   διὰ τοῦ κυρίου ἡμῶν Ἰησοῦ Χριστοῦ
   우리 주 예수 그리스도로 말미암아

2 δι' οὗ καὶ τὴν προσαγωγὴν ἐσχήκαμεν [τῇ πίστει] εἰς τὴν χάριν ταύτην
   그로 말미암아 우리가 또한 믿음으로 이 은혜에 들어감을 얻었느니라

   ἐν ᾗ ἑστήκαμεν
   우리가 서 있는 (은혜)

   καὶ καυχώμεθα ἐπ' ἐλπίδι τῆς δόξης τοῦ θεου.
   그리고 우리는 하나님의 영광에 대한 <u>소망</u>을 자랑으로 여기느니라

3 οὐ μόνον δέ, ἀλλὰ καὶ καυχώμεθα ἐν ταῖς θλίψεσιν,
   이뿐 아니라 우리는 환난도 자랑하나니

   εἰδότες ὅτι
   이는 우리가 ... 알기 때문이로다

   ἡ θλῖψις ὑπομονὴν κατεργάζεται,
   환난은 인내를 이루고

 4 ἡ δὲ ὑπομονὴ δοκιμήν,
   인내는 연단을 이루고

   ἡ δὲ δοκιμὴ <u>ἐλπίδα</u>.
   연단은 <u>소망</u>을 이루는 줄을

 5 ἡ δὲ <u>ἐλπὶς</u> οὐ καταισχύνει,
   <u>소망</u>이 우리를 실망시키지 아니하니

   ὅτι ἡ ἀγάπη τοῦ θεοῦ ἐκκέχυται
   이는 하나님의 사랑이 부은 바 됨이니

   ἐν ταῖς καρδίαις ἡμῶν
   우리 마음에

   διὰ πνεύματος ἁγίου
   성령으로 말미암아

    τοῦ δοθέντος ἡμῖν.
    우리에게 주신 (성령)

 6 ἔτι γὰρ Χριστὸς … ἀπέθανεν.
   그리스도께서 죽으셨도다

   ὄντων ἡμῶν ἀσθενῶν ἔτι
   우리가 아직 연약할 때에

   κατὰ καιρὸν
   기약대로

   ὑπὲρ ἀσεβῶν
   경건하지 않은 자를 위하여

 7 μόλις γὰρ ὑπὲρ δικαίου τις ἀποθανεῖται·
   의인을 위하여 죽는 자가 드물고

   ὑπὲρ γὰρ τοῦ ἀγαθοῦ τάχα τις καὶ τολμᾷ ἀποθανεῖν·
   선인을 위하여 용감히 죽는 자가 간혹 있거니와

8 συνίστησιν δὲ τὴν ἑαυτοῦ ἀγάπην εἰς ἡμᾶς ὁ θεὸς,
　그러나 하나님께서 우리에게 대한 자기의 사랑을 확증하셨느니라

　　ὅτι ἔτι ἁμαρτωλῶν ὄντων ἡμῶν
　　우리가 아직 죄인 되었을 때에

　　Χριστὸς ὑπὲρ ἡμῶν ἀπέθανεν.
　　그리스도께서 우리를 위하여 죽으심으로

9 <u>πολλῷ οὖν μᾶλλον δικαιωθέντες νῦν ἐν τῷ αἵματι αὐτοῦ σωθησόμεθα</u>
　<u>그러므로 이제 우리가 그 피로 의롭다 하심을 얻었은즉 더욱 구원을 얻을 것이니라</u>

　　δι' αὐτοῦ
　　그로 말미암아

　　ἀπὸ τῆς ὀργῆς.
　　진노하심에서

10 εἰ γὰρ ἐχθροὶ ὄντες κατηλλάγημεν τῷ θεῷ
　곧 우리가 원수 되었을 때에 하나님으로 더불어 화목되었은즉

　　διὰ τοῦ θανάτου τοῦ υἱοῦ αὐτοῦ,
　　그 아들의 죽으심으로 말미암아

<u>πολλῷ μᾶλλον καταλλαγέντες σωθησόμεθα</u>
<u>화목하게 된 우리는 더욱 구원을 얻을 것이니라</u>

　　ἐν τῇ ζωῇ αὐτοῦ·
　　그의 살으심으로 말미암아

11 οὐ μόνον δέ,
　이뿐 아니라

　　ἀλλὰ καὶ καυχώμενοι
　　또한 자랑하느니라

　　ἐν τῷ θεῷ
　　하나님을

　　διὰ τοῦ κυρίου ἡμῶν Ἰησοῦ Χριστοῦ
　　우리 주 예수 그리스도로 말미암아

III. 그리스도 안에서의 새 삶과 미래 소망

δι' οὗ νῦν τὴν καταλλαγὴν ἐλάβομεν.
이제 우리로 화목을 얻게 하신 (주 예수 그리스도)

2) 한글 본문

1 그러므로 우리가 믿음으로 의롭다 하심을 받았으니 우리 주 예수 그리스도로 말미암아 하나님과 화평을 누리자

2 또한 그로 말미암아 우리가 믿음으로 서 있는 이 은혜에 들어감을 얻었으며 하나님의 영광을 바라고 즐거워하느니라

3 다만 이뿐 아니라 우리가 환난 중에도 즐거워하나니 이는 환난은 인내를,

4 인내는 연단을, 연단은 소망을 이루는 줄 앎이로다

5 소망이 우리를 부끄럽게 하지 아니함은 우리에게 주신 성령으로 말미암아 하나님의 사랑이 우리 마음에 부은바 됨이니

6 우리가 아직 연약할 때에 기약대로 그리스도께서 경건하지 않은 자를 위하여 죽으셨도다

7 의인을 위하여 죽는 자가 쉽지 않고 선인을 위하여 용감히 죽는 자가 혹 있거니와

8 우리가 아직 죄인 되었을 때에 그리스도께서 우리를 위하여 죽으심으로 하나님께서 우리에 대한 자기의 사랑을 확증하셨느니라

9 그러면 이제 우리가 그의 피로 말미암아 의롭다 하심을 받았으니 더욱 그로 말미암아 진노하심에서 구원을 받을 것이니

10 곧 우리가 원수 되었을 때에 그 아들의 죽으심으로 말미암아 하나님과 화목되었은즉 화목된 자로서는 더욱 그의 살아나심으로 말미암아 구원을 받을 것이니라

11 그뿐 아니라 이제 우리로 화목을 얻게 하신 우리 주 예수 그리스도로 말미암아 하나님 안에서 또한 즐거워하느니라

3) 형식 관찰

(1) 이 단락에서 바울은 의롭다 하심을 얻음에서 하나님과의 화평으로, 그리고 더 나아가

미래 소망으로 인도한다(5:1-2).

(2) '소망'(ἐλπίς)이란 단어가 3번 등장한다(5:2, 4, 5). '소망'은 이 단락의 주된 개념이다.[45]

(3) 5:9-10에는 소망의 구체적인 내용이 나타난다.

(4) 5:9-10에 '더욱'(πολλῷ μᾶλλον)이란 단어가 2번 등장하는 것을 주목하라.

4) 본문의 흐름

1-4장에서 바울은 하나님께서 그리스도의 죽음을 통하여 세상의 죄를 처리하사 자신의 의(언약적인 신실하심)를 나타내셨고, 따라서 그리스도를 믿는 자는 누구든지 의롭다 하심을 받는다는 것을 강조하였다. 이제 5-8장에서는 새로운 주제를 취급하는데, 그것은 그리스도 안에서의 새로운 삶과 미래 소망이다.

5:1-11에서 바울은 의롭다 하심을 받은 자가 누리는 하나님과의 화평과 미래 구원에 대한 소망을 서술한다. 여기서 그는 '우리'라는 편지 문체로 로마서의 수신자와 자신을 일치시킨다.

믿음으로 의롭다 하심을 받은 우리는 우리 주 예수 그리스도로 말미암아 하나님과 화평을 누린다(5:1). 또한 우리는 그리스도로 말미암아 우리가 현재 서 있는 은혜에 들어감을 얻었다(5:2a).

그리고 우리는 하나님의 영광을 바라보면서 기뻐하며 자랑한다(5:2b). 이뿐 아니라 우리는 환난도 기뻐하며 자랑한다(5:3a). 왜 환난 속에도 기쁨이 있는가? 그 이유는 우리가 환난은 인내를 이루고, 인내는 연단을 이루고, 연단은 소망을 이루는 줄을 알기 때문이다(5:3b-4). 이렇게 견고해진 소망은 마지막 날에 우리를 실망시키지 않을 것이다(5:5a). 왜냐하면(ὅτι) 성령으로 말미암아 우리 마음에 부어진 하나님의 사랑은 놀랍도록 관대하여, 우리를 마지막 구원에 이르도록 인도하고 보호할 것이기 때문이다(5:5b).

5:6-8은 5:5에서 언급된 하나님의 사랑의 본질을 묘사해준다. 그리스도께서는 우리가 연

---

45) Dunn, *Romans* 1-8, 246.

약할 때에 경건하지 않은 죄인들을 위해 죽으셨다(5:6). 이 세상에서는 의인을 위하여 죽는 자가 거의 없고, 선한 사람을 위하여 죽는 자는 간혹 있다(5:7). 그런데 악인을 위하여 죽는 자는 전혀 없다. 그러나 하나님께서는 우리가 아직 죄인 되었을 때에, 그리스도께서 우리를 위하여 죽으심으로 우리에게 대한 자기의 사랑을 확증하셨다(5:8).

5:9-10에서 바울은 그리스도의 십자가 안에 나타난 하나님의 사랑에서 중요한 결론을 끄집어낸다(οὖν). 이로써 그는 소망이라는 주제로 다시 돌아간다. 우리가 그리스도의 피로 의롭다 하심을 얻었으니, 그로 말미암아 마지막 심판 날에 하나님의 진노에서 더욱 구원을 얻을 것이다(5:9). 이것이 매우 중요하기에, 바울은 다른 말로 반복한다. 우리가 원수 되었을 때에 그 아들의 죽으심으로 하나님과 화목하게 되었다면, 화목이 이루어진 이상 우리는 그의 살아나심을 통하여 더욱 구원을 얻을 것이다(5:10).

그러므로 우리는 살아계신 그리스도로 말미암아 우리의 미래 구원을 확신할 뿐만 아니라, 우리를 하나님과 화목하게 해주신 그리스도를 통하여 하나님을 기뻐하며 자랑한다(5:11).

5) 내용 정리

5:1-2a 의롭다 하심은 받은 우리는 하나님과의 화평을 누린다.

5:2b-5 또한 하나님의 영광을 바라며 기뻐하고, 하나님의 사랑 때문에 소망이 이루어지리라 확신한다.

5:6-8 하나님의 사랑은 죄인을 위한 그리스도의 죽음 안에 확증되어있다.

5:9-10 그리스도의 죽음으로 의롭다 하심을 받고 하나님과 화목하게 된 우리는 확실하게 미래 구원을 얻을 것이다.

5:11 그러므로 우리는 그리스도로 말미암아 하나님을 자랑한다.

마지막 아담의 은혜의 통치 5:12-21

| 마지막 아담의 은혜의 통치 5:12-21

1) 구문 분석

12 Διὰ τοῦτο ὥσπερ δι' ἑνὸς ἀνθρώπου
　　이러므로 한 사람으로 말미암아

　ἡ ἁμαρτία εἰς τὸν κόσμον εἰσῆλθεν
　　죄가 세상에 들어오고

　καὶ διὰ τῆς ἁμαρτίας ὁ θάνατος,
　　죄로 말미암아 사망이 들어왔나니

　καὶ οὕτως εἰς πάντας ἀνθρώπους ὁ θάνατος διῆλθεν,
　　이와 같이 사망이 모든 사람에게 이르렀느니라

　　ἐφ' ᾧ πάντες ἥμαρτον·
　　　모든 사람이 죄를 지었으므로

13 ἄχρι γὰρ νόμου ἁμαρτία ἦν ἐν κόσμῳ,
　　율법 있기 전에도 죄가 세상에 있었으나

　　ἁμαρτία δὲ οὐκ ἐλλογεῖται
　　　죄가 죄로 여기지 아니하느니라

　　　μὴ ὄντος νόμου,
　　　　율법이 없을 때에는

14 ἀλλὰ ἐβασίλευσεν ὁ θάνατος ἀπὸ Ἀδὰμ μέχρι Μωϋσέως
그러나 아담으로부터 모세까지 사망이 왕 노릇 하였나니

καὶ ἐπὶ τοὺς μὴ ἁμαρτήσαντας ἐπὶ τῷ ὁμοιώματι τῆς παραβάσεως Ἀδάμ
아담의 범법과 같은 모양으로 죄를 짓지 아니한 자들 위에도

ὅς ἐστιν τύπος τοῦ μέλλοντος.
아담은 오실 자의 모형이라

15 Ἀλλ' οὐχ ὡς τὸ παράπτωμα, οὕτως καὶ τὸ χάρισμα·
그러나 이 은사는 그 범죄와 같지 아니하니라

εἰ γὰρ τῷ τοῦ ἑνὸς παραπτώματι οἱ πολλοὶ ἀπέθανον,
한 사람의 범죄로 많은 사람이 죽었은즉

πολλῷ μᾶλλον ἡ χάρις τοῦ θεοῦ
더욱 하나님의 은혜와

καὶ ἡ δωρεὰ ἐν χάριτι τῇ τοῦ ἑνὸς ἀνθρώπου Ἰησοῦ Χριστοῦ
또한 한 사람 예수 그리스도의 은혜로 말미암은 선물이

εἰς τοὺς πολλοὺς ἐπερίσσευσεν.
많은 사람에게 넘쳤느니라

16 καὶ οὐχ ὡς δι' ἑνὸς ἁμαρτήσαντος τὸ δώρημα·
또 이 선물은 범죄한 한 사람으로 말미암은 것과 같지 아니하니라

τὸ μὲν γὰρ κρίμα ἐξ ἑνὸς εἰς κατάκριμα,
심판은 한 사람을 인하여 정죄에 이르렀으나

τὸ δὲ χάρισμα ἐκ πολλῶν παραπτωμάτων εἰς δικαίωμα.
은사는 많은 범죄를 인하여 의롭다 하심에 이르느니라

17 εἰ γὰρ τῷ τοῦ ἑνὸς παραπτώματι ὁ θάνατος ἐβασίλευσεν διὰ τοῦ ἑνός,
또한 한 사람의 범죄를 인하여 사망이 그 한 사람으로 말미암아 왕 노릇 하였은즉

πολλῷ μᾶλλον οἱ τὴν περισσείαν τῆς χάριτος
더욱 은혜와

καὶ τῆς δωρεᾶς τῆς δικαιοσύνης λαμβάνοντες
의의 선물을 넘치게 받는 자들이

ἐν ζωῇ βασιλεύσουσιν διὰ τοῦ ἑνὸς Ἰησοῦ Χριστου.
한 분 예수 그리스도로 말미암아 생명 안에서 왕 노릇 하리로다

18 ”Αρα οὖν ὡς δι' ἑνὸς παραπτώματος
그런즉 한 사람의 범죄로

εἰς πάντας ἀνθρώπους εἰς κατάκριμα,
모든 사람이 정죄에 이른 것같이

οὕτως καὶ δι' ἑνὸς δικαιώματος
한 사람의 의의 행동으로 말미암아

εἰς πάντας ἀνθρώπους εἰς δικαίωσιν ζωῆς·
모든 사람이 의롭다 하심을 받아 생명에 이르렀느니라

19 ὥσπερ γὰρ διὰ τῆς παρακοῆς τοῦ ἑνὸς ἀνθρώπου
한 사람의 순종하지 아니함으로

ἁμαρτωλοὶ κατεστάθησαν οἱ πολλοί,
많은 사람이 죄인 된 것같이

οὕτως καὶ διὰ τῆς ὑπακοῆς τοῦ ἑνὸς
한 사람의 순종하심으로

δίκαιοι κατασταθήσονται οἱ πολλοί.
많은 사람이 의인이 되리라

20 νόμος δὲ παρεισῆλθεν, ἵνα πλεονάσῃ τὸ παράπτωμα·
율법이 가입한 것은 범죄를 더하게 하려 함이라

οὗ δὲ ἐπλεόνασεν ἡ ἁμαρτία,
그러나 죄가 더한 곳에

ὑπερεπερίσσευσεν ἡ χάρις,
은혜가 더욱 넘쳤나니

21 ἵνα ὥσπερ ἐβασίλευσεν ἡ ἁμαρτία ἐν τῷ θανάτῳ,
이는 죄가 사망 안에서 왕 노릇 한 것같이

οὕτως καὶ ἡ χάρις βασιλεύσῃ
은혜도 또한 왕 노릇 하려 함이라

III 그리스도 안에서의 새 삶과 미래 소망

διὰ δικαιοσύνης
의로 말미암아

εἰς ζωὴν αἰώνιον
영생에 이르게

διὰ Ἰησοῦ Χριστοῦ τοῦ κυρίου ἡμῶν.
우리 주 예수 그리스도로 말미암아

2) 한글 본문

12 그러므로 한 사람으로 말미암아 죄가 세상에 들어오고 죄로 말미암아 사망이 들어왔나니 이와 같이 모든 사람이 죄를 지었으므로 사망이 모든 사람에게 이르렀느니라

13 죄가 율법 있기 전에도 세상에 있었으나 율법이 없을 때에는 죄를 죄로 여기지 아니하였느니라

14 그러나 아담으로부터 모세까지 아담의 범죄와 같은 죄를 짓지 아니한 자들까지도 사망이 왕 노릇 하였나니 아담은 오실 자의 모형이라

15 그러나 이 은사는 그 범죄와 같지 아니하니 곧 한 사람의 범죄를 인하여 많은 사람이 죽었은즉 더욱 하나님의 은혜와 또는 한 사람 예수 그리스도의 은혜로 말미암은 선물은 많은 사람에게 넘쳤으리라

16 또 이 선물은 범죄한 한 사람으로 말미암은 것과 같지 아니하니 심판은 한 사람으로 말미암아 정죄에 이르렀으나 은사는 많은 범죄로 말미암아 의롭다 하심에 이름이니라

17 한 사람의 범죄로 말미암아 사망이 그 한 사람을 통하여 왕 노릇 하였은즉 더욱 은혜와 의의 선물을 넘치게 받는 자들은 한 분 예수 그리스도를 통하여 생명 안에서 왕 노릇 하리로다

18 그런즉 한 범죄로 많은 사람이 정죄에 이른 것같이 의의 한 의로운 행위로 말미암아 많은 사람이 의롭다 하심을 받아 생명에 이르렀느니라

19 한 사람이 순종하지 아니함으로 많은 사람이 죄인 된 것같이 한 사람의 순종하심으로 많은 사람이 의인이 되리라

20 율법이 들어온 것은 범죄를 더하게 하려 함이라 그러나 죄가 더한 곳에 은혜가 더욱 넘쳤나니

21 이는 죄가 사망 안에서 왕 노릇 한 것같이 은혜도 또한 의로 말미암아 왕 노릇 하여 우리 주 예수 그리스도로 말미암아 영생에 이르게 하려 함이라

3) 형식 관찰

(1) 이 단락에서는 아담과 그리스도 사이의 극명한 대조가 특징적이다.

(2) 아담 측에는 부정적인 단어들, 곧 '죄'(ἁμαρτία, 6번), '사망'(θάνατος, 4번), '죄를 짓다'(ἁμαρτάνω, 3번), '범법'(παράβασις, 1번), '범죄'(παράπτωμα, 6번), '죽다'(ἀποθνήσκω, 1번), '심판'(κρίμα, 1번), '정죄'(κατάκριμα, 2번), '불순종'(παρακοή, 1번), '죄인'(ἁμαρτωλός, 1번)이란 단어들이 출현한다.

(3) 그리스도 측에는 긍정적인 단어들, 곧 '은사'(χάρισμα, 2번), '은혜'(χάρις, 5번), '선물'(δωρεά, 2번), '의롭다 하심'(δικαίωμα, 2번), '의'(δικαιοσύνη, 2번), '생명'(ζωή, 3번), '순종'(ὑπακοή, 1번), '의로운'(δίκαιος, 1번)이란 단어들이 출현한다.

4) 본문의 흐름

5:12-21은 1:18-5:11에서 전개된 논의의 결론이다(Διὰ τοῦτο). [46]

한 사람(아담)으로 말미암아 죄라는 세력이 세상에 들어오고(5:12a), 그런 죄의 세력으로 말미암아 사망이 들어왔다(5:12b). 다음에 오는 5:12c,d는 5:12a,b에 암시되어 있는 바를 명백히 진술한다. 모든 사람이 죄의 지배 아래서 실제로 죄를 지었기 때문에, 사망이 모든 사람에게 이르렀다(5:12c,d).

5:13-14에서 바울은 율법과 죄의 관계를 밝힘으로써 죄와 사망의 우주적인 지배를 강조한다. 율법이 주어지기 전에도, 죄의 세력은 세상에 있었고 인간을 지배했다(5:13a). 그런데 율법이 없었을 때에는, 죄가 명백히 규정될 수 없었다(5:13b). 하지만 아담과 모세 사이의 시대, 곧 율법이 없었던 시대에도 사망이 왕 노릇했다(5:14a). 물론, 그 시대에는 율법이 없었기 때문에 법을 어기는 범법(παράβασις)은 존재하지 않았다. 그러나 율법이 없었던 시대에도 인

---

[46] M. C. de Boer, *The Defeat of Death: Apocalyptic Eschatology in 1 Corinthians 15 and Romans 5* (JSNTS; Sheffield: JSOT, 1988), 145-46; 홍인규, "로마서 5:12-21의 논증의 흐름," 『기독신학저널』, 13 (2007), 206.

간은 죄라는 세력의 지배 아래서 실제로 죄를 지었다(5:14b). 그러므로 아담과 모세 사이에도 사망이 왕 노릇했던 것이다.

아담은 오실 자(그리스도)의 모형이다(5:14c). 5:15-19에는 아담과 그리스도 사이의 모형론적인 비교가 나타나있다.

그리스도의 은사는 아담의 범죄와는 전혀 다른 결과를 가져왔다(5:15a). 그 이유는(γάρ) 아담 한 사람의 범죄로 많은 사람이 죽었지만, 하나님의 은혜와 또한 한 사람 예수 그리스도의 은혜로 말미암은 선물은 많은 사람에게 더욱 넘쳤기 때문이다(5:15b,c).

아담과 그리스도 사이의 대조는 계속된다. 믿는 자에게 주어지는 선물은 범죄한 아담으로 말미암은 결과와 같지 않다(5:16a). 왜 다른가? 그 이유는(γάρ) 심판이 아담 한 사람의 범죄 때문에 정죄에 이르렀으나, 은사는 많은 범죄로부터 의롭다 하심에 이르기 때문이다(5:16b,c). 또 다른 이유는(γάρ) 한 사람의 범죄를 인하여 사망이 그 한 사람으로 말미암아 왕 노릇하였지만(5:17a), 은혜와 의의 선물을 넘치게 받는 자들이 한 분 예수 그리스도로 말미암아 생명 안에서 왕 노릇할 것이기 때문이다(5:17b).

5:18-19에서 바울은 아담과 그리스도 사이의 비교를 정리한다("Ἄρα οὖν). 한 사람의 범죄로 모든 사람이 정죄에 이른 것 같이, 한 사람의 의의 행동으로 말미암아 모든 사람이 의롭다 하심을 받아 생명에 이르렀다(5:18). 5:12-18에 걸쳐 주장했던 바를 바울은 5:19에서 요약적이고 결정적인 형태로 반복한다.[47] 한 사람의 불순종으로 많은 사람이 죄인이 된 것 것 같이, 한 사람의 순종하심으로 많은 사람이 의인이 되었다(5:19).

이제 바울은 아담과 그리스도에 관한 논증을 마무리하면서, 아담과 그리스도 사이에서 수행되었던 율법의 중요한 역할을 언급한다. 율법이 아담과 그리스도 사이에 들어온 것은 범죄를 억제하기 위한 것이 아니라 오히려 범죄를 더하게 하려 함이다(5:20a). 이런 율법의 부정적인 기능은 죄의 지배 아래 있는 인간의 절망적인 상황을 보여준다. 그러나 죄가 더한 곳에 은혜가 더욱 넘쳤다(5:20b).[48] 이는(ἵνα) 죄가 사망 안에서 왕 노릇한 것 같이 은혜도 또한 의

---

47) 홍인규, "로마서 5:12-21의 논증의 흐름," 216.
48) 5:20의 의미를 알려면, 홍인규, 『로마서 어떻게 읽을 것인가』, 218-19를 보라.

로 말미암아 왕 노릇하여 우리 주 예수 그리스도로 말미암아 영생에 이르게 하려 함이다(5:21).

5) 내용 정리

5:12 아담의 유산: 아담 한 사람으로 말미암아 죄라는 세력이 세상에 들어오고, 모든 사람이 죄의 지배 아래서 실제로 죄를 지었기 때문에, 사망이 모든 사람에게 이르렀다.

5:13-14 율법이 주어지기 전에도 죄의 세력은 세상에 있었고 인간은 그 지배 아래서 죄를 지었기 때문에, 사망이 왕 노릇했다.

5:15-19 아담과 그리스도: 아담 한 사람의 불순종으로 많은 사람이 죄인이 되고 정죄에 이르러 사망이 왕 노릇했다. 그러나 그리스도의 순종으로 많은 사람이 의롭다 하심을 받아 생명 안에서 왕 노릇하게 되었다.

5:20-21 율법의 역할: 율법이 들어온 것은 범죄를 더하여 은혜가 왕 노릇하게 하려 함이다.

죄의 세력에 대한 죽음과 하나님에 대한 삶 6:1-23

| 죄에 대한 죽음과 하나님께 대한 삶 6:1-14

1) 구문 분석

1 Τί οὖν ἐροῦμεν;
그런즉 우리가 무슨 말 하리요

ἐπιμένωμεν τῇ ἁμαρτίᾳ,
우리가 죄에 거하겠느냐

ἵνα ἡ χάρις πλεονάσῃ;
은혜를 더하게 하려고

2 μὴ γένοιτο.
그럴 수 없느니라

οἵτινες ἀπεθάνομεν τῇ ἁμαρτίᾳ,
죄에 대하여 죽은 우리가

πῶς ἔτι ζήσομεν ἐν αὐτῇ;
어찌 그 가운데 더 살리요

3 ἢ ἀγνοεῖτε
너희는 알지 못하느냐

ὅτι, ὅσοι ἐβαπτίσθημεν εἰς Χριστὸν Ἰησοῦν,
무릇 그리스도 예수와 연합하여 세례를 받은 우리는

εἰς τὸν θάνατον αὐτοῦ ἐβαπτίσθημεν;
그의 죽으심과 연합하여 세례 받은 줄을

4 συνετάφημεν οὖν αὐτῷ διὰ τοῦ βαπτίσματος εἰς τὸν θάνατον,
그러므로 우리가 그의 죽으심과 연합하여 세례를 받음으로 그와 함께 장사되었나니

ἵνα ὥσπερ ἠγέρθη Χριστὸς ἐκ νεκρῶν διὰ τῆς δόξης τοῦ πατρός,
이는 아버지의 영광으로 말미암아 그리스도께서 죽은 자 가운데서 살리심을 받은 것 같이

οὕτως καὶ ἡμεῖς ἐν καινότητι ζωῆς περιπατήσωμεν.
우리도 새 생명 안에서 행하게 하려 함이니라

5 εἰ γὰρ σύμφυτοι γεγόναμεν τῷ ὁμοιώματι τοῦ θανάτου αὐτοῦ,
만일 우리가 그의 죽으심과 같은 죽음으로 그와 연합한 자가 되었으면[49]

ἀλλὰ καὶ τῆς ἀναστάσεως ἐσόμεθα·
또한 그의 부활하심과 같은 부활로 그와 연합한 자가 되리라

6 τοῦτο γινώσκοντες
우리가 알거니와

ὅτι ὁ παλαιὸς ἡμῶν ἄνθρωπος συνεσταυρώθη,
우리 옛 사람이 예수와 함께 십자가에 못 박힌 것은

ἵνα καταργηθῇ τὸ σῶμα τῆς ἁμαρτίας,
죄의 몸이 멸하여

τοῦ μηκέτι δουλεύειν ἡμᾶς τῇ ἁμαρτίᾳ·
다시는 우리가 죄에게 종 노릇 하지 아니하려 함이니

7 ὁ γὰρ ἀποθανὼν δεδικαίωται ἀπὸ τῆς ἁμαρτίας.
이는 죽은 자가 죄에서 해방되었음이라

8 εἰ δὲ ἀπεθάνομεν σὺν Χριστῷ,
만일 우리가 그리스도와 함께 죽었으면

πιστεύομεν ὅτι καὶ συζήσομεν αὐτῷ,
또한 그와 함께 살 줄을 믿노니

---

49) Zerwick, *A Grammatical Analysis of the Greek New Testament*, 471; NRSV.

9 εἰδότες
이는 ... 알기 때문이로라

    ὅτι Χριστὸς ἐγερθεὶς ἐκ νεκρῶν οὐκέτι ἀποθνῄσκει,
    그리스도께서 죽은 자 가운데서 살리심을 받으셨으니 다시 죽지 아니하시고

    θάνατος αὐτοῦ οὐκέτι κυριεύει.
    사망이 다시 그를 주장하지 못할 줄을

10 ὃ γὰρ ἀπέθανεν,
그의 죽으심은

    τῇ ἁμαρτίᾳ ἀπέθανεν ἐφάπαξ·
    죄에 대하여 단번에 죽으심이요

    ὃ δὲ ζῇ,
    그의 살으심은

    ζῇ τῷ θεῷ
    하나님께 대하여 살으심이니

11 οὕτως καὶ ὑμεῖς λογίζεσθε ἑαυτοὺς [εἶναι]
이와 같이 너희도 너희 자신을 ... 여길지어다

    νεκροὺς μὲν τῇ ἁμαρτίᾳ
    죄에 대하여는 죽은 자요

    ζῶντας δὲ τῷ θεῷ ἐν Χριστῷ Ἰησοῦ.
    하나님을 대하여는 그리스도 예수 안에서 산 자로

12 Μὴ οὖν βασιλευέτω ἡ ἁμαρτία
그러므로 너희는 죄가 왕 노릇 하지 못하게 하여

    ἐν τῷ θνητῷ ὑμῶν σώματι
    너희 죽을 몸에

    εἰς τὸ ὑπακούειν ταῖς ἐπιθυμίαις αὐτοῦ,
    몸의 정욕에 순종하지 말고

13 μηδὲ παριστάνετε τὰ μέλη ὑμῶν ὅπλα ἀδικίας τῇ ἁμαρτίᾳ,
또한 너희 지체를 불의의 병기로 죄에게 내어주지 말고

ἀλλὰ παραστήσατε ἑαυτοὺς τῷ θεῷ ὡσεὶ ἐκ νεκρῶν ζῶντας
오직 너희 자신을 죽은 자 가운데서 다시 살아난 자같이 하나님께 드리며

καὶ τὰ μέλη ὑμῶν ὅπλα δικαιοσύνης τῷ θεῷ.
너희 지체를 의의 병기로 하나님께 드리라

14 ἁμαρτία γὰρ ὑμῶν οὐ κυριεύσει·
죄가 너희를 다스리지 못하리니

οὐ γάρ ἐστε ὑπὸ νόμον ἀλλὰ ὑπὸ χάριν.
이는 너희가 율법 아래 있지 아니하고 은혜 아래 있음이니라

2) 한글 본문

1 그런즉 우리가 무슨 말 하리요 은혜를 더하게 하려고 죄에 거하겠느냐

2 그럴 수 없느니라 죄에 대하여 죽은 우리가 어찌 그 가운데 더 살리요

3 무릇 그리스도 예수와 합하여 세례를 받은 우리는 그의 죽으심과 합하여 세례를 받은 줄을 알지 못하느냐

4 그러므로 우리가 그의 죽으심과 합하여 세례를 받음으로 그와 함께 장사되었나니 이는 아버지의 영광으로 말미암아 그리스도를 죽은 자 가운데서 살리심과 같이 우리로 또한 새 생명 가운데서 행하게 하려 함이니라

5 만일 우리가 그의 죽으심과 같은 모양으로 연합한 자가 되었으면 또한 그의 부활과 같은 모양으로 연합한 자도 되리라

6 우리가 알거니와 우리 옛 사람이 예수와 함께 십자가에 못 박힌 것은 죄의 몸이 죽어 다시는 우리가 죄에게 종 노릇 하지 아니하려 함이니

7 이는 죽은 자가 죄에서 벗어나 의롭다 하심을 얻었음이라

8 만일 우리가 그리스도와 함께 죽었으면 또한 그와 함께 살 줄을 믿노니

9 이는 그리스도께서 죽은 자 가운데서 살아나셨으매 다시 죽지 아니하시고 사망이 다시 그를 주장하지 못할 줄을 앎이로라

10 그의 죽으심은 죄에 대하여 단번에 죽으심이요 그가 살아계심은 하나님께 대하여 살아계심이니
11 이와같이 너희도 너희 자신을 죄에 대하여는 죽은 자요 그리스도 예수 안에서 하나님께 대하여는 살아있는 자로 여길지어다
12 그러므로 너희는 죄가 너희 죽을 몸을 지배하지 못하게 하여 몸의 사욕에 순종하지말고
13 또한 너희 지체를 불의의 무기로 죄에 내주지 말고 오직 너희 자신을 죽은 자 가운데서 다시 살아난 자같이 하나님께 드리며 너희 지체를 의의 무기로 하나님께 드리라
14 죄가 너희를 주장하지 못하리니 이는 너희가 법 아래 있지 아니하고 은혜 아래 있음이 라

3) 형식 관찰

(1) 다음 평행을 주목하라.

    6:2 우리가 죄에 대하여 죽다

    6:3a 우리가 그리스도 예수와 합하여 세례를 받다

    6:3b 우리가 그의 죽으심과 합하여 세례를 받다

    6:5 우리가 그의 죽으심과 같은 죽음으로 그와 연합한 자가 되다

    6:6 우리 옛 사람이 예수와 함께 십자가에 못 박히다

    6:8 우리가 그리스도와 함께 죽다

(2) 6:5는 6:8과 평행을 이룬다.

    6:5 만일 우리가 그의 죽으심과 같은 모양으로 연합한 자가 되었으면

        또한 그의 부활과 같은 모양으로 연합한 자도 되리라

    6:8 만일 우리가 그리스도와 함께 죽었으면

        또한 그와 함께 살줄을 믿노니

(3) 6:10, 11, 13에 각각 나타나 있는 대조를 주목하라.

4) 본문의 흐름

5:20b의 말씀, 곧 죄가 더한 곳에 은혜가 더욱 넘쳤다는 말씀은 오해의 소지가 많다. 실제로 로마교회의 일부 성도들은 그 말씀으로부터 방종주의적인 결론을 이끌어낸 것 같다. 예를 들면, 더욱 큰 은혜를 체험하기 위하여 죄가 많으면 많을수록 좋다는 것이다. 바울은 이런 잘못된 추론을 6:1-11에서 반박한다.

믿는 자들은 은혜를 증가시키려고 죄에 거하겠는가?(6:1) 결코 그럴 수 없다(6:2a). 죄에 대하여 죽은 그들이 죄 가운데 거한다는 것은 있을 수 없는 것이다(6:2b).

믿는 자들이 죄에 대하여 죽었다는 것을 어떻게 아는가? 6:3-4에서 바울은 믿는 자들이 받은 세례를 상기시킨다. 그리스도 예수와 연합하여 세례를 받은 자들은 그의 죽으심과 연합하여 세례를 받은 것이다(6:3). 믿는 자들이 그의 죽으심과 연합하여 세례를 받았다는 것은 또한 그와 함께 장사된 것이다(6:4a). 함께 장사된 목적은(ἵνα) 그리스도께서 죽은 자 가운데 살리심을 받은 것 같이, 그들도 새 생명 안에서 행하게 하려 함이다(6:4b).

6:5-10에서 바울은 더 나아가 미래 소망을 이야기하며, 뒤따라오는 권면을 준비한다.[50] 6:5-7과 6:8-10이 평행을 이룬다.

믿는 자들이 그의 죽으심과 같은 죽음으로 그와 연합한 자가 되었으면, 또한 그의 부활하심과 같은 부활로 그와 연합한 자가 될 것이다(6:5). 6:6-7은 믿는 자들에게 이미 일어난 변화의 실재를 강조함으로써 미래 부활의 소망을 보증한다. 잘 아는 바와 같이, 믿는 자들의 옛 사람은 십자가에 못 박혔다(6:6a). 그 목적은(ἵνα) 죄의 몸이 멸하기 위한 것이다(6:6b). 그리하여 다시는 그들이 죄에게 종 노릇 하지 아니하게 되었다(6:6c). 왜냐하면(γάρ) 죽은 자는 죄에서 해방되었기 때문이다(6:7).

만일 믿는 자들이 그리스도와 함께 죽었으면, 또한 그와 함께 살 줄을 믿는다(6:8). 이런

---

50) B. Byrne, *Romans* (SP; Collegeville: The Liturgical Press, 1996), 191.

미래 소망을 보증하기 위하여, 바울은 또 다시 그리스도인들이 알고 있는 바에 호소한다(6:9-10). 곧, 그리스도께서 죽은 자 가운데서 살리심을 받으셨으니, 다시 죽지 아니하시고 사망이 다시 그를 주장하지 못한다는 것이다(6:9). 왜냐하면(γάρ) 그의 죽으심은 죄에 대하여 단번에 죽으심이고, 그의 살으심은 하나님께 대하여 살으심이기 때문이다(6:10).

그런 까닭에51) 믿는 자들도 자신을 죄에 대하여는 죽은 자요 하나님을 대하여는 산 자로 여겨야한다(6:11).

6:11에 근거하여(οὖν), 바울은 6:12-13에서 구체적인 행동 지침들을 제시한다.

믿는 자들은 몸의 정욕에 순종하지 않기 위하여

그들의 죽을 몸에서 죄가 왕 노릇 하지 못하게 하여야 한다(6:12).

또한 믿는 자들은 그들의 지체를 불의의 병기로 죄에게 내어주지 말아야 한다(6:13a).

오직 그들 자신을 죽은 자 가운데서 다시 살아난 자 같이 하나님께 드리며(6:13b),

그들의 지체를 의의 병기로 하나님께 드려야 한다(6:13c).

왜 믿는 자들은 이 명령들을 따라야 하는가? 그들은 죄의 종이 아니기 때문이다. 죄는 그들을 다스리지 못한다(6:14a). 그 이유는(γάρ) 믿는 자들은 율법의 저주 아래 있지 아니하고 하나님의 은혜의 통치 아래 있기 때문이다. 52)

5) 내용 정리

6:1-2 죄에 대하여 죽은 자들이 죄 가운데 거한다는 것은 있을 수 없다.

6:3-4 그리스도와 연합하여 세례를 받은 자들은 그의 죽으심에 연합한 것이다. 이는 새 생명 안에서 행하게 하려 함이다.

6:5-7 그리스도의 죽음과 부활에 연합: 그리스도의 죽음에 연합한 자는 또한 그의 부활에

---

51) Cranfield, *Romans*, I, 315.
52) 슈툴마허, 『로마서 주석』, 168; 홍인규, 『로마서 어떻게 읽을 것인가』, 121.

연합한 자가 될 것이다. 그들의 옛 사람이 십자가에 못 박혀 죽어서, 다시는 그들이 죄에게 종 노릇 하지 않게 되었기 때문이다.

6:8-10 그리스도와 함께 죽고 함께 삶: 만일 믿는 자들이 그리스도와 함께 죽었으면, 또한 그와 함께 살 줄을 믿는다. 죽은 자 가운데서 살리심을 받은 그리스도께서는 다시 사망의 지배를 받지 않기 때문이다.

6:11 죄에 대해 죽고 하나님께 대해 삶: 그러므로 믿는 자들은 너희 자신을 죄에 대하여는 죽은 자요 하나님을 대하여는 산 자로 여겨야한다.

6:12-13 권면: 믿는 자들은 자기 지체를 죄에게 내어주지 말고, 하나님께 드려야 한다.

6:14 결론적 이유: 죄가 믿는 자들을 다스리지 못하기 때문이다.

하나님께 대한 새로운 순종 6:15-23

1) 구문 분석

15 Τί οὖν;
그런즉 어찌하리요

ἁμαρτήσωμεν,
우리가 죄를 지으리요

ὅτι οὐκ ἐσμὲν ὑπὸ νόμον ἀλλὰ ὑπὸ χάριν;
우리가 율법 아래 있지 아니하고 은혜 아래 있으니

μὴ γένοιτο.
그럴 수 없느니라

16 οὐκ οἴδατε
너희가 ... 알지 못하느냐

ὅτι ᾧ παριστάνετε ἑαυτοὺς δούλους εἰς ὑπακοήν,
너희 자신을 종으로 드려 누구에게 순종하든지

δοῦλοί ἐστε ᾧ ὑπακούετε,
그 순종함을 받는 자의 종이 되는 줄을

ἤτοι ἁμαρτίας εἰς θάνατον
곧 죄의 종으로 사망에 이르고

ἢ ὑπακοῆς εἰς δικαιοσύνην;
혹은 순종의 종으로 의에 이르는 줄을

17 χάρις δὲ τῷ θεῷ
하나님께 감사하리로다

ὅτι ἦτε δοῦλοι τῆς ἁμαρτίας
너희가 본래 죄의 종이더니

ὑπηκούσατε δὲ ἐκ καρδίας
마음으로 순종하여

  εἰς ὃν παρεδόθητε τύπον διδαχῆς,
  너희에게 전하여 준 바 교훈의 본을

18 ἐλευθερωθέντες δὲ ἀπὸ τῆς ἁμαρτίας
  죄에게서 해방되어

 <u>ἐδουλώθητε τῇ δικαιοσύνῃ.</u>
 <u>의에게 종이 되었느니라</u>

19 ἀνθρώπινον λέγω
  내가 사람의 방식대로 말하노니

  διὰ τὴν ἀσθένειαν τῆς σαρκὸς ὑμῶν.
  너희 육신이 연약하므로

ὥσπερ γὰρ παρεστήσατε τὰ μέλη ὑμῶν
전에 너희가 너희 지체를 … 드려

 <u>δοῦλα τῇ ἀκαθαρσίᾳ καὶ τῇ ἀνομίᾳ</u>
 <u>부정과 불법에 종으로</u>

  εἰς τὴν ἀνομίαν,
  불법에 이른 것같이

οὕτως νῦν παραστήσατε τὰ μέλη ὑμῶν
이제는 너희 지체를 … 드려

 <u>δοῦλα τῇ δικαιοσύνῃ</u>
 <u>의에게 종으로</u>

  εἰς ἁγιασμόν·
  거룩함에 이르라

20 ὅτε γὰρ <u>δοῦλοι</u> ἦτε <u>τῆς ἁμαρτίας</u>,
너희가 <u>죄의 종</u>이 되었을 때에는

ἐλεύθεροι ἦτε τῇ δικαιοσύνῃ.
의에 대하여 자유하였느니라

21 τίνα οὖν καρπὸν εἴχετε τότε;
너희가 그 때에 무슨 열매를 얻었느냐

ἐφ' οἷς νῦν ἐπαισχύνεσθε,
이제는 너희가 그 일을 부끄러워하나니

τὸ γὰρ τέλος ἐκείνων θάνατος;
이는 그 마지막이 사망임이니라

22 νυνὶ δὲ ἐλευθερωθέντες ἀπὸ τῆς ἁμαρτίας
그러나 이제는 너희가 죄에게서 해방되고

<u>δουλωθέντες δὲ τῷ θεῷ</u>
<u>하나님께 종</u>이 되어

ἔχετε τὸν καρπὸν ὑμῶν εἰς ἁγιασμόν,
거룩함에 이르는 열매를 얻었으니

τὸ δὲ τέλος ζωὴν αἰώνιον.
이 마지막은 영생이라

23 τὰ γὰρ ὀψώνια τῆς ἁμαρτίας θάνατος,
죄의 삯은 사망이요

τὸ δὲ χάρισμα τοῦ θεοῦ ζωὴ αἰώνιος
하나님의 은사는 영생이니라

ἐν Χριστῷ Ἰησοῦ τῷ κυρίῳ ἡμῶν.
그리스도 예수 우리 주 안에 있는 (영생)

2) 한글 본문

15 그런즉 어찌하리요 우리가 법 아래 있지 아니하고 은혜 아래 있으니 죄를 지으리요 그럴 수 없느니라

16 너희 자신을 종으로 내주어 누구에게 순종하든지 그 순종함을 받는 자의 종이 되는 줄을 너희가 알지 못하느냐 혹은 죄의 종으로 사망에 이르고 혹은 순종의 종으로 의에 이르느니라

17 하나님께 감사하리로다 너희가 본래 죄의 종이더니 너희에게 전하여 준 바 교훈의 본을 마음으로 순종하여

18 죄로부터 해방되어 의에게 종이 되었느니라

19 너희 육신이 연약하므로 내가 사람의 예대로 말하노니 전에 너희가 너희 지체를 부정과 불법에 내주어 불법에 이른 것같이 이제는 너희 지체를 의에게 종으로 내주어 거룩 함에 이르라

20 너희가 죄의 종이 되었을 때에는 의에 대하여 자유로웠느니라

21 너희가 그 때에 무슨 열매를 얻었느냐 이제는 너희가 그 일을 부끄러워하나니 이는 그 마지막이 사망임이라

22 그러나 이제는 너희가 죄로부터 해방되고 하나님께 종이 되어 거룩함에 이르는 열를 얻었으니 그 마지막은 영생이라

23 죄의 삯은 사망이요 하나님의 은사는 그리스도 예수 우리 주 안에 있는 영생이니라

3) 형식 관찰

(1) 이 단락에서 연속적으로 등장하는 대조를 주목하라.

6:15 율법 아래 있지 아니하고	은혜 아래 있으니
6:16 죄의 종으로 사망에 이르고	순종의 종으로 의에 이른다
6:18 죄로부터 해방되어	의에게 종이 되었느니라
6:19 부정과 불법에 종으로 드려 불법에 이른 것 같이	의에게 종으로 드려 거룩함에 이르라
6:20 죄의 종이 되었을 때에는	의에 대하여 자유하였느니라
6:21,22 그 마지막이 사망임이니라	그 마지막은 영생이라
6:22 죄에게서 해방되고	하나님께 종이 되어
6:23 죄의 삯은 사망이요	하나님의 은사는 영생이니라

(2) 명사 '종'(δοῦλος)이라는 단어는 6번, 동사 '종으로 만들다'(δουλόω)는 단어는 2번 등장한다.

(3) 6:18-22에서 '의'(δικαιοσύνη)가 하나님과 동의어로 되고 있는 것을 주목하라. 그런데 6:16에서는 '의'가 순종의 종으로 사는 삶의 결과로 제시되고 있다는 것이 흥미롭다.

4) 본문의 흐름

6:15의 질문은 6:1의 질문을 다른 말로 재 진술한다. 그러나 6:1과 6:15에서 문제 삼고 있는, 잘못된 결론들은 동일한 것이 아니다. 말하자면, 6:1에서 문제 삼고 있는 것은 5:20b에서 추론된 잘못된 결론, 곧 은혜를 더욱 넘치게 하려고 계속 죄에 머물러있어야 한다는 결론이고, 6:15에서 문제 삼고 있는 것은 6:14b에서 도출된 잘못된 결론, 곧 율법 아래 있지 아니하고 은혜 아래 있으니 죄를 지어도 상관없다는 결론이다.

믿는 자들은 결코 죄를 지어서는 안 된다(6:15). 그 이유는 그들이 죄에게 순종하면 죄의 종이 되어 사망에 이르고, 순종의 종이 되면 의에 이르게 되기 때문이다(6:16). 믿는 자들은 본래 죄의 종이었다. 하지만 하나님이 믿게 하심으로 복음에 순종하여 죄에게서 해방되어 하나님의 종이 되었다(6:17-18).

바울은 6:17-18에 근거하여 권면한다. 곧, 믿는 자들은 전에 자기 지체를 부정과 불법에 드려 불법에 이른 것 같이, 이제는 지체를 의에게 종으로 드려 거룩함에 이르러야 한다는 것이다(6:19).

6:20-22는 6:19의 권면을 지지하고 그 긴급성을 강화한다(γάρ). 믿는 자들은 전에 죄의 종으로서 의를 섬기지 못하고(6:20), 부끄러운 열매를 맺었는데(6:21a,b), 그 마지막은 죽음이다(6:21c). 그러나 이제는(νυνὶ δέ) 그들이 죄에게서 해방되고 하나님께 종이 되어 거룩함에 이르는 열매를 맺게 되었는데, 그 마지막은 영생이다(6:22).

정리하면, 죄는 종국에 자기 종들에게 사망을 삯으로 지불하고, 하나님은 자기 종들에게 영생을 선물로 주신다(6:23).

5) 내용 정리

6:15 믿는 자들은 결코 죄를 지어서는 안 된다.

6:16 순종은 노예가 되는 것이다.

6:17-18 과거와 현재의 대조: 그리스도인들은 본래 죄의 종이었지만, 이제는 하나님의 종이다.

6:19 권면: 지체를 의에게 종으로 드려 거룩함이 이르라.

6:20-23 권면의 이유: 죄의 종은 부끄러운 열매를 맺어 사망에 이르고, 하나님의 종은 거룩함에 이르는 열매를 맺어 영생에 이르기 때문이다.

율법의 권세로부터의 해방 7:1-6

| 율법의 권세로부터의 해방 7:1-6

1) 구문 분석

1 Ἢ ἀγνοεῖτε, ἀδελφοί,
　너희는... 알지 못하느냐 형제들아

　　γινώσκουσιν γὰρ νόμον λαλῶ,
　　(내가 법 아는 자들에게 말하노니)

　　ὅτι ὁ νόμος κυριεύει τοῦ ἀνθρώπου
　　율법이 사람을 지배하는 줄을

　　　ἐφ' ὅσον χρόνον ζῇ;
　　　그가 살 동안만

2 ἡ γὰρ ὕπανδρος γυνὴ τῷ ζῶντι ἀνδρὶ δέδεται νόμῳ·
　결혼한 여인이 그 남편 생전에는 법으로 그에게 매인 바 되나

　　ἐὰν δὲ ἀποθάνῃ ὁ ἀνήρ,
　　만일 그 남편이 죽으면

　　κατήργηται ἀπὸ τοῦ νόμου τοῦ ἀνδρός.
　　남편의 법에서 벗어나느니라

3 ἄρα οὖν ζῶντος τοῦ ἀνδρὸς
　그러므로 만일 그 남편 생전에

μοιχαλὶς χρηματίσει
그녀가 음부라고 불릴 것이라

ἐὰν γένηται ἀνδρὶ ἑτέρῳ·
다른 남자에게 가면

ἐὰν δὲ ἀποθάνῃ ὁ ἀνήρ,
그러나 남편이 죽으면

ἐλευθέρα ἐστὶν ἀπὸ τοῦ νόμου,
그 법에서 해방되나니

τοῦ μὴ εἶναι αὐτὴν μοιχαλίδα
음부가 되지 아니하느니라

γενομένην ἀνδρὶ ἑτέρῳ.
다른 남자에게 갈지라도

4 ὥστε, ἀδελφοί μου, καὶ ὑμεῖς ἐθανατώθητε τῷ νόμῳ
그러므로 내 형제들아 너희도 율법에 대하여 죽임을 당하였으니

διὰ τοῦ σώματος τοῦ Χριστοῦ,
그리스도의 몸으로 말미암아

εἰς τὸ γενέσθαι ὑμᾶς ἑτέρῳ, τῷ ἐκ νεκρῶν ἐγερθέντι,
이는 우리가 다른 이 곧 죽은 자 가운데서 살리심을 받은 이에게 가서

ἵνα καρποφορήσωμεν τῷ θεῷ.
우리로 하나님을 위하여 열매를 맺히게 하려 함이니라

5 ὅτε γὰρ ἦμεν ἐν τῇ σαρκί,
우리가 육신에 있을 때에는

τὰ παθήματα τῶν ἁμαρτιῶν τὰ διὰ τοῦ νόμου ἐνηργεῖτο
율법으로 말미암는 죄의 정욕이 역사하여

ἐν τοῖς μέλεσιν ἡμῶν,
우리 지체 중에

εἰς τὸ καρποφορῆσαι τῷ θανάτῳ·
우리로 사망을 위하여 열매를 맺게 하였더니

6　νυνὶ δὲ κατηργήθημεν ἀπὸ τοῦ νόμου
　　이제는 우리가 율법에서 벗어났으니

　　　　ἀποθανόντες ἐν ᾧ κατειχόμεθα,
　　　　얽매였던 것에 대하여 죽었으므로

　　　　ὥστε δουλεύειν ἡμᾶς ἐν καινότητι πνεύματος
　　　　이러므로 우리가 영의 새로운 것으로 섬기고

　　　　καὶ οὐ παλαιότητι γράμματος.
　　　　율법 문자의 묵은 것으로 아니하느니라

2) 한글 본문

1 형제들아 내가 법 아는 자들에게 말하노니 너희는 그 법이 사람이 살 동안만 그를 주관하는 줄 알지 못하느냐

2 남편 있는 여인이 그 남편 생전에는 법으로 그에게 매인 바되나 만일 그 남편이 죽으면 남편의 법에서 벗어나느니라

3 그러므로 만일 그 남편 생전에 다른 남자에게 가면 음녀라 그러나 만일 남편이 죽으면 그 법에서 자유롭게 되나니 다른 남자에게 갈지라도 음녀가 되지 아니하느니라

4 그러므로 내 형제들아 너희도 그리스도의 몸으로 말미암아 율법에 대하여 죽임을 당하였으니 이는 다른 이 곧 죽은 자 가운데서 살아나신 이에게 가서 우리가 하나님을 위하여 열매를 맺게 하려 함이니라

5 우리가 육신에 있을 때에는 율법으로 말미암는 죄의 정욕이 우리 지체 중에 역사하여 우리로 사망을 위하여 열매를 맺게 하였더니

6 이제는 우리가 얽매였던 것에 대하여 죽었으므로 율법에서 벗어났으니 이러므로 우리가 영의 새로운 것으로 섬길 것이요 율법 조문의 묵은 것으로 아니할지니라

3) 형식 관찰

(1) 이 단락에서 νόμος('율법' 또는 '법')가 8번 등장한다.

(2) 7:5-6에서 두 가지 중요한 대조가 나타난다. 하나는 '육신'(σάρξ)과 '영'(πνεῦμα)의 대조요, 다른 하나는 '영'(πνεῦμα)과 '율법 조문'(γράμμα)의 대조이다. 이 두 대조는 7-8장에서 발전된다.

4) 본문의 흐름

6장에서 언급된 죄의 세력으로부터의 해방은 동시에 율법으로부터의 해방, 곧 율법의 저주로부터의 해방이다. 죄의 지배와 율법의 지배가 본질적으로 다른 것이 아니다. 양자는 모두 사망을 요구한다. 로마서 6:2-7에 의하면, 우리는 그리스도의 죽음에 참여함으로 죄의 지배에서 해방된다. 7:1-6도 우리가 동일한 방법으로 율법의 지배에서 자유함을 얻는다고 가르친다.

7:1에서 바울은 주제를 제시한다. 곧, 율법은 사람이 살아있는 동안만 그를 지배한다는 것이다(7:1). 7:2-3에서는 이 주제를 예를 들어 설명한다(γάρ). 결혼한 여인은 남편이 살아있는 동안 법으로 남편에게 매인 바 된다(7:2a). 그러나 남편이 죽으면 남편의 법에서 벗어난다(7:2b). 만일 남편이 살아있는 동안 다른 남자에게 가면, 그녀는 음부라 불릴 것이다(7:3a). 그러나 남편이 죽으면 그 법에서 해방되어 다른 남자에게 갈지라도 음부가 되지 아니한다(7:3b).

7:4에서 바울은 7:1-3으로부터 결론을 이끌어낸다(ὥστε). 그 결론은 믿는 자들은 그리스도의 몸으로 말미암아 율법에 대하여 죽임을 당하였다는 것이다(7:4a). 달리 말하면, 그들은 그리스도의 죽음으로 말미암아 율법의 정죄에서 해방되었다.[53] 이 해방의 목적은 믿는 자들이 다른 이 곧 죽은 자 가운데서 살리심을 받은 그리스도에 속하여, 하나님을 위해 열매를 맺게 하려 함이다(7:4b).

---

53) Cranfield, *Romans*, I, 331; 홍인규, 『로마서 어떻게 읽을 것인가』, 125.

7:5-6은 7:4의 결론을 더 자세하게 설명한다(γάρ). 믿는 자들이 육신에 있을 때에는, 율법으로 말미암는 죄의 정욕이 그들의 지체 중에 역사하여 사망에 이르는 열매를 맺게 하였다(7:5). 그러나 이제는(νυνὶ δέ) 믿는 자들이 얽매였던 것에 대하여 죽었으므로 율법에서 벗어났다(7:6a). 그러므로(ὥστε) 그들은 성령의 새로운 것으로 섬기고, 문자의 낡은 것으로 섬기지 않는다(7:6b).

5) 내용 정리

7:1 주제: 율법은 사람이 살아있는 동안만 그를 지배한다.

7:2-3 예증: 결혼한 여인은 남편이 죽으면 남편의 법에서 벗어난다.

7:4 결론: 그러므로 믿는 자들은 그리스도의 죽음으로 말미암아 율법에서 해방되었으니, 이는 그리스도에 속하여 하나님을 위해 열매를 맺게 하려 함이다.

7:5-6 믿는 자의 과거와 현재: 믿는 자들이 육신에 있을 때에는 죄의 정욕에 사로잡혀 사망에 이르는 열매를 맺었다. 그러나 이제는 율법에서 벗어나 성령의 새로운 것으로 섬긴다.

율법과 죄 7:7-25

| 죄의 도구로 전락된 율법 7:7-13

1) 구문 분석

7 Τί οὖν ἐροῦμεν;
그런즉 우리가 무슨 말 하리요

ὁ νόμος ἁμαρτία;
율법이 죄냐

μὴ γένοιτο·
그럴 수 없느니라

ἀλλὰ τὴν ἁμαρτίαν οὐκ ἔγνων
내가 죄를 알지 못하였으리라

εἰ μὴ διὰ νόμου·
율법으로 말미암지 않고는

τήν τε γὰρ ἐπιθυμίαν οὐκ ᾔδειν
내가 탐심을 알지 못하였으리라

εἰ μὴ ὁ νόμος ἔλεγεν,
곧 율법이 … 하지 아니하였더면

Οὐκ ἐπιθυμήσεις.
탐내지 말라

8 ἀφορμὴν δὲ λαβοῦσα
그러나 (죄가) 기회를 타서

ἡ ἁμαρτία διὰ τῆς ἐντολῆς κατειργάσατο ἐν ἐμοὶ πᾶσαν ἐπιθυμίαν·
죄가 계명으로 말미암아 내 속에서 각양 탐심을 일으켰나니

χωρὶς γὰρ νόμου
이는 율법이 없으면

ἁμαρτία νεκρά.
죄가 죽은 것임이니라

9 ἐγὼ δὲ ἔζων
내가 살았더니

χωρὶς νόμου ποτέ·
전에 율법이 없었을 때에는

ἐλθούσης δὲ τῆς ἐντολῆς
계명이 이르매

ἡ ἁμαρτία ἀνέζησεν,
죄는 살아나고

10 ἐγὼ δὲ ἀπέθανον
나는 죽었도다

καὶ εὑρέθη μοι ἡ ἐντολὴ ἡ εἰς ζωήν, αὕτη εἰς θάνατον·
생명에 이르게 할 그 계명이 내게 대하여 도리어 사망에 이르게 하는 것이 되었도다

11 ἡ γὰρ ἁμαρτία ἀφορμὴν λαβοῦσα διὰ τῆς ἐντολῆς ἐξηπάτησέν με
죄가 계명으로 말미암아 기회를 타서 나를 속이고

καὶ δι' αὐτῆς ἀπέκτεινεν.
그것으로 나를 죽였는지라

12 ὥστε ὁ μὲν νόμος ἅγιος
이로 보건대 율법도 거룩하며

καὶ ἡ ἐντολὴ ἁγία καὶ δικαία καὶ ἀγαθή.
계명도 거룩하며 의로우며 선하도다

13 <u>Τὸ οὖν ἀγαθὸν ἐμοὶ ἐγένετο θάνατος</u>;
그런즉 선한 것이 내게 사망이 되었느냐

<u>μὴ γένοιτο</u>·
그럴 수 없느니라

<u>ἀλλὰ ἡ ἁμαρτία</u>,
오직 죄가 (내게 사망이 되었느니라)

<u>ἵνα φανῇ ἁμαρτία</u>,
이는 죄가 죄로 드러나게 하기 위함이라

<u>διὰ τοῦ ἀγαθοῦ μοι κατεργαζομένη θάνατον</u>,
선한 그것으로 말미암아 나를 죽게 만들어서

<u>ἵνα γένηται καθ' ὑπερβολὴν ἁμαρτωλὸς ἡ ἁμαρτία</u>
또한 죄로 심히 죄 되게 하려 함이니라

<u>διὰ τῆς ἐντολῆς</u>.
계명으로 말미암아

2) 한글 본문

7 그런즉 우리가 무슨 말 하리요 율법이 죄냐 그럴 수 없느니라 율법으로 말미암지 않고는 내가 죄를 알지 못하였으니 곧 율법이 탐내지 말라 하지 아니하였더라면 내가 탐심을 알지 못하였으리라

8 그러나 죄가 기회를 타서 계명으로 말미암아 내 속에서 온갖 탐심을 이루었나니 이는 율법이 없으면 죄가 죽은 것임이라

9 전에 율법을 깨닫지 못했을 때에는 내가 살았더니 계명이 이르매 죄는 살아나고 나는 죽었도다

10 생명에 이르게 할 그 계명이 내게 대하여 도리어 사망에 이르게 하는 것이 되었도다

11 죄가 기회를 타서 계명으로 말미암아 나를 속이고 그것으로 나를 죽였는지라

12 이로 보건대 율법은 거룩하고 계명도 거룩하고 의로우며 선하도다

13 그런즉 선한 것이 내게 사망이 되었느냐 그럴 수 없느니라 오직 죄가 죄로 드러나기 위하여 선한 그것으로 말미암아 나를 죽게 만들었으니 이는 계명으로 말미암아 죄로 심히 죄 되게 하려 함이라

3) 형식 관찰

(1) 이 단락에는 '율법'(νόμος)이란 단어가 6번, '계명'(ἐντολη)이란 단어가 6번, 그리고 율법이나 계명을 가리키는 '선한 것'(τὸ ἀγαθόν)이란 표현은 2번 나타난다.

(2) '죄'(ἁμαρτία)라는 단어는 9번이나 등장한다.

(3) 7:8-9에 있는 평행과 대조를 주목하라.

    율법이 없으면 죄가 죽은 것임이라

    전에 율법을 깨닫지 못했을 때에는 내가 살았더니 (앞 문장과 평행)

    그러나(δέ) 계명이 이르매 죄는 살아나고 나는 죽었도다 (앞 두 문장과 대조)

(4) 자세히 보면 7:7과 7:13은 평행을 이루고 있다.

    그런즉 우리가 무슨 말 하리요

    율법이 죄냐

    그럴 수 없느니라

    율법으로 말미암지 않고는

    내가 죄를 알지 못하였으니

    곧 율법이 탐내지 말라 하지 아니하였더라면

    내가 탐심을 알지 못하였으리라

    그런즉

    선한 것이 내게 사망이 되었느냐

    그럴 수 없느니라

    오직 죄가 죄로 드러나기 위하여

선한 그것으로 말미암아 나를 죽게 만들었으니

이는 계명으로 말미암아

죄로 심히 죄 되게 하려 함이라

4) 본문의 흐름

바로 위에서 본 바와 같이, 율법은 인간의 지체 안에서 죄의 정욕을 자극하여, 인간으로 하여금 결국 사망에 이르게 한다(7:5). 이처럼 율법과 죄와 사망은 밀접하게 관련되어 있다. 이런 연결은 결코 새로운 것이 아니다. 바울은 이미 4:15에서 율법이 범법을 생산하여 진노를 불러일으킨다고 말했고, 5:20에서는 율법이 들어온 것은 범죄를 증가시키려 함이라고 진술했다.

그렇다면, "율법이 죄냐"라고 말할 수 있는가?(7:7a,b). 바울은 즉시 그런 생각을 부정한다. "그럴 수 없느니라"(7:7c). 율법은 결코 죄와 동일시될 수 없다.

그러나 율법으로 말미암지 않고는 인간은 죄를 알지 못한다(7:7b). 예를 들어 설명하면(γάρ), 율법이 탐내지 말라 하지 아니하였더라면 인간은 탐심을 알지 못했을 것이다(7:7c). 그러나 죄가 기회를 타서, 계명으로 말미암아 인간 속에 각양 탐심을 일으켰다(7:8a).

7:8b-11에서 바울은 한 걸음 더 나아가 율법과 죄의 관계를 설명한다. 율법이 없으면, 죄는 죽은 것처럼 무력하다(7:8b). 전에 율법이 없을 때에는 인간은 살아있었다(7:9a). 그러나 계명이 이르자, 죄는 살아나고(7:9b), 인간은 죽게 되었다(7:10a). 말하자면, 원래 생명을 위한 계명이 도리어 사망에 이르게 하는 것이 되었던 것이다(7:10b). 그 이유는(γάρ) 죄가 계명으로 말미암아 기회를 타서 인간을 속이고, 그것으로 인간을 죽였기 때문이다(7:11).

결론적으로 말하면(ὥστε), 율법도 거룩하며, 계명도 거룩하며 의로우며 선하다(7:12). 그렇다면(οὖν), 선한 것이 인간에게 되었단 말인가?(7:13a) 결코 그럴 수 없다(7:13b). 오직 죄가 인간에게 사망이 되었다(7:13c). 여기에는 하나님의 목적(ἵνα)이 있는데, 그것은 죄가 선한 계명으로 말미암아 인간을 죽게 해서 죄의 정체가 드러나게 하기 위한 것이고(7:13d), 또한 계명으로 말미암아 죄의 악마적인 본성이 실제로 드러나게 하기 위한 것이다(7:13e). 죄의 악한 정체가 드러나는 일은 죄의 세력이 극복되기 위해 꼭 필요한 일이다.

5) 내용 정리

7:7a 율법은 죄가 아니다.

7:7b-8a 그러나 율법으로 말미암지 않고는 인간은 죄를 알지 못한다.

7:8b-11 죄는 율법(계명)으로 말미암아 살아나서, 그것으로 인간을 속이고 죽였다.

7:12-13 결론

    7:12 율법은 선하다. 율법이 인간에게 사망이 된 것이 아니다.

    7:13 죄가 인간에게 사망이 되었다. 이는 죄의 악마적인 본성이 계명으로 말미암아 드러나게 하기 위한 것이다.

죄의 지배 아래 있는 자의 탄식 7:14-25

1) 구문 분석

14 <u>οἴδαμεν γὰρ</u>
　<u>우리가 ... 아느니라</u>

　　<u>ὅτι ὁ νόμος πνευματικός ἐστιν</u>,
　　<u>율법은 신령한 줄</u>

　　<u>ἐγὼ δὲ σάρκινός εἰμι</u>
　　<u>그러나 나는 육신에 속하여</u>

　　　<u>πεπραμένος ὑπὸ τὴν ἁμαρτίαν</u>.
　　　<u>죄 아래 팔렸도다</u>

15 ὃ γὰρ κατεργάζομαι οὐ γινώσκω·
　나의 행하는 것을 내가 알지 못하노니

　οὐ γὰρ ὃ θέλω τοῦτο πράσσω,
　곧 원하는 이것은 행하지 아니하고

　ἀλλ' ὃ μισῶ τοῦτο ποιῶ.
　도리어 미워하는 그것을 함이라

16 εἰ δὲ ὃ οὐ θέλω τοῦτο ποιῶ,
　만일 내가 원하지 아니하는 그것을 하면

　σύμφημι τῷ νόμῳ ὅτι καλός.
　내가 이로 율법의 선한 것을 시인하노니

17 νυνὶ δὲ οὐκέτι ἐγὼ κατεργάζομαι αὐτὸ
　이제는 그것을 행하는 자가 내가 아니요

　ἀλλὰ ἡ οἰκοῦσα ἐν ἐμοὶ ἁμαρτία.
　내 속에 거하는 죄니라

18 οἶδα γὰρ
내가 아노니

ὅτι οὐκ οἰκεῖ ἐν ἐμοί, τοῦτ' ἔστιν ἐν τῇ σαρκί μου, ἀγαθόν·
내 속 곧 내 육신에 선한 것이 거하지 아니하는 줄을

τὸ γὰρ θέλειν παράκειταί μοι,
원함은 내게 있으나

τὸ δὲ κατεργάζεσθαι τὸ καλὸν οὔ·
선을 행하는 것은 없노라

19 οὐ γὰρ ὃ θέλω ποιῶ ἀγαθόν,
내가 원하는 바 선은 하지 아니하고

ἀλλὰ ὃ οὐ θέλω κακὸν τοῦτο πράσσω.
도리어 원하지 아니하는 바 악은 행하는도다

20 εἰ δὲ ὃ οὐ θέλω [ἐγὼ] τοῦτο ποιῶ,
만일 내가 원하지 아니하는 그것을 하면

οὐκέτι ἐγὼ κατεργάζομαι αὐτὸ
그것을 행하는 자가 내가 아니요

ἀλλὰ ἡ οἰκοῦσα ἐν ἐμοὶ ἁμαρτία.
내 속에 거하는 죄니라

21 Εὑρίσκω ἄρα τὸν νόμον,
그러므로 내가 한 법을 깨달았노니

τῷ θέλοντι ἐμοὶ ποιεῖν τὸ καλὸν,
곧 선을 행하기 원하는 나에게

ὅτι ἐμοὶ τὸ κακὸν παράκειται·
악이 함께 있는 것이로다

22 συνήδομαι γὰρ τῷ νόμῳ τοῦ θεοῦ
내가 하나님의 법을 즐거워하되

κατὰ τὸν ἔσω ἄνθρωπον,
속 사람으로는

23 βλέπω δὲ ἕτερον νόμον
　　내가 다른 법을 보는도다

　　　　ἐν τοῖς μέλεσίν μου
　　　　　내 지체 속에 있는 (다른 법)

　　　　ἀντιστρατευόμενον τῷ νόμῳ τοῦ νοός μου
　　　　　내 마음의 법과 싸워

　　　　καὶ αἰχμαλωτίζοντά με ἐν τῷ νόμῳ τῆς ἁμαρτίας
　　　　　죄의 법 아래로 나를 사로잡아 오는 (다른 법)

　　　　τῷ ὄντι ἐν τοῖς μέλεσίν μου.
　　　　　내 지체 속에 있는 (죄의 법)

24 ταλαίπωρος ἐγὼ ἄνθρωπος·
　　오호라 나는 비참한 사람이로다

　　τίς με ῥύσεται ἐκ τοῦ σώματος τοῦ θανάτου τούτου;
　　　누가 나를 이 사망의 몸에서 건져내랴

25 χάρις δὲ τῷ θεῷ
　　하나님께 감사하리로다

　　　　διὰ Ἰησοῦ Χριστοῦ τοῦ κυρίου ἡμῶν.
　　　　　우리 주 예수 그리스도로 말미암아

　　<u>ἄρα οὖν αὐτὸς ἐγὼ τῷ μὲν νοῒ δουλεύω νόμῳ θεοῦ</u>
　　　그런즉 내 자신이 마음(mind)으로는 하나님의 법을 섬기고,

　　<u>τῇ δὲ σαρκὶ νόμῳ ἁμαρτίας.</u>
　　　육신으로는 죄의 법을 섬기노라

2) 한글 본문

14 우리가 율법은 신령한 줄 알거니와 나는 육신에 속하여 죄 아래 팔렸도다

15 내가 행하는 것을 내가 알지 못하노니 곧 내가 원하는 것은 행하지 아니하고 도리어 미워하는 것을
　　행함이라

16 만일 내가 원하지 아니하는 그것을 행하면 내가 이로써 율법이 선한 것을 시인하노니

17 이제는 그것을 행하는 자가 내가 아니요 내 속에 거하는 죄니라

18 내 속 곧 내 육신에 선한 것이 거하지 아니하는 줄을 아노니 원함은 내게 있으나 선을 행하는 것은 없노라

19 내가 원하는 바 선은 행하지 아니하고 도리어 원하지 아니하는 바 악을 행하는도다

20 만일 내가 원하지 아니하는 그것을 하면 이를 행하는 자는 내가 아니요 내 속에 거하는 죄니라

21 그러므로 내가 한 법을 깨달았노니 곧 선을 행하기 원하는 나에게 악이 함께 있는 것이로다

22 내 속사람으로는 하나님의 법을 즐거워하되

23 내 지체 속에서 한 다른 법이 내 마음의 법과 싸워 내 지체 속에 있는 죄의 법으로 나를 사로잡는 것을 보는도다

24 오호라 나는 곤고한 사람이로다 이 사망의 몸에서 누가 나를 건져내랴

25 우리 주 예수 그리스도로 말미암아 하나님께 감사하리로다 그런즉 내 자신이 마음으로는 하나님의 법을 육신으로는 죄의 법을 섬기노라

3) 형식 관찰

(1) 이 단락에 νόμος ('율법' 또는 '법')라는 단어가 9번 등장한다.

(2) '죄'(ἁμαρτία)라는 단어는 5번 나타난다.

(3) 7:15-17과 7:18-20이 평행을 이루고 있다. 특별히 밑줄 그어진 문장들 사이의 평행을 주목하라.

내가 행하는 것을 내가 알지 못하노니
곧 내가 원하는 것은 행하지 아니하고 도리어 미워하는 것을 행함이라
만일 내가 원하지 아니하는 그것을 행하면
이제는 그것을 행하는 자가 내가 아니요 내 속에 거하는 죄니라

> 내 속 곧 내 육신에 선한 것이 거하지 아니하는 줄을 아노니
>
> 원함은 내게 있으나 선을 행하는 것은 없노라
>
> 내가 원하는 바 선은 행하지 아니하고 도리어 원하지 아니하는 바 악을 행하는도다
>
> 만일 내가 원하지 아니하는 그것을 하면
>
> <u>이를 행하는 자는 내가 아니요 내 속에 거하는 죄니라</u>

(4) 7:23, 25의 율법과 관련한 대조와 평행을 주목하라.

    7:23 마음의 법   죄의 법

    7:25 하나님의   법죄의 법

(5) 자세히 보면, 이 단락의 첫 문장인 7:14와 마지막 문장인 7:25b는 평행을 이룬다.

4) 본문의 흐름

7:13은 7:7-13의 단락을 결론지을 뿐만 아니라, 다음 단락으로 넘어가는 전이부와 다음 단락의 서두 역할까지 동시에 수행한다.[54] 7:14의 γάρ(for)는 전후 단락을 연결하기 위해 의도적으로 사용된 것이다.

7:13의 뒷부분에서 바울은 죄의 악한 정체는 선한 율법을 통하여 드러난다고 하였다. 7:14-23에서는 이것이 어떻게 실존적으로 체험되는가를 설명한다.[55]

7:14-23의 내용은 반복적이다. 여기서 바울은 인간의 실존적인 곤경을 반복적으로 묘사하면서 클라이맥스로 이동한다. 7:14-17과 7:18-20은 가까운 평행을 이룬다. 이 작은 두 단락은 각각 (1) '안다'로 시작하며, (2) 인간이 '육체적인' 존재라는 사실을 언급하고, (3) 도덕

---

54) Dunn, *Romans 1-8*, 376.

55) U. Wilckens(*Der Brief an die Römer*, II [Zürich: Benziger/Neukirchen-Vluyn: Neukirchener Verlag, 1980], 85, 100)는 7:13b가 7:14-23의 표제를 제공한다고 주장한다.

적 딜레마를 묘사하며, (4) 마지막으로 문제의 근원이 내주하는 '죄'라는 사실을 드러낸다.[56] 7:21-23은 앞 두 단락에서 이끌어 낸 결론이다.

7:14에서 바울은 신령한 율법과 죄의 종이 된 '육체적인' 인간을 대조시킨다. 율법은 신령하지만, '나'는 육신에 속하여 죄 아래 팔렸다(7:14).

7:15은 '죄 아래 팔렸다'라는 말의 의미를 설명하기 시작한다(γάρ). '내'가 행하는 것을 '나' 자신도 모른다(7:15a). 왜냐하면(γάρ) '내'가 원하는 것을 행하지 아니하고 도리어 미워하는 것을 하기 때문이다(7:15b). 만일 '내'가 원하지 아니하는 악을 행한다면, '나'는 악에 빠져 있지만 율법이 선하다는 것을 인정하는 것이다(7:16). 여기서 바울은 하나의 놀라운 결론을 끄집어낸다.[57] 곧, '내'가 원하지 아니하는 악을 행하는 자는 '내'가 아니고 '내' 속에 거하는 죄라는 것이다(7:17).

7:17은 하나의 자기변명이 아니라, 실존적인 사실이다. 그 이유는(γάρ) '내' 속 곧 '내' 육신에 선한 것이 거하지 아니하기 때문이다(7:18a). '나'는 선을 원할 수는 있지만, 그 원하는 선을 행할 능력은 없다(7:18b). 무엇에 근거해서 이렇게 말할 수 있는가? 그것은 '내'가 원하는 선을 행하지 아니하고, 도리어 원하지 아니하는 악은 행하기 때문이다(7:19). 만일 '내'가 원하지 아니하는 악을 행한다면, 그런 행동의 주체는 '내' 자신이 아니라 '내' 속에 '나'를 사로잡고 있는 죄이다(7:20).

7:21에서 바울은 하나의 결론에 도달한다(ἄρα). 곧, 선을 행하기를 원하는 '내' 안에 악이 함께 있다는 것이다(7:21). 이것은 7:22-23에 좀 더 자세히 진술되어 있다(γάρ). '나'는 속사람(이성)으로는 하나님의 법을 즐거워한다(7:22). 그러나 '나'는 '내' 지체 속에 있는 다른 법, 곧 '내' 이성적인 마음의 법과 싸워 '내' 지체 속에 있는 죄의 법 아래로 '나'를 사로잡아 오는 다른 법을 본다(7:23).

이렇게 '나'는 선한 것을 원함에도 불구하고 반대로 죄 아래서 종이 되고 죄의 법의 지배를 받는다. 그래서 절망 가운데 부르짖는다. "오호라 나는 비참한 사람이로다. 누가 나를 이

---

56) Byrne, *Romans*, 226-27.
57) Jewett(*Romans*, 467)에 의하면, νυνὶ δὲ οὐκέτι는 시간적 의미보다는 논리적이고 추론적인 의미를 가지고 있다.

사망의 몸에서 건져내랴"(7:24). 이 구원을 바라는 외침에 대한 즉각적인 반응은, 주 예수 그리스도로 말미암아 인간을 죄에서 구원하신 하나님께 대한 감사다(7:25a). 이것은 최종 결론으로 적절한 것처럼 보인다. 그러나 바울은 다음 문장에서 요약적인 결론을 제시한다. 그런 즉(ἄρα οὖν) '나'는 이성적인 마음으로는 하나님의 법을 섬기나, 육신으로는 죄의 법을 따른다 (7:25b).

5) 내용 정리

7:14 율법은 신령하지만, '나'는 죄 아래 팔렸다.

7:15-17 딜레마1: '나'는 죄에 사로잡혀, 원하는 것을 행하지 아니하고 도리어 미워하는 것을 행한다.

7:18-20 딜레마2: '내' 육신에 죄가 거하기 때문에, '나'는 원하는 선은 하지 아니하고 도리어 원하지 아니하는 악을 행한다.

7:21-23 결론: 선을 행하기를 원하는 '내' 안에 악이 있다.

7:24-25a 구원을 위한 부르짖음과 감사

7:25b 결론적인 요약: '나'는 이성적인 마음으로는 하나님의 법을 섬기나, 육신으로는 죄의 법을 섬긴다.

성령 안에서의 새로운 삶 8:1-13

| 성령 안에서의 새 삶 8:1-13

1) 구문 분석

1 Οὐδὲν ἄρα νῦν κατάκριμα
그러므로 이제 결코 정죄함이 없나니

    τοῖς ἐν Χριστῷ Ἰησοῦ·
    그리스도 예수 안에 있는 자에게는

2 ὁ γὰρ νόμος τοῦ <u>πνεύματος</u> τῆς ζωῆς
이는 생명의 <u>성령</u>의 법이

    ἐν Χριστῷ Ἰησοῦ
    그리스도 예수 안에 있는

ἠλευθέρωσέν σε
너를 해방하였음이라

    ἀπὸ τοῦ νόμου τῆς ἁμαρτίας καὶ τοῦ θανάτου.
    죄와 사망의 법에서

3 τὸ γὰρ ἀδύνατον τοῦ νόμου
율법이 할 수 없었던 그것을

    ἐν ᾧ ἠσθένει διὰ τῆς σαρκός,
    육신으로 말미암아 연약하여

ὁ θεὸς
하나님은 하셨나니

    τὸν ἑαυτοῦ υἱὸν πέμψας
    곧 자기 아들을 보내어

        ἐν ὁμοιώματι σαρκὸς ἁμαρτίας
        죄 있는 육신의 모양으로

        καὶ περὶ ἁμαρτίας
        속죄 제물로[58] 삼아

κατέκρινεν τὴν ἁμαρτίαν ἐν τῇ σαρκί,
육신 안에서 죄를 심판하셨느니라

4 ἵνα τὸ δικαίωμα τοῦ νόμου πληρωθῇ
   이는 율법의 요구가 이루어지게 하려 하심이니라

    ἐν ἡμῖν
    우리 안에서

        τοῖς μὴ κατὰ σάρκα περιπατοῦσιν ἀλλὰ κατὰ πνεῦμα.
        육신을 따라 살지 않고 영을 따라 사는 (우리)

5 οἱ γὰρ κατὰ σάρκα ὄντες
   육신을 따라 사는 자는

    τὰ τῆς σαρκὸς φρονοῦσιν,
    육신의 일을 생각하나

    οἱ δὲ κατὰ πνεῦμα
    영을 따라 사는 자는

    τὰ τοῦ πνεύματος.
    영의 일을 생각하나니

---

[58] N. T. Wright에 의하면, περὶ ἁμαρτίας는 LXX에서 54번 등장하는 데 대부분 속죄제물을 가리킨다. 그의 책 *The Climax of the Covenant: Christ and the Law in Pauline Theology* (Minneapolis: Fortress, 1992), 220-25를 보라. 또한 Schweizer, *TDNT*, VIII, 383-84; E. Käsemann, *Commentary on Romans* (Grand Rapids: Eerdmans, 1980), 216; Dunn, *Romans 1-8*, 422; P. Stuhlmacher, *Paul's Letter to the Romans: A Commentary* (Louisville: Westminster/John Knox, 1994), 119-20; Byrne, *Romans*, 243을 보라.

6 τὸ γὰρ φρόνημα τῆς σαρκὸς θάνατος,
　육신의 생각은 사망이나

　　τὸ δὲ φρόνημα τοῦ <u>πνεύματος</u> ζωὴ καὶ εἰρήνη·
　　영의 생각은 생명과 평안이니라

7 διότι τὸ φρόνημα τῆς σαρκὸς ἔχθρα εἰς θεόν,
　육신의 생각은 하나님께 원수가 되나니

　　τῷ γὰρ νόμῳ τοῦ θεοῦ οὐχ ὑποτάσσεται, οὐδὲ γὰρ δύναται·
　　이는 하나님의 법에 복종하지 아니할 뿐 아니라 할 수도 없음이라

8 οἱ δὲ ἐν σαρκὶ ὄντες
　육신에 있는 자들은

　θεῷ ἀρέσαι οὐ δύνανται.
　하나님을 기쁘시게 할 수 없느니라

9 ὑμεῖς δὲ οὐκ ἐστὲ ἐν σαρκὶ ἀλλὰ ἐν <u>πνεύματι</u>,
　너희가 육신에 있지 아니하고 영에 있나니

　　εἴπερ <u>πνεῦμα</u> θεοῦ οἰκεῖ ἐν ὑμῖν.
　　만일 하나님의 영이 너희 안에 거하시면

　εἰ δέ τις <u>πνεῦμα</u> Χριστοῦ οὐκ ἔχει,
　그러나 누구든지 그리스도의 영이 없으면

　οὗτος οὐκ ἔστιν αὐτοῦ
　그리스도의 사람이 아니라

10 εἰ δὲ Χριστὸς ἐν ὑμῖν,
　또 그리스도께서 너희 안에 계시면

　τὸ μὲν σῶμα νεκρὸν διὰ ἁμαρτίαν
　몸은 죄로 인하여 죽은 것이나

　τὸ δὲ <u>πνεῦμα</u> ζωὴ διὰ δικαιοσύνην.
　영은 의를 인하여 생명이니라[59]

---

59) 홍인규, 『바울신학사색』, (서울: 이레서원, 2007), 149-50.

11 εἰ δὲ τὸ <u>πνεῦμα</u>
만일 영이

  τοῦ ἐγείραντος τὸν Ἰησοῦν ἐκ νεκρῶν
  예수를 죽은 자 가운데서 살리신 이의

οἰκεῖ ἐν ὑμῖν,
너희 안에 거하시면

ὁ ἐγείρας Χριστὸν ἐκ νεκρῶν
그리스도를 죽은 자 가운데서 살리신 이가

ζωοποιήσει καὶ τὰ θνητὰ σώματα ὑμῶν
너희 죽을 몸도 살리시리라

  διὰ τοῦ ἐνοικοῦντος αὐτοῦ <u>πνεύματος</u> ἐν ὑμῖν.
  너희 안에 거하시는 그의 <u>영</u>으로 말미암아

12 Ἄρα οὖν, ἀδελφοί,
그러므로 형제들아

ὀφειλέται ἐσμέν οὐ τῇ σαρκὶ
우리는 육신에 빚진 자가 아니로다

  τοῦ κατὰ σάρκα ζῆν,
  육신을 따라 살도록

13 εἰ γὰρ κατὰ σάρκα ζῆτε,
만일 너희가 육신을 따라 살면

μέλλετε ἀποθνῄσκειν·
너희는 반드시 죽을 것이나

εἰ δὲ <u>πνεύματι</u> τὰς πράξεις τοῦ σώματος θανατοῦτε,
너희가 <u>영</u>으로써 몸의 행실을 죽이면

ζήσεσθε.
너희는 살리라

2) 한글 본문

1 그러므로 이제 그리스도 예수 안에 있는 자에게는 결코 정죄함이 없나니

2 이는 그리스도 예수 안에 있는 생명의 성령의 법이 죄와 사망의 법에서 너를 해방하였음이라

3 율법이 육신으로 말미암아 연약하여 할 수 없는 그것을 하나님은 하시나니 곧 죄로 말미암아 자기 아들을 죄 있는 육신의 모양으로 보내어 육신에 죄를 정하사

4 육신을 따르지 않고 그 영을 따라 행하는 우리에게 율법의 요구가 이루어지게 하려 하심이니라

5 육신을 따르는 자는 육신의 일을, 영을 따르는 자는 영의 일을 생각하나니

6 육신의 생각은 사망이요 영의 생각은 생명과 평안이니라

7 육신의 생각은 하나님과 원수가 되나니 이는 하나님의 법에 굴복하지 아니할 뿐 아니라 할 수도 없음이라

8 육신에 있는 자들은 하나님을 기쁘시게 할 수 없느니라

9 만일 너희 속에 하나님의 영이 거하시면 너희가 육신에 있지 아니하고 영에 있나니 누구든지 그리스도의 영이 없으면 그리스도의 사람이 아니라

10 또 그리스도께서 너희 안에 계시면 몸은 죄로 말미암아 죽은 것이나 영은 의로 말미암아 살아 있는 것이니라

11 예수를 죽은 자 가운데서 살리신 이의 영이 너희 안에 거하시면 그리스도 예수를 죽은 자 가운데서 살리신 이가 너희 안에 거하시는 그의 영으로 말미암아 너희 죽을 몸도 살리시리라

12 그러므로 형제들아 우리가 빚진 자로되 육신에 져서 육신대로 살 것이 아니니라

13 너희가 육신대로 살면 반드시 죽을 것이로되 영으로써 몸의 행실을 죽이면 살리니

3) 형식 관찰

(1) 이 단락의 핵심 단어인 '성령'(πνεῦμα)은 12번 등장한다.

(2) 8:2에서 '생명의 성령의 법'과 '죄와 사망의 법'이 대조를 이루고 있다.

(3) 8:4-13에서는 '육신'(σάρξ)과 '성령'(πνεῦμα)의 대조가 지배적이다.

(4) 8:1에서 바울은 "그러므로 이제 그리스도 예수 안에 있는 자에게는 결코 정죄함이 없나니"라고 단언한다. 그런데 8:13에서는 "너희가 육신대로 살면 반드시 죽을 것이로되 영으로써 몸의 행실을 죽이면 살리니"라고 주장한다. 이 두 주장의 차이를 주목하라.

4) 본문의 흐름

7:7-25에서 묘사된 죄의 지배 아래의 삶이라는 어두움을 배경으로, 바울은 8:1-13에서 성령 안에서의 새 삶에 대하여 말한다.

이제 그리스도 예수 안에 있는 자들에게는 율법의 정죄가 없다(8:1). 왜 그런가? 그 이유는(γάρ) 성령의 율법이 죄와 사망의 율법, 곧 죄의 도구로 이용되어 범법을 자극하고 결국에는 저주를 선언하는 율법에서 그리스도인을 해방하였기 때문이다(8:2).

8:3-4는 8:2에 대한 설명이다(γάρ). 하나님은 율법이 육신으로 말미암아 연약하여 할 수 없었던 그것을 하셨다(8:3a). 좀 더 상세히 말하면, 하나님은 자기 아들을 죄 있는 육신의 모양으로 보내어 속죄 제물로 삼아 육신 안에서 죄의 세력을 심판하셨다(8:3b). [60] 이렇게 죄의 세력을 심판하신 목적은 육신을 따라 살지 않고 성령을 따라 사는 자들 안에서 율법의 요구가 이루어지게 하려 함이다(8:4).

8:1-4를 정리하면 다음과 같다. 그리스도 안에 있는 자들에게는 결코 율법의 정죄가 없다(8:1). 그 이유는 생명의 성령의 율법이 죄와 사망의 율법에서 그리스도인을 해방하였기 때문이다(8:2). 무슨 근거로 이런 해방을 말할 수 있는가? 하나님은 아들을 보내어 죄의 세력을 심판하셨고 또한 성령을 따라 사는 자들 안에서 율법의 요구가 이루어지게 하셨기 때문이다(8:3-4).

8:5-11은 8:4에서 언급된 육신과 성령 사이의 대조를 발전시킨다. 달리 말하면, 성령은 어떻게 참된 순종과 생명을 가져다주는가를 설명한다(γάρ).

육신을 따르는 자는 온통 이기적인 육신의 일만 생각한다(8:5a). 그러나 성령을 따르는

---

[60] 8:3b의 의미를 알기 원하면, 홍인규, 『로마서 어떻게 읽을 것인가』, 141을 보라.

자는 온통 성령의 일만을 생각한다(8:5b). 육신의 생각은 사망으로 귀결되나(8:6a), 성령의 생각은 생명과 평안으로 귀결된다(8:6b).

8:7-11은 8:6의 이유를 제공한다(διότι). 말하자면, 왜 육신에 집착하면 사망에 이르고 성령에 집착하면 생명과 평안에 이르는지를 설명한다.

육신의 생각은 하나님의 법에 굴복하지 아니할 뿐만 아니라 할 수도 없기 때문에 하나님과 원수가 된다(8:7). 육신에 매인 자들은 하나님을 기쁘시게 할 수 없다(8:8).

그러나 하나님의 영이 내주하는 자는 육신의 지배를 받지 않고 성령의 지배를 받는다(8:9a). 그러나 그리스도의 영이 없는 자는 그리스도께 속한 자가 아니다(8:9b).

8:10-11은 성령을 소유하고 성령의 지배를 받는 삶의 결과를 말한다. 그리스도께서 내주하시면, 믿는 자의 몸은 죄로 인하여 여전히 사망의 권세 아래 있으나 성령은 의를 인하여 생명이니라(8:10). 8:4에서 이미 언급된 바와 같이, 성령은 믿는 자 안에서 의(곧 하나님의 주권에 대한 순종)를 창조한다. 그리하여 믿는 자를 생명에 이르게 한다.

8:11은 8:10을 더욱 자세하게 설명해 준다. 예수를 죽은 자 가운데서 살리신 이(하나님)의 영이 믿는 자들 안에 거하시면, 예수를 죽은 자 가운데서 살리신 이(하나님)가 믿는 자들 안에 거하시는 그의 영으로 말미암아 믿는 자들의 죽을 몸도 살리실 것이다(8:11).

8:5-11을 정리하면, 믿는 자들은 육신의 지배를 받지 아니하고 성령의 지배를 받는다. 그러므로("Ἄρα οὖν) 믿는 자들은 육신을 따라 살아야할 의무를 지고 있지 않다(8:12). 육신을 따라 살면 반드시 죽을 것이다(8:13a). 그러나 성령으로 몸의 행실(이기적인 육신의 행위)을 죽이면 살 것이다(8:13b).

5) 내용 정리

8:1 주제: 그리스도 안에 있는 자에게는 결코 정죄가 없다.

8:2 이유: 그리스도 안에 있는 생명의 성령의 율법이 죄와 사망의 율법에서 그리스도인을 해방하였기 때문이다.

8:3-4 8:2 이유: 하나님이 아들을 보내어 죄의 세력을 심판하셨고, 또한 육신을 따라 살지

　　　　　않고 성령을 따라 사는 자들 안에서 율법의 요구가 이루어지게 하셨기 때문이다.
8:5 두 종류의 삶: 육신을 따라 사는 삶과 성령을 따라 사는 삶
8:6 두 종류의 삶의 결과
8:7-11 두 종류의 삶의 결과에 대한 이유
　　8:7-8 육신을 따라 사는 삶의 결과에 대한 이유
　　8:9-11 성령을 따라 사는 삶의 결과에 대한 이유
8:12-13 결론적 권면: 믿는 자들은 육신을 따라 살아야할 의무를 지고 있지 않다.

| 성령과 하나님의 자녀로서의 삶 8:14-17

1) 구문 분석

14 <u>ὅσοι γὰρ πνεύματι θεοῦ ἄγονται,</u>
<u>누구든지 하나님의 영으로 인도함을 받는 그들은</u>

<u>οὗτοι υἱοὶ θεοῦ εἰσιν.</u>
<u>곧 하나님의 아들이라</u>

15 οὐ γὰρ ἐλάβετε πνεῦμα δουλείας
너희는 종살이의 영을 받지 아니하였고

    πάλιν εἰς φόβον
    다시 두려움에 이르게 하는 (종살이)

ἀλλὰ ἐλάβετε πνεῦμα υἱοθεσίας
도리어 양자로 삼으시는 영을 받았으므로

    ἐν ᾧ κράζομεν,
    그 영으로 우리는 … 라고 부르짖느니라

        Αββα ὁ πατήρ.
        아바 아버지

16 αὐτὸ τὸ πνεῦμα συμμαρτυρεῖ τῷ πνεύματι ἡμῶν
성령이 친히 우리 영으로 더불어 … 증언하시느니라

    ὅτι ἐσμὲν τέκνα θεοῦ.
    우리가 하나님의 자녀인 것을

17 <u>εἰ δὲ τέκνα,</u>
<u>우리가 자녀이면</u>

    <u>καὶ κληρονόμοι·</u>
    <u>또한 상속자이니라</u>

κληρονόμοι μὲν θεοῦ,
우리는 하나님의 상속자요

συγκληρονόμοι δὲ Χριστοῦ,
그리스도와 함께 한 상속자이니라

εἴπερ συμπάσχομεν
만일 우리가 고난도 함께 받으면

ἵνα καὶ συνδοξασθῶμεν.
그와 함께 영광을 받기 위하여

2) 한글 본문

14 무릇 하나님의 영으로 인도함을 받는 사람은 곧 하나님의 아들이라

15 너희는 다시 무서워하는 종의 영을 받지 아니하고 양자의 영을 받았으므로 우리가 아빠 아버지라고 부르짖느니라

16 성령이 친히 우리 영과 더불어 우리가 하나님의 자녀인 것을 증언하시나니

17 자녀이면 또한 상속자 곧 하나님의 상속자요 그리스도와 함께 한 상속자니 우리가 그와 함께 영광을 받기 위하여 고난도 함께 받아야 할 것이니라

3) 형식 관찰

(1) '하나님의 아들'(8:14)과 '하나님의 자녀'(8:16)와 '하나님의 상속자'(8:17)가 평행을 이룬다.

(2) 8:15에서 '종의 영'(πνεῦμα δουλείας)과 '양자의 영'(πνεῦμα υἱοθεσίας)이 대조를 이룬다.

4) 본문의 흐름

8:1-13에서 바울은 성령이 믿는 자들의 삶 속에서 의와 생명을 가져다준다고 말한다. 8:14-30에서 성령은 약간 다른 역할을 담당한다. 말하자면, 현재 고난 속에서 그리스도인의 성령 체험은 미래 영광의 최고 보증이 된다는 것이다.

8:14-17은 새로운 논증으로 나아가는 다리 기능을 한다.

하나님의 영으로 인도함을 받는 사람은 모두 하나님의 아들이다(8:14). 그 이유는(γάρ) 우리가 종의 영을 받지 아니하고 양자의 영을 받아 아바 아버지라고 부르짖기 때문이다(8:15). 사실 성령은 친히 우리의 영과 더불어 우리가 하나님의 자녀인 것을 증언하신다(8:16). [61] 우리가 자녀이면, 또한 상속자 곧 하나님의 상속자요 그리스도와 함께 한 상속자다(8:17a). 우리가 그와 함께 영광을 받기 위하여 고난도 함께 받아야 할 것이다(8:17b).

5) 내용 정리

8:14 주제: 하나님의 영으로 인도함을 받는 자은 모두 하나님의 아들이다.

8:15-16 이유: 우리가 양자의 영을 받아 아바 아버지라고 부르짖기 때문이다.

8:17 우리가 자녀이면, 또한 상속자다.

---

61) 8:16은 8:15를 확증하고 해명한다. Cranfield, *Romans*, I, 402.

고난과 미래 소망 8:18-30

| 고난과 미래 소 8:18-30

1) 구문 분석

18 Λογίζομαι γὰρ ὅτι οὐκ ἄξια τὰ παθήματα τοῦ νῦν καιροῦ
생각건대 현재의 고난은 ... 족히 비교할 수 없도다

    πρὸς τὴν μέλλουσαν δόξαν ἀποκαλυφθῆναι εἰς ἡμᾶς.
    장차 우리에게 나타날 영광과

19 ἡ γὰρ ἀποκαραδοκία τῆς κτίσεως
피조물의 고대하는 바는

    τὴν ἀποκάλυψιν τῶν υἱῶν τοῦ θεοῦ ἀπεκδέχεται.
    하나님의 아들들의 나타나는 것이니

20 τῇ γὰρ ματαιότητι ἡ κτίσις ὑπετάγη,
피조물이 허무한 데 굴복하게 되는 것은

    οὐχ ἑκοῦσα ἀλλὰ διὰ τὸν ὑποτάξαντα,
    자기 뜻이 아니요 오직 굴복하게하시는 이로 말미암음이라

    ἐφ' ἑλπίδι
    그 바라는 것은

21   ὅτι καὶ αὐτὴ ἡ κτίσις ἐλευθερωθήσεται
    피조물 자체도 해방되어

ἀπὸ τῆς δουλείας τῆς φθορᾶς
썩어짐의 종 노릇 한 데서

εἰς τὴν ἐλευθερίαν τῆς δόξης τῶν τέκνων τοῦ θεοῦ.
하나님의 자녀들의 영광의 자유에 이르는 것이니라

22 οἴδαμεν γὰρ
우리가 아나니

ὅτι πᾶσα ἡ κτίσις συστενάζει καὶ συνωδίνει ἄχρι τοῦ νῦν·
모든 피조물이 이제까지 함께 탄식하며 함께 고통하는 것을

23 οὐ μόνον δέ, ἀλλὰ καὶ αὐτοὶ τὴν ἀπαρχὴν τοῦ πνεύματος ἔχοντες,
피조물뿐만 아니라 또한 우리 곧 성령의 처음 익은 열매를 받은 우리 자신까지도

ἡμεῖς καὶ αὐτοὶ ἐν ἑαυτοῖς στενάζομεν υἱοθεσίαν ἀπεκδεχόμενοι,
속으로 탄식하여 양자될 것... 을 기다리느니라

τὴν ἀπολύτρωσιν τοῦ σώματος ἡμῶν.
곧 우리 몸의 구속

24 τῇ γὰρ ἐλπίδι ἐσώθημεν·
우리가 소망으로 구원을 얻었느니라

ἐλπὶς δὲ βλεπομένη οὐκ ἔστιν ἐλπίς·
그러나 보이는 소망이 소망이 아니니라

ὃ γὰρ βλέπει τίς ἐλπίζει;
보는 것을 누가 바라리요

25 εἰ δὲ ὃ οὐ βλέπομεν ἐλπίζομεν,
만일 우리가 보지 못하는 것을 바라면

δι' ὑπομονῆς ἀπεκδεχόμεθα.
참음으로 기다릴지니라

26 Ὡσαύτως δὲ καὶ τὸ πνεῦμα συναντιλαμβάνεται τῇ ἀσθενείᾳ ἡμῶν·
이와 같이 성령도 우리 연약함을 도우시나니

τὸ γὰρ τί προσευξώμεθα καθὸ δεῖ οὐκ οἴδαμεν,
우리가 마땅히 빌 바를 알지 못하나

ἀλλὰ αὐτὸ τὸ πνεῦμα ὑπερεντυγχάνει στεναγμοῖς ἀλαλήτοις·
오직 성령이 친히 말할 수 없는 탄식으로 우리를 위하여 간구하시느니라

27 ὁ δὲ ἐραυνῶν τὰς καρδίας οἶδεν
마음을 감찰하시는 이가 … 아시나니

    τί τὸ φρόνημα τοῦ πνεύματος,
    성령의 생각이 무엇인지를

    ὅτι κατὰ θεὸν ἐντυγχάνει ὑπὲρ ἁγίων.
    이는 성령이 하나님의 뜻대로 성도를 위하여 간구하심이니라

28 οἴδαμεν δὲ
우리가 알거니와

    ὅτι τοῖς ἀγαπῶσιν τὸν θεὸν
    하나님을 사랑하는 자에게는

    πάντα συνεργεῖ εἰς ἀγαθόν,
    모든 것이 합력하여 선을 이루느니라

    τοῖς κατὰ πρόθεσιν κλητοῖς οὖσιν.
    곧 그 뜻대로 부르심을 입은 자들에게는

29 ὅτι οὓς προέγνω,
하나님이 미리 아신 자들로

καὶ προώρισεν συμμόρφους τῆς εἰκόνος τοῦ υἱοῦ αὐτοῦ,
또한 그 아들의 형상을 본받게 하기 위하여 미리 정하셨느니라

    εἰς τὸ εἶναι αὐτὸν πρωτότοκον ἐν πολλοῖς ἀδελφοῖς·
    그 아들로 많은 형제 중에서 맏아들이 되게 하려고

30 οὓς δὲ προώρισεν, τούτους καὶ ἐκάλεσεν·
또한 미리 정하신 그들을 또한 부르시고

    καὶ οὓς ἐκάλεσεν, τούτους καὶ ἐδικαίωσεν·
    부르신 그들을 또한 의롭다 하시고

    οὓς δὲ ἐδικαίωσεν, τούτους καὶ ἐδόξασεν.
    의롭다 하신 그들을 또한 영화롭게 하셨느니라

III 그리스도 안에서의 새 삶과 미래 소망

2) 한글 본문

18 생각하건대 현재의 고난은 장차 우리에게 나타날 영광과 비교할 수 없도다

19 피조물이 고대하는 바는 하나님의 아들들이 나타나는 것이니

20 피조물이 허무한 데 굴복하는 것은 자기 뜻이 아니요 오직 굴복하게 하시는 이로 말미암음이라

21 그 바라는 것은 피조물도 썩어짐의 종 노릇한 데서 해방되어 하나님의 자녀들의 영광의 자유에 이르는 것이니라

22 피조물이 다 이제까지 함께 탄식하며 함께 고통을 겪고 있는 것을 우리가 아느니라

23 그뿐 아니라 또한 우리 곧 성령의 처음 익은 열매를 받은 우리까지도 속으로 탄식하여 양자될 것 곧 우리 몸의 속량을 기다리느니라

24 우리가 소망으로 구원을 얻었으매 보이는 소망이 소망이 아니니 보는 것을 누가 바라리요

25 만일 우리가 보지 못하는 것을 바라면 참음으로 기다릴지니라

26 이와 같이 성령도 우리의 연약함을 도우시나니 우리는 마땅히 기도할 바를 알지 못하나 오직 성령이 말할 수 없는 탄식으로 우리를 위하여 친히 간구하시느니라

27 마음을 살피시는 이가 성령의 생각을 아시나니 이는 성령이 하나님의 뜻대로 성도를 위하여 간구하심이니라

28 우리가 알거니와 하나님을 사랑하는 자 곧 그 뜻대로 부르심을 입은 자들에게는 모든 것이 합력하여 선을 이루느니라

29 하나님이 미리 아신 자들을 또한 그 아들의 형상을 본받게 하기 위하여 미리 정하셨으니 이는 그로 많은 형제 중에서 맏아들이 되게 하려 하심이니라

30 또 미리 정하신 그들을 또한 부르시고 부르신 그들을 또한 의롭다 하시고 의롭다 하신 그들을 또한 영화롭게 하셨느니라

3) 형식 관찰

(1) 이 단락에는 주요 단어들이 반복되어 나타난다.

영광/영화롭게 하다(δόξα/δοξάζω) - 3번(8:18, 21, 30)

기다리다(ἀπεκδέχομαι) - 3번(8:19, 23, 25)

소망/소망하다(ἐλπίς/ἐλπίζω) - 5번(8:20, 24, 25)

(2) 8:22-23, 26에 나타난 '탄식'의 3중창, 곧 피조물의 '탄식'(8:22)과 우리 믿는 자의 '탄식'(8:23)과 성령의 '탄식'(8:26)을 주목하라.

(3) 8:29-30에 나타난 점층법을 주목하라.

4) 본문의 흐름

바울은 바로 위에서 종말론적인 소망에 우리의 시선을 집중시켰다(8:17). 우리는 하나님의 상속자로서, 그리스도와 함께 영광을 받게 될 것이다. 8:29에서 이 영광은 하나님의 아들의 형상을 본받는 것이라고 말한다. 그런데 이 미래 영광에 참여하기 위해서 우리는 반드시 그리스도와 함께 고난을 받아야 한다. (고난이 미래 구원을 위해 필요하다는 사실은 8:13에서도 이미 언급된 바 있다.) 이제 바울은 고난이 소망을 억누르는 것이 아니라, 어떻게 소망을 증진하는지를 설명한다.

먼저 바울은 포괄적인 주제를 제시한다. 곧, 현재의 고난은 장차 우리에게 나타날 영광과 비교될 수 없이 사소하다는 것이다(8:18). 8:19-30은 이 주제에 대한 확장과 설명이다(γάρ).

피조물이 고대하는 것은 믿는 자들이 하나님의 영광스런 아들들로 명백하게 나타나는 것이다(8:19). 왜 그런가? 8:20-21은 피조물이 하나님의 아들들의 출현을 간절히 기다리는 이유를 설명한다(γάρ). 피조물은 창세기 3:17-18에 나타난 하나님의 저주 선언으로 말미암아 허무에 굴복되었다(8:20). 그래서 피조물도 썩어짐의 종 노릇한 데서 해방되어, 하나님의 자녀들의 영광의 자유에 이르는 것을 간절히 소망한다(8:21). 8:22는 8:20-21의 요점을 요약한다. 곧, 피조물이 다 이제까지 함께 탄식하며 함께 고통을 겪으며 영광의 자유를 대망한다는 것이다.

탄식하며 구원을 바라는 존재는 피조물뿐만 아니다. 성령의 처음 익은 열매를 받은 우리 믿는 자들까지도 속으로 탄식하며 우리 몸의 완전한 구속을 기다리고 있다(8:23). 왜 우리는 탄식하며 기다려야 하는가? 우리는 소망으로 구원을 받았기 때문이다(8:24a). 소망이라는 것은 눈으로 볼 수 없는 것을 바라는 것이다(8:24b). 만일 우리가 아직 공개되지 않은 영광을 소망하다면, 참음으로 기다려야 한다(8:25).

우리는 고난 중에서도 참고 기다릴 수 있다. 성령도 우리의 연약함을 도우신다(8:26a). [62] 어떻게 도우시는가? 우리가 마땅히 기도할 바를 알지 못하나 성령이 말할 수 없는 탄식으로 우리를 위하여 친히 간구하신다(8:26b). 마음을 감찰하시는 하나님은 자신(하나님)의 뜻대로 우리를 위해 기도하시는 성령의 생각을 아시고, 성령의 기도에 응답하신다(8:27).

마지막으로 8:28-30은 우리 믿는 자들의 소망의 확실성을 표현한다. 하나님을 사랑하는 자 곧 그의 뜻대로 부르심을 입은 자들에게는 현재의 모든 고난이 합력하여 선을 이룬다(8:28). 왜 그렇게 단언할 수 있는가? 그 이유는 무엇인가?(ὅτι) 하나님이 미리 아신 자들을 또한 그 아들의 형상을 본받게 하기 위하여 미리 정하시고(8:29), 또 미리 정하신 그들을 또한 부르시고, 부르신 그들을 또한 의롭다 하시고, 의롭다 하신 그들을 또한 영화롭게 하셨기 때문이다(8:30).

5) 내용 정리

8:18 주제: 현재의 고난은 장차 우리에게 나타날 영광과 비교될 수 없다.
8:19-22 피조물의 열망과 탄식
8:23-25 믿는 자의 탄식과 소망
8:26-27 성령의 탄식과 간구
8:28-30 믿는 자의 소망의 확실성

---

62) 8:26의 접속사 '이와 같이'(Ὡσαύτως)가 8:26-27을 바로 앞 구절들과 어떻게 연결하는지에 대해선, J. Murray, *The Epistle to the Romans*, I (NICNT; Grand Rapids: Eerdmans, 1959), 310-11; D. J. Moo, *The Epistle to the Romans* (NICNT; Grand Rapids: Eerdmans, 1996), 559-60을 보라.

하나님의 변함없는 사랑과 믿음의 확신 8:31-39

| 하나님의 변함없는 사랑과 믿음의 확신 8:31-39

1) 구문 분석

31 Τί οὖν ἐροῦμεν πρὸς ταῦτα;
그런즉 이 일에 대하여 우리가 무슨 말 하리요

εἰ ὁ θεὸς ὑπὲρ ἡμῶν,
만일 하나님이 우리를 위하시면

τίς καθ' ἡμῶν;
누가 우리를 대적하리요

32 ὅς γε τοῦ ἰδίου υἱοῦ οὐκ ἐφείσατο
자기 아들을 아끼지 아니하시고

ἀλλὰ ὑπὲρ ἡμῶν πάντων παρέδωκεν αὐτόν,
우리 모든 사람을 위하여 내어 주신 이가

πῶς οὐχὶ καὶ σὺν αὐτῷ τὰ πάντα ἡμῖν χαρίσεται;
어찌 그 아들과 함께 또한 모든 것을 우리에게 은사로 주지 아니하시겠느냐

33 τίς ἐγκαλέσει κατὰ ἐκλεκτῶν θεοῦ;
누가 능히 하나님의 택하신 자들을 고소하리요

θεὸς ὁ δικαιῶν·
의롭다 하신 이는 하나님이시니

34 τίς ὁ κατακρινῶν;
누가 정죄하리요

Χριστὸς [Ἰησοῦς] ὁ ἀποθανῶν, μᾶλλον δὲ ἐγερθείς,
죽으실 뿐 아니라 일으키심을 받은 이는 그리스도 예수시니

ὃς καί ἐστιν ἐν δεξιᾷ τοῦ θεοῦ,
그는 하나님 우편에 계신 자요

ὃς καὶ ἐντυγχάνει ὑπὲρ ἡμῶν.
우리를 위하여 간구하시는 자시니라

35 τίς ἡμᾶς χωρίσει ἀπὸ τῆς ἀγάπης τοῦ Χριστοῦ;
누가 우리를 그리스도의 사랑에서 끊으리요

θλῖψις ἢ στενοχωρία ἢ διωγμὸς ἢ λιμὸς ἢ γυμνότης ἢ κίνδυνος ἢ μάχαιρα;
환난이나 곤고나 핍박이나 기근이나 헐벗음이나 위험이나 칼이랴

36 καθὼς γέγραπται ὅτι
기록된 바 ... 함과 같으니라

Ἕνεκεν σοῦ θανατούμεθα ὅλην τὴν ἡμέραν,
우리가 종일 주를 위하여 죽임을 당하게 되며

ἐλογίσθημεν ὡς πρόβατα σφαγῆς.
도살될 양같이 여김을 받았나이다

37 ἀλλ' ἐν τούτοις πᾶσιν ὑπερνικῶμεν
그러나 이 모든 일에 우리가 넉넉히 이기느니라

διὰ τοῦ ἀγαπήσαντος ἡμᾶς.
우리를 사랑하시는 이로 말미암아

38 πέπεισμαι γὰρ
내가 확신하노니

ὅτι οὔτε θάνατος οὔτε ζωὴ
사망이나 생명이나

οὔτε ἄγγελοι οὔτε ἀρχαὶ
천사들이나 권세자들이나

οὔτε ἐνεστῶτα οὔτε μέλλοντα
현재 일이나 장래 일이나

οὔτε δυνάμεις
능력이나

39 οὔτε ὕψωμα οὔτε βάθος
높음이나 깊음이나

οὔτε τις κτίσις ἑτέρα
다른 아무 피조물이라도

δυνήσεται ἡμᾶς χωρίσαι ἀπὸ τῆς ἀγάπης τοῦ θεοῦ
우리를 하나님의 사랑에서 끊을 수 없으리라

τῆς ἐν Χριστῷ Ἰησοῦ τῷ κυρίῳ ἡμῶν.
우리 주 그리스도 예수 안에 있는 (하나님의 사랑)

2) 한글 본문

31 그런즉 이 일에 대하여 우리가 무슨 말 하리요 만일 하나님이 우리를 위하시면 누가 우리를 대적하리요

32 자기 아들을 아끼지 아니하시고 우리 모든 사람을 위하여 내주신 이가 어찌 그 아들과 함께 모든 것을 우리에게 주시지 아니하겠느냐

33 누가 능히 하나님께서 택하신 자들을 고발하리요 의롭다 하신 이는 하나님이시니

34 누가 정죄하리요 죽으실 뿐 아니라 다시 살아나신 이는 그리스도 예수시니 그는 하나님 우편에 계신 자요 우리를 위하여 간구하시는 자시니라

35 누가 우리를 그리스도의 사랑에서 끊으리요 환난이나 곤고나 박해나 기근이나 적신이나 위험이나 칼이랴

36 기록된 바 우리가 종일 주를 위하여 죽임을 당하게 되며 도살 당할 양 같이 여김을 받았나이다 함과 같으니라

37 그러나 이 모든 일에 우리를 사랑하시는 이로 말미암아 우리가 넉넉히 이기느니라

38 내가 확신하노니 사망이나 생명이나 천사들이나 권세자들이나 현재 일이나 장래 일이나 능력이나 39 높음이나 깊음이나 다른 어떤 피조물이라도 우리를 우리 주 그리스도 예수 안에 있는 하나님의 사랑에서 끊을 수 없느니라

3) 형식 관찰

(1) 이 단락에는 7개의 수사학적 질문들이 연속적으로 나타난다.

(2) 이 수사학적인 질문들 가운데 '누가'(τίς)로 시작되는 질문이 4개이다(8:31, 33, 34, 35).

(3) 8:38-39의 목록에 등장하는 단어들은 대부분 쌍으로 되어 있다.

사망이나 생명이나
천사들이나 권세자들이나
현재 일이나 장래 일이나
능력이나
높음이나 깊음이나

4) 본문의 흐름

8:31-39는 지금까지 모든 논증의 결론이다. 말하자면, 5:1-8:30의 결론일 뿐만 아니라 1:16-8:30의 결론이다.

8:31은 주제를 제시한다. 곧, 하나님이 우리를 위하시기 때문에, 아무도 우리를 대적할 수 없다는 것이다. 하나님이 우리를 위하신다는 것은, 하나님이 자기 아들을 아끼지 아니하시고 우리 모든 사람을 위하여 내주셨다는 사실에서 가장 명백하게 드러난다(8:32a). 하나님이 가장 고귀한 아들까지 내어준 이상, 우리에게 필요한 다른 모든 것을 우리에게 주시리라는 것은 확실하다(8:32b). 이렇게 하나님이 우리를 위하시기 때문에, 우리를 내적할 자는 아무도 없다. 아무도 하나님께서 택하신 우리를 고발할 수 없는 것이다(8:33a). 의롭다하신 이는 하나님이시다(8:33b). 아무도 우리를 정죄할 수 없다(8:34a). 그리스도 예수는 우리를 위해 죽으

실 뿐 아니라 다시 살아나셨다(8:34b). 그는 하나님 우편에 계신 자요 우리를 위하여 간구하시는 자시다(8:34c,d).

8:35-39에서 바울은 그리스도 안에서 흔들릴 수 없는 하나님의 사랑을 노래한다. 먼저, 주제가 제시된다. 곧, 아무도 우리를 그리스도의 사랑에서 끊을 수 없다는 것이다(8:35a). 환난, 곤고, 박해, 기근, 적신, 위험, 칼과 같은 시련도 할 수 없다(8:35b-36). 이 모든 일들을 회피하거나 모면하는 것이 아니라 직접 체험하면서도, 우리는 우리를 사랑하시는 이로 말미암아 넉넉히 이긴다(8:37). 마지막으로 바울은 8:37을 지지하는 개인적인 선언을 한다(γάρ). "내가 확신하노니 사망이나 생명이나 천사들이나 권세자들이나 현재 일이나 장래 일이나 능력이나 높음이나 깊음이나 다른 어떤 피조물이라도 우리를 그리스도 안에 있는 하나님의 사랑에서 끊을 수 없느니라"(8:38-39).

5) 내용 정리

8:31-34 하나님이 우리를 위하시기 때문에 아무도 우리를 대적할 수 없다.

8:35-39 아무도 우리를 하나님의 사랑에서 끊을 수 없다.

Ⅳ 이스라엘의 불신앙과 하나님의 의
9:1-11:36

이스라엘에 대한 바울의 비탄 9:1-5

1) 구문 분석

1 **Ἀλήθειαν λέγω ἐν Χριστῷ,**
내가 그리스도 안에서 참말을 하고

  οὐ ψεύδομαι,
  거짓말을 아니하노라

  <u>συμμαρτυρούσης μοι τῆς συνειδήσεώς μου ἐν πνεύματι ἁγίῳ,</u>
  내 양심이 성령 안에서 나로 더불어 증거하노니

2　　<u>ὅτι λύπη μοί ἐστιν μεγάλη καὶ ἀδιάλειπτος ὀδύνη τῇ καρδίᾳ μου</u>
　　내게 큰 근심이 있는 것과 내 마음에 그치지 않는 고통이 있는 것을

3　ηὐχόμην γὰρ ἀνάθεμα εἶναι αὐτὸς ἐγὼ
　내 자신이 저주 받는 것도 원하는 바로라

　　　ἀπὸ τοῦ Χριστοῦ
　　　그리스도에게서 끊어져 (저주 받는 것)

　　　ὑπὲρ τῶν ἀδελφῶν μου τῶν συγγενῶν μου κατὰ σάρκα,
　　　나의 형제 곧 골육의 친척을 위해서라면

4　　　οἵτινές εἰσιν Ἰσραηλῖται,
　　　그들은 이스라엘 사람이라

ὧν ἡ υἱοθεσία καὶ ἡ δόξα καὶ αἱ διαθῆκαι καὶ ἡ νομοθεσία
그들에게는 양자됨과 영광과 언약들과 율법을 세우신 것과

καὶ ἡ λατρεία καὶ αἱ ἐπαγγελίαι,
예배와 약속들이 있고

5   ὧν οἱ πατέρες
조상들도 그들의 것이요

καὶ ἐξ ὧν ὁ Χριστὸς τὸ κατὰ σάρκα·
육신으로는 그리스도가 그들에게서 나셨으니

ὁ ὢν ἐπὶ πάντων θεὸς εὐλογητὸς εἰς τοὺς αἰῶνας, ἀμήν.
저는 만물 위에 계셔 세세에 찬양을 받으실 하나님이시니라 아멘

2) 한글 본문

1-2 내가 그리스도 안에서 참말을 하고 거짓말을 아니하노라 나에게 큰 근심이 있는 것과 마음에 그치지 않는 고통이 있는 것을 내 양심이 성령 안에서 나와 더불어 증언하노니

3 나의 형제 곧 골육의 친척을 위하여 내 자신이 저주를 받아 그리스도에게서 끊어질지라도 원하는 바로라

4 그들은 이스라엘 사람이라 그들에게는 양자 됨과 영광과 언약들과 율법을 세우신 것과 예배와 약속들이 있고

5 조상들도 그들의 것이요 육신으로 하면 그리스도가 그들에게서 나셨으니 그는 만물 위에 계셔서 세세에 찬양을 받으실 하나님이시니라 아멘

3) 형식 관찰

(1) 9:3-5절이 한 문장이다.

(2) 특별히 9:4-5에서 이스라엘이 받은 복이 조직적으로 열거되고 있는 것을 주목하라.

4) 본문의 흐름

1-8장은 모든 믿는 자들에 대한 하나님의 의(언약적 신실하심)를, 그리고 9-11장은 구약 이스라엘 백성에 대한 하나님의 의를 취급한다.

9-11장은 크게 다섯 개의 단락으로 나누어진다. 9:1-5는 서론이며, 9:6-29는 하나님의 주권적인 은혜의 선택을 강조하고, 9:30-10:21은 그리스도 안에 나타난 하나님의 의를 오해하고 배척한 이스라엘에 대해 말하고, 11:1-32는 마지막 때에 이루어질 '온 이스라엘'의 구원에 대해 이야기하며, 11:33-36은 결론으로서 하나님의 신비한 구원 계획에 대한 찬양이다.

9:1-2에서 바울은 먼저 이스라엘의 영적 상태에 대해 자신에게 큰 근심과 마음에 그치지 않는 고통이 있다는 것을 정직하게 고백한다. 그의 고민은 너무나 커서, 자기 동족이 구원을 받을 수만 있다면 자신은 저주를 받아 그리스도에게서 끊어질지라도 좋다고 말한다(9:3).

9:4-5는 관계대명사절로서, 9:3에서 언급된 바울의 동족이 어떤 자들인가를 자세히 설명한다. 그들은 이스라엘 사람이다(9:4a). 그들에게는 많은 특권이 주어졌다. 말하자면, 그들에게는 양자됨과 영광과 언약들과 율법을 세우신 것과 예배와 약속들이 있고(9:4b), 조상들도 그들의 것이요(9:5a) 육신으로 하면 그리스도가 그들에게서 나셨다(9:5b).

5) 내용 정리

9:1-3 바울의 근심과 고통
9:4-5 이스라엘의 특권

하나님의 주권적인 은혜의 선택 9:6-29

| 하나님의 주권적인 선택 9:6-13

1) 구문 분석

6 Οὐχ οἷον δὲ ὅτι ἐκπέπτωκεν ὁ λόγος τοῦ θεοῦ.
   또한 하나님의 말씀이 폐하여진 것 같지 않도다

   οὐ γὰρ πάντες οἱ ἐξ Ἰσραήλ οὗτοι Ἰσραήλ·
   이스라엘에게서 난 그들이 다 이스라엘이 아니요

7 οὐδ' ὅτι εἰσὶν σπέρμα Ἀβραάμ πάντες τέκνα,
   또한 아브라함의 씨가 다 그 자녀가 아니라

   ἀλλ', Ἐν Ἰσαὰκ κληθήσεταί σοι σπέρμα.
   오직 이삭으로부터 난 자라야 네 씨라 칭하리라 하셨으니

8 τοῦτ' ἔστιν,
   곧

   οὐ τὰ τέκνα τῆς σαρκὸς ταῦτα τέκνα τοῦ θεοῦ
   육신의 자녀가 하나님의 자녀가 아니라

   ἀλλὰ τὰ τέκνα τῆς ἐπαγγελίας λογίζεται εἰς σπέρμα.
   오직 약속의 자녀가 씨로 여기심을 받느니라

9 ἐπαγγελίας γὰρ ὁ λόγος οὗτος,
   약속의 말씀은 이것이라

Κατὰ τὸν καιρὸν τοῦτον ἐλεύσομαι
내년 이 때에 내가 오리니

καὶ ἔσται τῇ Σάρρᾳ υἱός
사라에게 아들이 있으리라

10 οὐ μόνον δέ, ἀλλὰ καὶ Ῥεβέκκα ἐξ ἑνὸς κοίτην ἔχουσα,
이뿐 아니라 또한 리브가가 한 사람으로 말미암아 잉태하였는데

Ἰσαὰκ τοῦ πατρὸς ἡμῶν·
우리 조상 이삭 (한 사람)

11 μήπω γὰρ γεννηθέντων
그 자식들이 아직 나지도 아니하고

μηδὲ πραξάντων τι ἀγαθὸν ἢ φαῦλον,
무슨 선이나 악을 행하지 아니한 때에

ἵνα ἡ κατ' ἐκλογὴν πρόθεσις τοῦ θεοῦ μένῃ,
택하심을 따라 되는 하나님의 뜻이 서게 하려 하사

12 οὐκ ἐξ ἔργων ἀλλ' ἐκ τοῦ καλοῦντος,
행위로 말미암지 않고 오직 부르시는 이에게로 말미암아

ἐρρέθη αὐτῇ ὅτι Ὁ μείζων δουλεύσει τῷ ἐλάσσονι,
리브가에게 이르시되 큰 자가 어린 자를 섬기리라 하셨나니

13 καθὼς γέγραπται,
기록된 바 ... 하심과 같으니라

Τὸν Ἰακὼβ ἠγάπησα, τὸν δὲ Ἠσαῦ ἐμίσησα.
내가 야곱은 사랑하고 에서는 미워하였다

2) 한글 본문

6 그러나 하나님의 말씀이 폐하여진 것 같지 않도다 이스라엘에게서 난 그들이 다 이스라엘이 아니요
7 또한 아브라함의 씨가 다 그의 자녀가 아니라 오직 이삭으로부터 난 자라야 네 씨라 불리리라 하셨으니

8 곧 육신의 자녀가 하나님의 자녀가 아니라 오직 약속의 자녀가 씨로 여기심을 받느니라

9 약속의 말씀은 이것이니 명년 이 때에 내가 이르리니 사라에게 아들이 있으리라 하심이라

10 그뿐 아니라 또한 리브가가 우리 조상 이삭 한 사람으로 말미암아 임신하였는데

11 그 자식들이 아직 나지도 아니하고 무슨 선이나 악을 행하지 아니한 때에 택하심을 따라 되는 하나님의 뜻이 행위로 말미암지 않고 오직 부르시는 이로 말미암아 서게 하려 하사

12 리브가에게 이르시되 큰 자가 어린 자를 섬기리라 하셨나니

13 기록된 바 내가 야곱은 사랑하고 에서는 미워하였다 하심과 같으니라

3) 형식 관찰

(1) 9:6-7의 중대한 선언 안에 있는 평행을 주목하라.

이스라엘에게서 난 그들이 다 이스라엘이 아니요
또한 아브라함의 씨가 다 그의 자녀가 아니라

(2) 9:8과 9:11c-12a에 나타난 하나님의 자녀가 되는 원리를 주목하라. 두 원리 사이에는 평행이 존재한다.

육신의 자녀가 하나님의 자녀가 아니라
오직 약속의 자녀가 씨로 여기심을 받느니라 (9:8)

택하심을 따라 되는 하나님의 뜻이 행위로 말미암지 않고
오직 부르시는 이로 말미암아 서게 하려 하사 (9:11c-12a)

(3) 9:8에서 '육신의 자녀'는 '하나님의 자녀'와 대조를 이루고 있고, '하나님의 자녀'는 '약속의 자녀'와 평행을 이루고 있다.

4) 본문의 흐름

9:4-5에서 본 것처럼, 이스라엘에게 특권적인 지위가 주어졌다. 그런데 이스라엘의 대다수는 예수 그리스도를 믿지 않고 있다. 우리는 이 사실을 어떻게 이해해야 하는가? 언뜻 보면, 이스라엘의 실패는 이스라엘에게 영원히 복을 내리시겠다는 하나님의 약속이 취소된 것을 의미하는 것 같다. 그러나 바울은 하나님의 말씀들(약속들)은 폐하여질 수 없다고 말한다(9:6a). 이 말은 뒤따라오는 9:6b-13의 주제이며, 더 나아가서 9:6b-11:32의 주제이다.

9:6a의 주장은 우리를 당혹스럽게 한다. 대다수 이스라엘의 불신앙은 그들을 구원에서 제외할 것이 분명한데, 어떻게 이스라엘에게 하나님의 약속들은 유효하다고 말할 수 있는가? 바울의 주장의 근거는 무엇인가?(γάρ) 그 근거는 이것이다. "이스라엘에게서 난 그들이 다 이스라엘이 아니요 또한 아브라함의 씨가 다 그의 자녀가 아니다"(9:6b-7a).

이런 주장을 입증하기 위하여 바울은 창세기에서 두 이야기를 꺼낸다. 먼저 아브라함의 이야기다. 아브라함에게는 두 아들 곧 이스마엘과 이삭이 있었는데, 하나님은 오직 이삭으로부터 난 자라야 아브라함의 씨라 불리리라고 말씀하셨다(9:7b). 말하자면, 육체적으로 아브라함의 자녀라는 사실 자체만으로 하나님의 자녀가 되는 것은 아니고, 오직 약속의 자녀가 씨로 여김을 받는다는 것이다(9:8). 약속의 말씀이란 불임 여성인 사라에게 "명년 이 때에 내가 이르리니 사라에게 아들이 있으리라"고 하신 말씀이다(9:9).

바울의 이런 주장은 반대에 부딪힐 수도 있다. 이삭은 아브라함의 본처에게서 태어났고, 이스마엘은 아브라함의 여종에게서 태어났기 때문이다. 그래서 바울은 좀 더 명백한 예를 제시한다(οὐ μόνον). 이삭의 두 아들인 에서와 야곱은 한 어머니 리브가에게서 쌍둥이로 태어났다(9:10). 그런데 그 자식들이 태어나기도 전에, 하나님의 자녀가 되는 복이 인간의 행위에 근거한 것이 아니라 하나님의 주권적인 은혜의 부르심에 의해 결정되는 것을 보이시려고(9:11-12a), 리브가에게 다음과 같이 말씀하셨다. "큰 자가 어린 자를 섬기리라"(9:12b). 기록된 바와 같이, 하나님은 야곱은 사랑하고 에서는 미워하셨던 것이다(9:13).

5) 내용 정리

9:6a 주제: 하나님의 말씀은 폐하여지지 않았다.

9:6b-7a 근거: 이스라엘에게서 난 그들이 다 이스라엘이 아니요, 아브라함의 씨가 다 그의 자녀가 아니다.

9:7b-9 입증1: 이스마엘이 아니고 이삭에게서 난 자라야 아브라함의 씨로 인정받는다.

9:10-13 입증2: 에서는 배제되고 야곱이 선택되었다.

하나님의 주권과 자비 9:14-29

1) 구문 분석

14 Τί οὖν ἐροῦμεν;
　그런즉 우리가 무슨 말 하리요

　μὴ ἀδικία παρὰ τῷ θεῷ;
　하나님께 불의가 있느냐

　μὴ γένοιτο.
　그럴 수 없느니라

15 τῷ Μωϋσεῖ γὰρ λέγει,
　모세에게 이르시되 … 하셨으니

　　Ἐλεήσω ὃν ἂν ἐλεῶ
　　내가 긍휼히 여길 자를 긍휼히 여기고

　　καὶ οἰκτιρήσω ὃν ἂν οἰκτίρω.
　　불쌍히 여길 자를 불쌍히 여기리라

16 <u>ἄρα οὖν οὐ τοῦ θέλοντος</u>
　　<u>그런즉 원하는 자로 말미암음도 아니요</u>

　<u>οὐδὲ τοῦ τρέχοντος,</u>
　<u>달음박질하는 자로 말미암음도 아니요</u>

　<u>ἀλλὰ τοῦ ἐλεῶντος θεοῦ.</u>
　<u>오직 긍휼히 여기시는 하나님으로 말미암음이니라</u>

17 λέγει γὰρ ἡ γραφὴ τῷ Φαραὼ ὅτι
　성경이 바로에게 이르시되

　　Εἰς αὐτὸ τοῦτο ἐξήγειρά σε
　　내가 바로 이 일을 위하여 너를 세웠으니

ὅπως ἐνδείξωμαι ἐν σοὶ τὴν δύναμίν μου
곧 너로 말미암아 내 능력을 나타내고

καὶ ὅπως διαγγελῇ τὸ ὄνομά μου ἐν πάσῃ τῇ γῇ.
내 이름이 온 땅에 전파되게 하려 함이로라 하셨으니

18 ἄρα οὖν ὃν θέλει ἐλεεῖ,
그런즉 하나님께서 하고자 하시는 자를 긍휼히 여기시고

ὃν δὲ θέλει σκληρύνει.
하고자 하시는 자를 강퍅하게 하시느니라

19 Ἐρεῖς μοι οὖν,
혹 네가 내게 말하기를

Τί [οὖν] ἔτι μέμφεται;
그러면 하나님이 어찌하여 허물하시느냐

τῷ γὰρ βουλήματι αὐτοῦ τίς ἀνθέστηκεν;
누가 그 뜻을 대적하느냐 하리니

20 ὦ ἄνθρωπε, μενοῦνγε σὺ τίς εἶ ὁ ἀνταποκρινόμενος τῷ θεῷ;
이 사람아 네가 뉘기에 감히 하나님을 힐문하느냐

μὴ ἐρεῖ τὸ πλάσμα τῷ πλάσαντι,
지음을 받은 물건이 지은 이에게… 말하겠느냐

Τί με ἐποίησας οὕτως;
어찌 나를 이같이 만들었느냐

21 ἢ οὐκ ἔχει ἐξουσίαν ὁ κεραμεὺς τοῦ πηλοῦ
토기장이가 … 권한이 없느냐

ἐκ τοῦ αὐτοῦ φυράματος ποιῆσαι
진흙 한 덩이로 … 만드는 (권한)

ὃ μὲν εἰς τιμὴν σκεῦος ὃ δὲ εἰς ἀτιμίαν;
하나는 귀히 쓸 그릇을, 하나는 천히 쓸 그릇을

22 εἰ δὲ θέλων ὁ θεὸς ἐνδείξασθαι τὴν ὀργὴν καὶ γνωρίσαι τὸ δυνατὸν αὐτοῦ
만일 하나님이 그 진노를 보이시고 그 능력을 알게 하고자 하사

ἤνεγκεν ἐν πολλῇ μακροθυμίᾳ σκεύη ὀργῆς
진노의 그릇을 오래 참으심으로 관용하셨을지라도 (무슨 말하리요)

κατηρτισμένα εἰς ἀπώλειαν,
멸하기로 준비된 (진노의 그릇)

23 καὶ ἵνα γνωρίσῃ τὸν πλοῦτον τῆς δόξης αὐτοῦ
또한 그 영광의 부요함을 알게 하고자 하셨을지라도 (무슨 말하리요)

ἐπὶ σκεύη ἐλέους
긍휼의 그릇에 대하여

ἃ προητοίμασεν εἰς δόξαν;
영광받기로 예비하신 (긍휼의 그릇)

24 οὓς καὶ ἐκάλεσεν ἡμᾶς
이 (긍휼의) 그릇으로 하나님이 또한 우리를 부르셨느니라

οὐ μόνον ἐξ Ἰουδαίων ἀλλὰ καὶ ἐξ ἐθνῶν,
곧 유대인 중에서 뿐 아니라 이방인 중에서도 (부르셨느니라)

25 ὡς καὶ ἐν τῷ Ὡσηὲ λέγει,
호세아 글에도 이르기를 ... 함과 같으니라

Καλέσω τὸν οὐ λαόν μου λαόν μου
내가 내 백성 아닌 자를 내 백성이라 부르리라

καὶ τὴν οὐκ ἠγαπημένην ἠγαπημένην·
또한 사랑하지 아니한 자를 사랑한 자라 (부르리라)

26 καὶ ἔσται ἐν τῷ τόπῳ
그리고 그곳에서

οὗ ἐρρέθη αὐτοῖς,
그들에게 말한 (그곳에서)

Οὐ λαός μου ὑμεῖς,
너희는 내 백성이 아니라

ἐκεῖ κληθήσονται υἱοὶ θεοῦ ζῶντος.
곧 거기서 그들이 살아 계신 하나님의 아들이라 부름을 얻으리라

Ⅳ
이스라엘의 불신앙과 하나님의 의

159

27 Ἠσαΐας δὲ κράζει ὑπὲρ τοῦ Ἰσραήλ,
또 이사야가 이스라엘에 관하여 외치되 … 하셨느니라

Ἐὰν ᾖ ὁ ἀριθμὸς τῶν υἱῶν Ἰσραὴλ ὡς ἡ ἄμμος τῆς θαλάσσης,
이스라엘 자손의 수가 비록 바다의 모래 같을지라도

τὸ ὑπόλειμμα σωθήσεται·
남은 자만 구원을 얻으리니

28 λόγον γὰρ συντελῶν καὶ συντέμνων ποιήσει κύριος
주께서 그 말씀을 남김없이 그리고 속히[63] 이루시리라

ἐπὶ τῆς γῆς.
땅 위에서 (이루시리라)

29 καὶ καθὼς προείρηκεν Ἠσαΐας,
또한 이사야가 미리 말한 바 … 함과 같으니라

Εἰ μὴ κύριος Σαβαὼθ ἐγκατέλιπεν ἡμῖν σπέρμα,
만일 만군의 주께서 우리에게 씨를 남겨 두시지 아니하셨더면

ὡς Σόδομα ἂν ἐγενήθημεν
우리가 소돔과 같이 되고

καὶ ὡς Γόμορρα ἂν ὡμοιώθημεν.
우리가 고모라와 같았으리로다

2) 한글 본문

14 그런즉 우리가 무슨 말 하리요 하나님께 불의가 있느냐 그럴 수 없느니라

15 모세에게 이르시되 내가 긍휼히 여길 자를 긍휼히 여기고 불쌍히 여길 자를 불쌍히 여기리라 하셨으니

16 그런즉 원하는 자로 말미암음도 아니요 달음박질하는 자로 말미암음도 아니요 오직 긍휼히 여기시는 하나님으로 말미암음이니라

---

63) Jewett, *Romans*, 603-604.

17 성경이 바로에게 이르시되 내가 이 일을 위하여 너를 세웠으니 곧 너로 말미암아 내 능력을 보이고 내 이름이 온 땅에 전파되게 하려 함이라 하셨으니

18 그런즉 하나님께서 하고자 하시는 자를 긍휼히 여기시고 하고자 하시는 자를 완악하게 하시느니라

19 혹 네가 내게 말하기를 그러면 하나님이 어찌하여 허물하시느냐 누가 그 뜻을 대적하느냐 하리니

20 이 사람아 네가 누구이기에 감히 하나님께 반문하느냐 지음을 받은 물건이 지은 자에게 어찌 나를 이같이 만들었느냐 말하겠느냐

21 토기장이가 진흙 한 덩이로 하나는 귀히 쓸 그릇을, 하나는 천히 쓸 그릇을 만들 권한이 없느냐

22 만일 하나님이 그의 진노를 보이시고 그 능력을 알게 하고자 하사 멸하기로 준비된 진노의 그릇을 오래 참으심으로 관용하시고

23 또한 영광 받기로 예비하신 바 긍휼의 그릇에 대하여 그 영광의 풍성함을 알게 하고자 하셨을지라도 무슨 말을 하리요

24 이 그릇은 우리니 곧 유대인 중에서뿐 아니라 이방인 중에서도 부르신 자니라

25 호세아 글에도 이르기를 내가 내 백성 아닌 자를 내 백성이라, 사랑하지 아니한 자를 사랑한 자라 부르리라

26 너희는 내 백성이 아니라 한 그 곳에서 그들이 살아 계신 하나님의 아들이라 일컬음을 받으리라 함과 같으니라

27 또 이사야가 이스라엘에 관하여 외치되 이스라엘 자손들의 수가 비록 바다의 모래 같을지라도 남은 자만 구원을 받으리니

28 주께서 땅 위에서 그 말씀을 이루고 속히 시행하시리라 하셨느니라

29 또한 이사야가 미리 말한 바 만일 만군의 주께서 우리에게 씨를 남겨 두시지 아니하셨더면 우리가 소돔과 같이 되고 고모라와 같았으리로다 함과 같으니라

3) 형식 관찰

(1) 이 단락의 주요 단어인 '긍휼히 여기다/긍휼'(ἐλεέω/ἔλεος)은 5번 나온다(9:15, 16, 18, 23). 동의어 '불쌍히 여기다'(οἰκτίρω)는 2번 나온다(9:15).

(2) 9:15-16과 9:17-18은 평행을 이루고 있다. 말하자면, 두 경우 동일하게 먼저 구약 성경을 인용하고 다음 추론적인 결론(ἄρα οὖν)을 내리고 있다.

> 9:15-16 "모세에게 이르시되(λέγει) … 그런즉(ἄρα οὖν) …"
> 9:17-18 "성경이 바로에게 이르시되(λέγει) … 그런즉(ἄρα οὖν) …"

(3) 9:21에서 '귀히 쓸 그릇'과 '천히 쓸 그릇'이 대조를 이루고, 9:22-23에서는 '진노의 그릇'과 '긍휼의 그릇'이 대조를 이루고 있다.

4) 본문의 흐름

9:13은 오해를 불러일으킬 수 있다. 하나님이 아직 태어나지도 않은 쌍둥이 사이를 구분하여 하나는 사랑하고 다른 하나는 미워하셨다면(9:13), 우리는 하나님에 대하여 무슨 말을 해야 하는가?(9:14a) 하나님께 불의가 있는가?(9:14b) 바울은 즉각적으로 그런 의혹을 거부한다. "그럴 수 없느니라"(9:14c).

그러면 왜 하나님께 불의가 없는가? 그 이유는(γάρ) 하나님이 무엇보다도 자비와 긍휼의 하나님이시기 때문이다(9:15). 여기서 바울은 하나의 결론을 도출해 내고 있다. "그런즉(ἄρα οὖν) 원하는 자로 말미암음도 아니요 달음박질하는 자로 말미암음도 아니요 오직 긍휼히 여기시는 하나님으로 말미암음이니라."(9:16). 이 말은 하나님의 선택(구원)이 인간의 의지나 노력에 근거한 것이 아니라 오직 하나님의 자비에 근거한다는 것이다. 여기에는 인간이 모두 죄인이며 하나님의 진노의 심판 아래 있다는 사실이 전제되어 있다.

이처럼 이삭과 야곱의 선택에는 하나님의 자비와 긍휼이 드러나 있다. 바로를 세우신 것도, 비록 그가 어두운 역할을 담당하지만, 하나님의 구원하시는 능력과 주권적인 자비를 온 땅에 드러내기 위한 것이다(9:17).

지금까지 주장의 결론은 다음과 같다. "그런즉(ἄρα οὖν) 하나님께서 하고자 하시는 자를 긍휼히 여기시고 하고자 하시는 자를 강퍅하게 하시느니라"(9:18).

위 말씀(9:18)에 대해, 어떤 사람은 이렇게 항변할 수 있다. 그렇다면(οὖν), 왜 하나님은 인간의 흠을 잡으며 책망하시는가?(9:19a) 인간은 하나님의 뜻을 거역할 수 없지 않는가?(9:19b) 바울은 즉각적으로 그런 항변을 차단한다. 곧, 연약하고 유한한 인간은 감히 하나님께 말대꾸할 아무런 권리가 없다고 말한다(9:20a). 창조주 하나님은 피조물에 대해 절대 권한을 가지고 있다. 지음 받은 물건은 지은 자에게 왜 나를 이렇게 만들었느냐고 항의할 수 없다(9:20b). 토기장이가 진흙 한 덩이로 하나는 귀히 쓸 그릇을, 하나는 천히 쓸 그릇을 만들 권한을 가지고 있다(9:21). 창조주 하나님도 동일한 권한을 가지고 계신다.

그러므로 하나님이 그의 진노를 보이시고 그의 능력을 알게 하고자 하사 멸하기로 준비된 진노의 그릇을 오래 참으심으로 관용하시고, 또한 영광 받기로 예비하신 바 긍휼의 그릇에 대하여 그 영광의 풍성함을 알게 하고자 하셨을지라도, 우리는 할 말이 전혀 없다(9:22-23).

그러면 긍휼의 그릇은 누구인가? 긍휼의 그릇은 유대인 중에서뿐만 아니라 이방인 중에서도 부르심을 입은 자들이다(9:24). [64] 이것은 9:25-29에서 구약 인용으로 입증된다. 이방인이 새롭게 하나님의 백성에 포함된 것은 호세아의 예언이 실현된 것이다(9:25-26). 또한 많은 수의 이스라엘 가운데 소수의 '남은 자'만이 구원을 얻게 된 것도 이사야의 예언대로 된 것이다(9:27-29).

5) 내용 정리

9:14-18 하나님의 주권적인 자비
9:19-23 창조주 하나님의 절대 주권적 자유
9:24-29 이방인과 유대인의 남은 자를 부르심

---

[64] 구문론적으로 볼 때, 9:24는 9:23의 '긍휼의 그릇'을 설명해주는 관계대명사절이다. 그렇지만 논증의 흐름을 고려할 때, 9:24는 새로운 단락의 시작이다.

그리스도 안에 나타난 하나님의 의를 거절한 이스라엘 9:30-10:21

| 하나님의 의에 대한 이스라엘의 오해 9:30-10:4

1) 구문 분석

30 Τί οὖν ἐροῦμεν;
그런즉 우리가 무슨 말 하리요

ὅτι ἔθνη τὰ μὴ διώκοντα δικαιοσύνην
의를 좇지 아니한 이방인들이

κατέλαβεν δικαιοσύνην, δικαιοσύνην δὲ τὴν ἐκ πίστεως,
의를 얻었으니 곧 믿음에서 난 의요

31 Ἰσραὴλ δὲ διώκων νόμον δικαιοσύνης
의의 율법을 좇아간 이스라엘은

εἰς νόμον οὐκ ἔφθασεν.
율법에 이르지 못하였느니라

32 διὰ τί;
어찌 그러하냐

ὅτι οὐκ ἐκ πίστεως ἀλλ' ὡς ἐξ ἔργων·
이는 그들이 믿음에 의지하지 않고 행위에 의지함이라

προσέκοψαν τῷ λίθῳ τοῦ προσκόμματος,
그들이 부딪힐 돌에 부딪혔느니라

33 καθὼς γέγραπται,
기록된 바 ... 함과 같으니라

Ἰδοὺ τίθημι ἐν Σιὼν
보라 내가 시온에 ... 두노니

λίθον προσκόμματος καὶ πέτραν σκανδάλου,
부딪히는 돌과 거치는 반석을

καὶ ὁ πιστεύων ἐπ' αὐτῷ οὐ καταισχυνθήσεται.
저를 믿는 자는 부끄러움을 당하지 아니하리라

1 Ἀδελφοί, ἡ μὲν εὐδοκία τῆς ἐμῆς καρδίας καὶ ἡ δέησις πρὸς τὸν θεὸν
형제들아 내 마음에 원하는 바와 하나님께 구하는 바는

ὑπὲρ αὐτῶν εἰς σωτηρίαν.
이스라엘을 위함이니 곧 그들로 구원을 얻게 함이라

2 μαρτυρῶ γὰρ αὐτοῖς
내가 그들에게 증언하노니

ὅτι ζῆλον θεοῦ ἔχουσιν ἀλλ' οὐ κατ' ἐπίγνωσιν·
그들이 하나님께 열심이 있으나 지식을 좇은 것이 아니라

3 <u>ἀγνοοῦντες γὰρ τὴν τοῦ θεοῦ δικαιοσύνην</u>
<u>하나님의 의를 모르고</u>

<u>καὶ τὴν ἰδίαν [δικαιοσύνην] ζητοῦντες στῆσαι,</u>
<u>자기 의를 세우려고</u>

<u>τῇ δικαιοσύνῃ τοῦ θεοῦ οὐχ ὑπετάγησαν·</u>
<u>하나님의 의를 복종하지 아니하였느니라</u>

4 τέλος γὰρ νόμου Χριστὸς
그리스도는 율법의 마침이 되시나니

εἰς δικαιοσύνην παντὶ τῷ πιστεύοντι.
모든 믿는 자에게 의를 이루기 위하여

IV 이스라엘의 불신앙과 하나님의 의

2) 한글 본문

30 그런즉 우리가 무슨 말을 하리요 의를 따르지 아니한 이방인들이 의를 얻었으니 곧 믿음에서 난 의요
31 의의 법을 따라간 이스라엘은 율법에 이르지 못하였으니
32 어찌 그러하냐 이는 그들이 믿음을 의지하지 않고 행위를 의지함이라 부딪칠 돌에 부딪쳤느니라
33 기록된 바 보라 내가 걸림돌과 거치는 바위를 시온에 두노니 그를 믿는 자는 부끄러움을 당하지 아니하리라 함과 같으니라
1 형제들아 내 마음에 원하는 바와 하나님께 구하는 바는 이스라엘을 위함이니 곧 그들로 구원을 받게 함이라
2 내가 증언하노니 그들이 하나님께 열심이 있으나 올바른 지식을 따른 것이 아니니라
3 하나님의 의를 모르고 자기 의를 세우려고 힘써 하나님의 의에 복종하지 아니하였느니라
4 그리스도는 모든 믿는 자에게 의를 이루기 위하여 율법의 마침이 되시니라

3) 형식 관찰

(1) 이 단락에는 '의'(δικαιοσύνη)라는 핵심 단어가 8번이나 등장한다(9:30, 31; 10:3, 4).

(2) 이 단락에서 '의'(δικαιοσύνη)와 관련된 여러 표현들을 주목하라.

    9:30 '의'(δικαιοσύνη), '믿음에서 난 의'(δικαιοσύνη ἐκ πίστεως)

    9:31 '의의 율법'(νόμος δικαιοσύνης)

    10:3 '하나님의 의'(θεοῦ δικαιοσύνη), '자기 의'(ἡ ἰδία δικαιοσύν)

(3) 9:30의 이방인 이야기와 9:31-32의 이스라엘 이야기가 대조를 이루고 있다.

(4) 이스라엘의 실패 원인은 9:32와 10:3에 나타나있다.

> 9:32 그들이 믿음을 의지하지 않고
>
>   행위를 의지함이라
>
> 10:3 하나님의 의를 모르고
>
>   자기 의를 세우려고
>
>   힘써 하나님의 의에 복종하지 아니하였느니라

(5) 9:32에 나타난 '믿음'과 '행위'의 대조를 주목하라.

(6) 10:3에 나타난 '하나님의 의'와 '자기 의'의 대조를 주목하라.

4) 본문의 흐름

이제 바울은 앞서 말했던 것으로부터 결론을 내리고자 한다. "그런즉(οὖν) 우리가 무슨 말을 하리요"(9:30a). 놀랍게도, 의를 추구하지 않았던 이방인들은 믿음으로 의를 얻었다(9:30b). 그러나 의의 율법을 열정적으로 추구한 이스라엘은 자기들의 목표에 이르지 못하였다(9:31). 왜 이스라엘은 실패하였는가?(9:32a) 그 이유는(ὅτι) 그들이 의의 율법을 추구할 때 믿음을 의지하지 않고 행위를 의지했기 때문이다(9:32b). 그리하여 이스라엘은 그리스도를 믿지 못하고, 걸림돌(그리스도)에 걸려 넘어졌다(9:32c). 이스라엘은 하나님의 초대, 곧 '부딪히는 돌과 거치는 반석'으로서의 그리스도를 믿고 의지하는 자는 결코 부끄러움을 당하지 아니하리라는 초대를 받아들이지 않았던 것이다(9:33).

10:1에서 바울은 자기 마음의 소원, 곧 이스라엘의 구원을 위한 소원을 표현한다(참조. 9:3). 그리고 나서 그는 다시 이스라엘의 넘어짐을 분석한다. 분명한 사실은 이스라엘이 하나님께 열심이 있다는 것이다(10:2a). 그러나 그 열심은 올바른 지식을 따른 것이 아니다(10:2b). 왜 그런가? 그 이유는(γάρ) 그들이 그리스도 안에 나타난 하나님의 의를 모르고 자기 의를 세우려고, 힘써 하나님의 의에 복종하지 않았기 때문이다(10:3). 그리스도는 모든 믿는 자에게 의를 이루기 위하여 율법의 마침이 되신다(10:4). 율법 백성이라고 해서 자동적으로 하나님의 백성으로 인정받던 시대는 이미 지나갔다.

5) 내용 정리

9:30-31 이방인과 이스라엘의 현 상황

9:32-33 이스라엘의 넘어짐

10:1 이스라엘의 구원을 위한 바울의 소원

10:2-3 이스라엘의 잘못된 열심

10:4 그리스도는 율법의 마침이시다

율법으로 말미암는 의와 믿음으로 말미암는 의 10:5-13

1) 구문 분석

5 Μωϋσῆς γὰρ γράφει τὴν δικαιοσύνην τὴν ἐκ [τοῦ] νόμου ὅτι
모세가 율법으로 말미암는 의에 대하여 기록하되 … 하였거니와

   ὁ ποιήσας αὐτὰ ἄνθρωπος ζήσεται ἐν αὐτοῖς.
   이것들을 행하는 사람은 그것들로 살리라

6 ἡ δὲ ἐκ πίστεως δικαιοσύνη οὕτως λέγει,
그러나 믿음으로 말미암는 의는 이같이 말하되

   Μὴ εἴπῃς ἐν τῇ καρδίᾳ σου,
   네 마음에 … 말하지 말라

      Τίς ἀναβήσεται εἰς τὸν οὐρανόν;
      누가 하늘에 올라가겠느냐

         τοῦτ᾽ ἔστιν Χριστὸν καταγαγεῖν·
         (이것은 그리스도를 모셔 내리려는 것이요)

7   ἤ, Τίς καταβήσεται εἰς τὴν ἄβυσσον;
     혹 누가 음부에 내려가겠느냐

         τοῦτ᾽ ἔστιν Χριστὸν ἐκ νεκρῶν ἀναγαγεῖν.
         (이것은 그리스도를 죽은 자 가운데서 모셔 올리려는 것이라)

8 ἀλλὰ τί λέγει;
그러면 무엇을 말하느냐

   Ἐγγύς σου τὸ ῥῆμά ἐστιν
   말씀이 네게 가까와

      ἐν τῷ στόματί σου καὶ ἐν τῇ καρδίᾳ σου,
      네 입에 있으며 네 마음에 있다 하였으니

τοῦτ' ἔστιν τὸ ῥῆμα τῆς πίστεως ὃ κηρύσσομεν.
곧 우리가 전파하는 믿음의 말씀이라

9 ὅτι ἐὰν ὁμολογήσῃς ἐν τῷ στόματί σου κύριον Ἰησοῦν
네가 만일 네 입으로 예수를 주로 고백하며

καὶ πιστεύσῃς ἐν τῇ καρδίᾳ σου
또 네 마음에 믿으면

ὅτι ὁ θεὸς αὐτὸν ἤγειρεν ἐκ νεκρῶν,
하나님께서 그를 죽은 자 가운데서 살리신 것을

σωθήσῃ·
네가 구원을 얻으리라

10 καρδίᾳ γὰρ πιστεύεται εἰς δικαιοσύνην,
사람이 마음으로 믿어 의에 이르고

στόματι δὲ ὁμολογεῖται εἰς σωτηρίαν.
입으로 고백하여 구원에 이르느니라

11 λέγει γὰρ ἡ γραφή,
성경이 이르되 ... 하니라

Πᾶς ὁ πιστεύων ἐπ' αὐτῷ οὐ καταισχυνθήσεται.
누구든지 저를 믿는 자는 부끄러움을 당하지 아니하리라

12 οὐ γάρ ἐστιν διαστολὴ Ἰουδαίου τε καὶ Ἕλληνος,
유대인이나 헬라인이나 차별이 없음이라

ὁ γὰρ αὐτὸς κύριος πάντων,
한 주께서 모든 사람의 주가 되사

πλουτῶν εἰς πάντας τοὺς ἐπικαλουμένους αὐτόν·
저를 부르는 모든 사람에게 부요하시도다

13 Πᾶς γὰρ ὃς ἂν ἐπικαλέσηται τὸ ὄνομα κυρίου σωθήσεται.
누구든지 주의 이름을 부르는 자는 구원을 얻으리라

2) 한글 본문

5 모세가 기록하되 율법으로 말미암는 의를 행하는 사람은 그 의로 살리라 하였거니와

6 믿음으로 말미암는 의는 이같이 말하되 네 마음에 누가 하늘에 올라가겠느냐 하지 말라하니 올라가겠느냐 함은 그리스도를 모셔 내리려는 것이요

7 혹은 누가 무저갱에 내려가겠느냐 하지 말라 하니 내려가겠느냐 함은 그리스도를 죽은자 가운데서 모셔 올리려는 것이라

8 그러면 무엇을 말하느냐 말씀이 네게 가까워 네 입에 있으며 네 마음에 있다 하였으니 곧 우리가 전파하는 믿음의 말씀이라

9 네가 만일 네 입으로 예수를 주로 시인하며 또 하나님께서 그를 죽은 자 가운데서 살리신 것을 네 마음에 믿으면 구원을 받으리라

10 사람이 마음으로 믿어 의에 이르고 입으로 시인하여 구원에 이르느니라

11 성경에 이르되 누구든지 그를 믿는 자는 부끄러움을 당하지 아니하리라 하니

12 유대인이나 헬라인이나 차별이 없음이라 한 분이신 주께서 모든 사람의 주가 되사 그를 부르는 모든 사람에게 부요하시도다

13 누구든지 주의 이름을 부르는 자는 구원을 받으리라

3) 형식 관찰

(1) 10:5-7에 '율법으로 말미암는 의'와 '믿음으로 말미암는 의'가 대조되어 있다.

(2) 이 단락에는 '믿음/믿는다'(πίστις/πιστεύω)는 단어가 5번 나온다(10:6, 8, 9, 10, 11). 이와 관련하여 '고백하다'(ὁμολογέω)는 단어는 2번(10:9, 10), 그리고 '부르다'(ἐπικαλέω)는 단어는 2번(10:12, 13) 등장한다.

(3) 10:9-10이 교차대구법적으로 구성되어 있다.

  A 네가 만일 네 입으로 예수를 주로 시인하며

　　　　B 또 하나님께서 그를 죽은 자 가운데서 살리신 것을 네 <u>마음에 믿으면</u> 구원을 받으리라

　　　　B' 사람이 <u>마음으로 믿어</u> 의에 이르고

　　　　A' <u>입으로 시인하여</u> 구원에 이르느니라

(4) 10:10에는 '의'(δικαιοσύνη)와 '구원'(σωτηρία)이 평행을 이루며 거의 동의어로 사용되고 있다.

(5) 이 단락에서 구원이 모두 미래 사건으로 제시되어 있다(10:9, 10, 13). 이와 관련하여 예수님이 3번이나 주(κύριος)로 제시되어 있는 것이 특징적이다(10:9, 12, 13).

4) 본문의 흐름

10:5-8은 10:4에서 주장된 명제에 대한 설명이다. 10:5가 γάρ(for)로 시작되는 것을 주목하라. 시내산 언약의 의무 아래서 이스라엘이 추구한 '율법으로 말미암는 의'에 대하여, 모세는 율법을 행하는 자는 그 의로 살리라고 말했다(10:5). 그러나 아무도 율법을 지키지 못하여, 의에 이르지 못한다. '율법으로 말미암는 의'와는 반대로, '믿음으로 말미암는 의'는 우리에게 그리스도를 모셔 내리기 위하여 하늘에까지 올라가거나 또는 그리스도를 죽은 자들 가운데서 모셔 올리기 위하여 음부까지 내려가기를 요구하지 않는다(10:6-7). 하나님은 이미 그리스도를 이 세상에 보내셨고 또한 그리스도를 죽은 자들 가운데서 살리셨다. 그리고 그리스도는 온 세상에 선포되었다. 따라서 믿음의 말씀은 우리에게 가까이 있다(10:8).

참된 믿음은 예수를 주(the Lord)라고 고백하는 것과 하나님이 그를 죽은 자 가운데서 살리신 것을 믿는 것이다(10:9). 사람이 마음으로 믿고 입으로 고백하는 것은 구원받기 위하여 꼭 필요하다(10:10). 왜 구원을 위해 믿음이 필요한가? 그 이유는(γάρ) 성경(구약)이 누구든지 그를 믿는 자는 부끄러움을 당하지 아니하리라고 말하고 있기 때문이다(10:11). 왜 믿는 자는 누구나(심지어 이방인도) 부끄러움을 당하지 않는가? 그 이유는(γάρ) 유대인이나 헬라인이나 차별이 없기 때문이다(10:12a). 왜 유대인이나 헬라인이나 차별이 없는가? 그 이유는(γάρ) 한 분이신 주께서 모든 사람의 주가 되사, 그를 부르는 모든 사람에게 풍성한 은혜를 베푸시기

때문이다(10:12b). 왜 주께서는 그를 부르는 모든 사람에게 부요하시는가? 그 이유는(γάρ) 누구든지 주의 이름을 부르는 자는 모두 마지막 때에 구원을 받을 것이기 때문이다(10:13).

5) 내용 정리

10:5 율법으로 말미암는 의

10:6-8 믿음으로 말미암는 의

10:9-10 믿음의 말씀

10:11-13 구원의 보편성

| **복음에 대한 이스라엘의 불순종 10:14-21**

1) 구문 분석

14 Πῶς οὖν ἐπικαλέσωνται εἰς ὃν οὐκ ἐπίστευσαν;
그런즉 그들이 믿지 아니하는 이를 어찌 부르리요

πῶς δὲ πιστεύσωσιν οὗ οὐκ ἤκουσαν;
듣지도 못한 이를 어찌 믿으리요

πῶς δὲ ἀκούσωσιν χωρὶς κηρύσσοντος;
전파하는 자가 없이 어찌 들으리요

15 πῶς δὲ κηρύξωσιν ἐὰν μὴ ἀποσταλῶσιν;
보내심을 받지 아니하였으면 어찌 전파하리요

καθὼς γέγραπται,
기록된 바 … 함과 같으니라

Ὡς ὡραῖοι οἱ πόδες τῶν εὐαγγελιζομένων [τὰ] ἀγαθά
아름답도다 좋은 소식을 전하는 자들의 발이여

16 Ἀλλ' οὐ πάντες ὑπήκουσαν τῷ εὐαγγελίῳ.
그러나 모든 사람이 다 복음을 순종하지 아니하였도다

Ἠσαΐας γὰρ λέγει,
이사야가 이르되 … 하였으니

Κύριε, τίς ἐπίστευσεν τῇ ἀκοῇ ἡμῶν;
주여 우리의 전하는 바를 누가 믿었나이까

17 ἄρα ἡ πίστις ἐξ ἀκοῆς,
그러므로 믿음은 들음에서 나며

ἡ δὲ ἀκοὴ διὰ ῥήματος Χριστοῦ.
들음은 그리스도의 말씀으로 말미암느니라

18 ἀλλὰ λέγω,
그러나 내가 말하노니

    μὴ οὐκ ἤκουσαν;
    그들이 듣지 아니하였느냐

μενοῦνγε·
그렇지 아니하다

Εἰς πᾶσαν τὴν γῆν ἐξῆλθεν ὁ φθόγγος αὐτῶν
그 소리가 온 땅에 퍼졌고

καὶ εἰς τὰ πέρατα τῆς οἰκουμένης τὰ ῥήματα αὐτῶν.
그 말씀이 땅 끝까지 이르렀도다 (하였느니라)

19 ἀλλὰ λέγω,
그러나 내가 말하노니

    μὴ Ἰσραὴλ οὐκ ἔγνω;
    이스라엘이 알지 못하였느냐

πρῶτος Μωϋσῆς λέγει,
먼저 모세가 이르되... 하였고

    Ἐγὼ παραζηλώσω ὑμᾶς ἐπ' οὐκ ἔθνει,
    내가 백성 아닌 자로써 너희를 시기나게 하며

    ἐπ' ἔθνει ἀσυνέτῳ παροργιῶ ὑμᾶς.
    미련한 백성으로써 너희를 노엽게 하리라

20 Ἠσαΐας δὲ ἀποτολμᾷ καὶ λέγει,
또한 이사야가 매우 담대하여 이르되... 하였고

    Εὑρέθην [ἐν] τοῖς ἐμὲ μὴ ζητοῦσιν,
    내가 나를 구하지 아니하는 자들에게 찾은 바 되고

    ἐμφανὴς ἐγενόμην τοῖς ἐμὲ μὴ ἐπερωτῶσιν.
    내게 묻의하지 아니하는 자들에게 나타났노라

21 πρὸς δὲ τὸν Ἰσραὴλ λέγει,
이스라엘을 대하여 이르되... 하셨느니라

Ὅλην τὴν ἡμέραν ἐξεπέτασα τὰς χεῖράς μου
내가 종일 내 손을 벌렸노라

πρὸς λαὸν ἀπειθοῦντα καὶ ἀντιλέγοντα.
순종하지 아니하고 거슬러 말하는 백성에게

2) 한글 본문

14 그런즉 그들이 믿지 아니하는 이를 어찌 부르리요 듣지도 못한 이를 어찌 믿으리요 전파하는 자가 없이 어찌 들으리요

15 보내심을 받지 아니하였으면 어찌 전파하리요 기록된 바 아름답도다 좋은 소식을 전하는 자들의 발이여 함과 같으니라

16 그러나 그들이 다 복음을 순종하지 아니하였도다 이사야가 가로되 주여 우리의 전한 것을 누가 믿었나이까 하였으니

17 그러므로 믿음은 들음에서 나며 들음은 그리스도의 말씀으로 말미암았느니라

18 그러나 내가 말하노니 그들이 듣지 아니하였느냐 그렇지 아니하니 그 소리가 온 땅에 퍼졌고 그 말씀이 땅 끝까지 이르렀도다 하였느니라

19 그러나 내가 말하노니 이스라엘이 알지 못하였느냐 먼저 모세가 이르되 내가 백성 아닌 자로써 너희를 시기하게 하며 미련한 백성으로써 너희를 노엽게 하리라 하였고

20 이사야는 매우 담대하여 내가 나를 찾지 아니한 자들에게 찾은 바 되고 내게 묻지 아니한 자들에게 나타났노라 말하였고

21 이스라엘을 대하여 이르되 순종하지 아니하고 거슬러 말하는 백성에게 내가 종일 내 손을 벌렸노라 하였느니라

3) 형식 관찰

(1) 10:14-15에 수사학적인 연쇄 추론 양식이 나타나 있다.

(2) 10:16에 나타난 이스라엘의 문제는 근본적으로 복음에 대한 불순종이다.

(3) 이스라엘이 자신의 불순종에 대한 책임을 모면하지 못하도록, 바울은 두 가지 질문을 던지고 그것에 답변한다. 첫 번째 질문과 답변은 10:18에, 두 번째 질문과 답변은 10:19-20에 나타난다. 그리고 10:21에서 바울은 이스라엘이 '순종하지 아니하고 거슬러 말하는 백성'이라고 말한다.

4) 본문의 흐름

바울은 이제 9:30-10:13에서 말한 것으로부터 결론을 이끌어내기 시작한다.

바로 앞 절에서 바울은 우리가 구원을 받으려면 반드시 주의 이름을 불러야 한다고 주장했다(10:13). 그러면 우리가 주의 이름을 부르게 되기 위해서는, 그 전에 어떤 일들이 있어야 하는가? 10:14-15에서 바울은 수사학적인 연쇄 추론 양식을 사용하여 말한다. 곧, 믿지 아니하는 이를 주라고 부를 수 없고, 듣지도 못한 이를 믿을 수 없고, 전파하는 자가 없이 들을 수 없고, 보내심을 받지 아니하고는 전파할 수 없다고 말한다. 달리 말하면, 보내심을 받지 않았다면, 전파하고, 듣고, 믿고, 부를 수 없다는 것이다.

보내심은 이미 이루어졌다. 사도들과 선교사들은 예루살렘에서 시작하여 로마에 이르기까지 널리 복음을 전파하였다. 그런데 대다수의 이스라엘은 복음을 순종하지 아니하였다(10:16a). 이런 불순종은 선지자 이사야에 의해 이미 예언된 것이다. "누가 우리의 전하는 바를 믿었나이까"(10:16b). 한마디로 말하면, 이스라엘은 들었지만 믿지 않았다.

지금까지의 요점을 정리하면(ἄρα), 믿음은 들음에서 나며 들음은 그리스도의 말씀으로 말미암는다(10:17).

이스라엘은 분명히 복음을 들었다(10:18a). 복음이 지중해 세계에 편만하게 선포되었기 때문에, 이스라엘이 그것을 듣지 못하였다는 변명은 할 수 없다(10:18b).

그러면 이스라엘이 듣기는 들었으나, 알지 못하였는가?(10:19a) 구약 예언에 근거해서 판단해 볼 때, 이스라엘이 은혜의 복음과 이방인을 위한 하나님의 구원 계획을 전혀 몰랐다는 것은 말도 안 된다. 모세는 이방인이 이스라엘에게 약속하신 구원에 참여하는 것이 이스라엘의 시기와 분노를 일으킬 것이라고 말하였고(10:19b), 이사야는 하나님이 그를 찾지 아니한 이방인들에게 자신을 나타내실 것이라고 담대히 말하였기 때문이다(10:20). 그렇다면, 이스라엘은 알지 못했다고 말할 수 없다. 이스라엘은 순종하지 아니하고 거슬러 말하는 백성인데, 하나님은 그런 이스라엘에게 종일 손을 벌리고 계셨다(10:21).

5) 내용 정리

10:14-15 개종의 과정
10:16-17 이스라엘의 불순종
10:18 이스라엘이 듣지 않은 것이 아니다
10:19-20 이스라엘이 알지 못한 것이 아니다
10:21 이스라엘은 순종하지 아니하고 거슬러 말하는 백성이다

이스라엘을 위한 하나님의 자비로운 계획 11:1-32

이스라엘의 남은 자 11:1-10

1) 구문 분석

1 Λέγω οὖν,
그러므로 내가 말하노니

  μὴ ἀπώσατο ὁ θεὸς τὸν λαὸν αὐτοῦ;
  하나님이 자기 백성을 버리셨느냐

μὴ γένοιτο·
그럴 수 없느니라

καὶ γὰρ ἐγὼ Ἰσραηλίτης εἰμί,
나도 이스라엘인이요

ἐκ σπέρματος Ἀβραάμ, φυλῆς Βενιαμίν.
아브라함의 씨에서 난 자요 베냐민 지파라

2 οὐκ ἀπώσατο ὁ θεὸς τὸν λαὸν αὐτοῦ ὃν προέγνω.
하나님이 그 미리 아신 자기 백성을 버리지 아니하셨느니라

ἢ οὐκ οἴδατε ἐν Ἠλίᾳ τί λέγει ἡ γραφή,
너희가 성경이 엘리야를 가리켜 말한 것을 알지 못하느냐

  ὡς ἐντυγχάνει τῷ θεῷ κατὰ τοῦ Ἰσραήλ;
  저가 이스라엘을 하나님께 고발하되 … 하니

3   Κύριε, τοὺς προφήτας σου ἀπέκτειναν,
    주여 그들이 주의 선지자들을 죽였으며

    τὰ θυσιαστήριά σου κατέσκαψαν,
    주의 제단들을 헐어버렸고

    κἀγὼ ὑπελείφθην μόνος
    나만 남았는데

    καὶ ζητοῦσιν τὴν ψυχήν μου.
    내 목숨도 찾나이다

4   ἀλλὰ τί λέγει αὐτῷ ὁ χρηματισμός;
    저에게 하신 대답이 무엇이냐

    Κατέλιπον ἐμαυτῷ ἑπτακισχιλίους ἄνδρας,
    내가 나를 위하여 사람 칠천을 남겨 두었다 하셨으니

    οἵτινες οὐκ ἔκαμψαν γόνυ τῇ Βάαλ.
    바알에게 무릎을 꿇지 아니한 (사람)

5   <u>οὕτως οὖν καὶ ἐν τῷ νῦν καιρῷ λεῖμμα κατ' ἐκλογὴν χάριτος γέγονεν·</u>
    그런즉 이와 같이 이제도 은혜로 택하심을 따라 남은 자가 있느니라

6   εἰ δὲ χάριτι,
    만일 은혜로 된 것이면

    οὐκέτι ἐξ ἔργων,
    행위로 말미암지 않음이니

    ἐπεὶ ἡ χάρις οὐκέτι γίνεται χάρις.
    그렇지 않으면65) 은혜가 은혜되지 못하느니라

7   τί οὖν;
    그런즉 어떠하냐

    <u>ὃ ἐπιζητεῖ Ἰσραήλ, τοῦτο οὐκ ἐπέτυχεν,</u>
    이스라엘이 구하는 그것을 얻지 못하고

---

65) ἐπεί는 for otherwise를 의미한다(BDAG, "ἐπεί," 2).

ἡ δὲ ἐκλογὴ ἐπέτυχεν·
오직 택하심을 입은 자가 얻었고

οἱ δὲ λοιποὶ ἐπωρώθησαν,
그 남은 자들은 완악하여졌느니라

8 καθὼς γέγραπται,
기록된 바 ... 함과 같으니라

    Ἔδωκεν αὐτοῖς ὁ θεὸς
    하나님이 그들에게 주셨다

        πνεῦμα κατανύξεως,
        혼미한 영과

        ὀφθαλμοὺς τοῦ μὴ βλέπειν
        보지 못할 눈과

        καὶ ὦτα τοῦ μὴ ἀκούειν,
        듣지 못할 귀를

    ἕως τῆς σήμερον ἡμέρας.
    오늘날까지

9 καὶ Δαυὶδ λέγει,
또 다윗이 이르되 ... 하였느니라

    Γενηθήτω ἡ τράπεζα αὐτῶν
    그들의 밥상이 ... 되게 하옵시고

        εἰς παγίδα
        올무와

        καὶ εἰς θήραν
        덫과

        καὶ εἰς σκάνδαλον
        거치는 것과

        καὶ εἰς ἀνταπόδομα αὐτοῖς,
        보응이

10   σκοτισθήτωσαν οἱ ὀφθαλμοὶ αὐτῶν τοῦ μὴ βλέπειν
     그들의 눈은 흐려 보지 못하고

   καὶ τὸν νῶτον αὐτῶν διὰ παντὸς σύγκαμψον.
   그들의 등은 항상 굽게 하옵소서

2) 한글 본문

1 그러므로 내가 말하노니 하나님이 자기 백성을 버리셨느냐 그럴 수 없느니라 나도 이스라엘인이요 아브라함의 씨에서 난 자요 베냐민 지파라

2 하나님이 그 미리 아신 자기 백성을 버리지 아니하셨나니 너희가 성경이 엘리야를 가리켜 말한 것을 알지 못하느냐 그가 이스라엘을 하나님께 고발하되

3 주여 그들이 주의 선지자들을 죽였으며 주의 제단들을 헐어 버렸고 나만 남았는데 내 목숨도 찾나이다 하니

4 그에게 하신 대답이 무엇이냐 내가 나를 위하여 바알에게 무릎을 꿇지 아니한 사람 칠천을 남겨 두었다 하셨으니

5 그런즉 이와 같이 지금도 은혜로 택하심을 따라 남은 자가 있느니라

6 만일 은혜로 된 것이면 행위로 말미암지 않음이니 그렇지 않으면 은혜가 은혜 되지 못하느니라

7 그런즉 어떠하냐 이스라엘이 구하는 그것을 얻지 못하고 오직 택하심을 입은 자가 얻었고 그 남은 자들은 우둔하여졌느니라

8 기록된 바 하나님이 오늘날까지 그들에게 혼미한 심령과 보지 못할 눈과 듣지 못할 귀를 주셨다 함과 같으니라

9 또 다윗이 이르되 그들의 밥상이 올무와 덫과 거치는 것과 보응이 되게 하옵시고

10 그들의 눈은 흐려 보지 못하고 그들의 등은 항상 굽게 하옵소서 하였느니라

3) 형식 관찰

(1) 11:1-6은 "하나님이 자기 백성을 버리셨느냐?"라는 질문으로 시작되면서 변증적인 성

격을 가지고, 11:7-10은 "그런즉 어떠하냐"라는 질문으로 시작되면서 논쟁적 성격을 가진다.

 (2) 11:1-6에서 바울의 핵심적인 주장은 11:2, 5이고, 11:7-10에서 핵심적인 주장은 11:7이다.

 (3) 11:2와 11:5는 평행을 이루고 있다.

4) 본문의 흐름

바로 위에서 본 바와 같이, 이스라엘의 실패, 곧 이스라엘이 분명히 복음을 들었지만 복음을 순종하지 않은 것은 구약 선지자들의 예언대로 된 것이다.

 그렇다면(οὖν), 하나님이 자기 백성을 버리셨는가?(11:1a) 바울은 이 질문을 아주 강하게 부정한다. "그럴 수 없느니라"(11:1b).

 11:1c-6은 하나님이 자기 백성을 버리지 아니하셨다는 주장의 근거를 말한다(γάρ). 먼저, 바울은 이스라엘인으로서 그리스도를 믿는 자기 자신을 언급한다(11:1c). 여기서 바울은 결론을 이끌어낸다. "하나님이 그 미리 아신 자기 백성을 버리지 아니하셨나니"(11:2a).

 바울은 하나님이 자기 백성을 버리지 아니하셨다는 것을 입증하기 위하여 엘리야 이야기도 꺼낸다(11:2b). 엘리야는 이스라엘이 선지자들을 다 죽이고, 자기 한 명만 남았는데 자기 목숨도 찾는다고 하나님께 고발하였다(11:2c-3). 그러나 하나님은 바알에게 무릎을 꿇지 아니한 사람 칠천 명을 남겨 두었다고 대답하셨다(11:4). 마찬가지로, 지금도 은혜로 택하심을 따라 남은 자 곧 유대인 그리스도인들이 있다(11:5). 만일 그들이 은혜로 택하심을 받은 것이라면, 행위에 근거한 것이 아니다(11:6a). 그렇지 않다면, 은혜가 은혜 되지 못한다(11:6b).

 지금까지의 논증(9:30-11:6)을 한 마디로 정리하면, 이스라엘은 그들이 구하는 의를 얻지 못하고, 오직 택하심을 입은 자가 얻었고, 그 남은 자들은 우둔하여졌다(11:7). 대다수의 이스라엘이 완악하여진 것은 새로운 사실이 아니다. 모세가 말한 바와 같이, 하나님이 오늘까지 이스라엘에게 혼미한 심령과 보지 못할 눈과 듣지 못할 귀를 주셨다(11:8). 뿐만 아니라, 메시아를 대적한 자에게 내리기를 기원하는 다윗의 저주가 이스라엘에게 임하였다. 말하자면, 성전에서 속죄 제사를 드리는 제단이 걸림돌이 되어 그리스도의 십자가에 이르는 길을 막았고(11:9), 그들의 눈은 어두워져서 보지 못하게 되었고, 그들은 율법 아래 종 노릇 하는 노예가 된 것이다(11:10).

5) 내용 정리

11:1a,b 하나님은 이스라엘을 버리지 아니했다
11:1c-6 하나님이 이스라엘을 버리지 아니했다는 주장의 근거
11:7 지금까지 논증의 요약
11:8-10 대다수 이스라엘이 완악해진 것에 대한 구약 성경의 증언

이스라엘의 회복에 대한 소망 11:11-24

1) 구문 분석

11 Λέγω οὖν,
그러므로 내가 말하노니

    μὴ ἔπταισαν ἵνα πέσωσιν;
    그들이 넘어지기까지 실족하였느냐

μὴ γένοιτο·
그럴 수 없느니라

ἀλλὰ τῷ αὐτῶν παραπτώματι ἡ σωτηρία τοῖς ἔθνεσιν
그들의 넘어짐으로 구원이 이방인에게 이르러

    εἰς τὸ παραζηλῶσαι αὐτούς.
    이스라엘로 시기나게 함이니라

12 εἰ δὲ τὸ παράπτωμα αὐτῶν πλοῦτος κόσμου
그들의 넘어짐이 세상의 부요함이 되며

καὶ τὸ ἥττημα αὐτῶν πλοῦτος ἐθνῶν,
그들의 실패가 이방인의 부요함이 되거든

πόσῳ μᾶλλον τὸ πλήρωμα αὐτῶν.
하물며 그들의 충만함이리요

13 Ὑμῖν δὲ λέγω τοῖς ἔθνεσιν·
내가 이방인인 너희에게 말하노라

    ἐφ' ὅσον μὲν οὖν εἰμι ἐγὼ ἐθνῶν ἀπόστολος,
    내가 이방인의 사도인 만큼

    τὴν διακονίαν μου δοξάζω,
    내 직분을 영광스럽게 여기노라

14 εἴ πως παραζηλώσω μου τὴν σάρκα
이는66) 곧 내 골육을 아무쪼록 시기하게 하여

καὶ σώσω τινὰς ἐξ αὐτῶν.
그들 중에서 얼마를 구원하려 함이라67)

15 εἰ γὰρ ἡ ἀποβολὴ αὐτῶν καταλλαγὴ κόσμου,
그들을 버리는 것이 세상의 화목이 되거든

τίς ἡ πρόσλημψις εἰ μὴ ζωὴ ἐκ νεκρῶν;
그 받아들이는 것이 죽은 자 가운데서 사는 것이 아니면 무엇이리요

16 εἰ δὲ ἡ ἀπαρχὴ ἁγία,
제사하는 처음 익은 곡식 가루가 거룩한즉

καὶ τὸ φύραμα·
떡덩이도 그러하고

καὶ εἰ ἡ ῥίζα ἁγία,
뿌리가 거룩한즉

καὶ οἱ κλάδοι.
가지도 그러하니라

17 Εἰ δέ τινες τῶν κλάδων ἐξεκλάσθησαν,
또한 가지 얼마가 꺾여졌는데

σὺ δὲ ἀγριέλαιος ὢν ἐνεκεντρίσθης ἐν αὐτοῖς
돌감람나무인 네가 그들 중에 접붙임이 되어

καὶ συγκοινωνὸς τῆς ῥίζης τῆς πιότητος τῆς ἐλαίας ἐγένου,
참감람나무 뿌리의 진액을 함께 받는 자 되었은즉

18 μὴ κατακαυχῶ τῶν κλάδων·
그 가지들을 향하여 자긍하지 말라

---

66) εἰ의 의미에 대해선 BDAG, "εἰ," 6. l 참조하라.
67) NRSV는 11:14를 다음과 같이 번역한다. "in order to make my own people jealous, and thus save some of them."

εἰ δὲ κατακαυχᾶσαι
자긍할지라도

οὐ σὺ τὴν ῥίζαν βαστάζεις ἀλλὰ ἡ ῥίζα σέ.
네가 뿌리를 보전하는 것이 아니요 뿌리가 너를 보전하는 것이니라

19 ἐρεῖς οὖν,
그러면 네가 … 말하리니

Ἐξεκλάσθησαν κλάδοι ἵνα ἐγὼ ἐγκεντρισθῶ.
가지들이 꺾이운 것은 나로 접붙임을 받게 하려 함이라

20 καλῶς·
옳도다

τῇ ἀπιστίᾳ ἐξεκλάσθησαν,
그들은 믿지 아니하므로 꺾이우고

σὺ δὲ τῇ πίστει ἕστηκας.
너는 믿음으로 섰느니라

μὴ ὑψηλὰ φρόνει ἀλλὰ φοβοῦ·
높은 마음을 품지 말고 도리어 두려워하라

21 εἰ γὰρ ὁ θεὸς τῶν κατὰ φύσιν κλάδων οὐκ ἐφείσατο,
하나님이 원 가지들도 아끼지 아니하셨은즉

[μή πως] οὐδὲ σοῦ φείσεται.
너도 아끼지 아니하시리라

22 ἴδε οὖν χρηστότητα καὶ ἀποτομίαν θεοῦ·
그러므로 하나님의 인자와 엄위를 보라

ἐπὶ μὲν τοὺς πεσόντας ἀποτομία,
넘어지는 자들에게는 엄위가 있으나

ἐπὶ δὲ σὲ χρηστότης θεοῦ,
하나님의 인자가 너희에게 있으리라

Ⅳ 이스라엘의 불신앙과 하나님의 의

ἐὰν ἐπιμένῃς τῇ χρηστότητι,
너희가 만일 그 인자에 거하면

ἐπεὶ καὶ σὺ ἐκκοπήσῃ.
그렇지 않으면 너도 찍히는 바 되리라

23 κἀκεῖνοι δέ, ἐὰν μὴ ἐπιμένωσιν τῇ ἀπιστίᾳ, ἐγκεντρισθήσονται·
그러나 그들도 믿지 아니하는 데 거하지 아니하면 접붙임을 얻으리니

δυνατὸς γάρ ἐστιν ὁ θεὸς πάλιν ἐγκεντρίσαι αὐτούς.
이는 그들을 접붙이실 능력이 하나님께 있음이라

24 εἰ γὰρ σὺ ἐκ τῆς κατὰ φύσιν ἐξεκόπης ἀγριελαίου
네가 원 돌감람나무에서 찍힘을 받고

καὶ παρὰ φύσιν ἐνεκεντρίσθης εἰς καλλιέλαιον,
본성을 거슬러 좋은 감람나무에 접붙임을 얻었은즉

πόσῳ μᾶλλον οὗτοι οἱ κατὰ φύσιν ἐγκεντρισθήσονται τῇ ἰδίᾳ ἐλαίᾳ.
원 가지인 이 사람들이야 얼마나 더 자기 감람나무에 접붙이심을 얻으랴

2) 한글 본문

11 그러므로 내가 말하노니 그들이 넘어지기까지 실족하였느냐 그럴 수 없느니라 그들이 넘어짐으로 구원이 이방인에게 이르러 이스라엘로 시기나게 함이니라

12 그들의 넘어짐이 세상의 풍성함이 되며 그들의 실패가 이방인의 풍성함이 되거든 하물며 그들의 충만함이리요

13 내가 이방인인 너희에게 말하노라 내가 이방인의 사도인 만큼 내 직분을 영광스럽게 여기노니

14 이는 혹 내 골육을 아무쪼록 시기하게 하여 그들 중에서 얼마를 구원하려 함이라

15 그들을 버리는 것이 세상의 화목이 되거든 그 받아들이는 것이 죽은 자 가운데서 살아나는 것이 아니면 무엇이리요

16 제사하는 처음 익은 곡식 가루가 거룩한즉 떡덩이도 그러하고 뿌리가 거룩한즉 가지도 그러하니라

17 또한 가지 얼마가 꺾이었는데 돌감람나무인 네가 그들 중에 접붙임이 되어 참감람나무 뿌리의 진

액을 함께 받는 자 되었은즉

18 그 가지들을 향하여 자랑하지 말라 자랑할지라도 네가 뿌리를 보전하는 것이 아니요 뿌리가 너를 보전하는 것이니라

19 그러면 네 말이 가지들이 꺾인 것은 나로 접붙임을 받게 하려 함이라 하리니

20 옳도다 그들은 믿지 아니하므로 꺾이고 너는 믿으므로 섰느니라 높은 마음을 품지 말고 도리어 두려워하라

21 하나님이 원 가지들도 아끼지 아니하셨은즉 너도 아끼지 아니하시리라

22 그러므로 하나님의 인자하심과 준엄하심을 보라 넘어지는 자들에게는 준엄하심이 있으니 너희가 만일 하나님의 인자하심에 머물러 있으면 그 인자가 너희에게 있으리라 그렇지 않으면 너도 찍히는 바 되리라

23 그들도 믿지 아니하는 데 머무르지 아니하면 접붙임을 받으리니 이는 그들을 접붙이실 능력이 하나님께 있음이라

24 네가 원 돌감람나무에서 찍힘을 받고 본성을 거슬러 좋은 감람나무에 접붙임을 받았으니 원 가지인 이 사람들이야 얼마나 더 자기 감람나무에 접붙이심을 받으랴

3) 형식 관찰

(1) 11:11-12와 11:13-15가 평행적으로 구성되어 있는 것을 주목하라. 11:11과 11:14의 핵심 단어는 공히 '시기하게 하다'($παραζηλόω$)이고, 11:12와 11:15는 현저한 평행이다.

그들의 넘어짐이 세상의 풍성함이 되며
그들의 실패가 이방인의 풍성함이 되거든
하물며 그들의 충만함이리요 (11:12)

그들을 버리는 것이 세상의 화목이 되거든
그 받아들이는 것이 죽은 자 가운데서 살아나는 것이 아니면 무엇이리요 (11:15)

(2) 11:17-24에 '접붙이다'(ἐγκεντρίζω)라는 단어가 6번 나온다(11:17, 19, 23, 24).

4) 본문의 흐름

유대인 그리스도인들이라는 소수의 '남은 자'가 있기는 하지만, 대다수의 이스라엘은 완악하게 되어 복음을 깨닫지 못하고 있다. 그렇다면(οὖν), 이스라엘이 넘어져서 완전히 멸망하게 되었는가?(11:11a). 바울은 즉시 그 가능성을 강하게 부정한다. "그럴 수 없느니라"(11:11b). 대다수의 이스라엘이 넘어진 것은 사실이다. 그러나 그것은 이스라엘이 넘어짐으로 구원이 이방인에게 이르러, 이스라엘로 시기나게 하려는 것이다(11:11c). 이 말은 이방인의 구원은 결국 이스라엘의 구원의 방편이라는 인상을 줄 수가 있다. 그래서 바울은 11:12에서 먼저는 이스라엘의 넘어짐이 이방인에게 큰 유익을 주었고, 그 다음에는 이스라엘의 최종적인 회심이 이방인에게 더 큰 유익을 가져다줄 것이라고 말한다. "그들의 넘어짐이 세상의 풍성함이 되며 그들의 실패가 이방인의 풍성함이 되거든 하물며 그들의 충만함이리요"(11:12).

이런 하나님의 계획 속에서, 바울은 이방인의 사도로서 자기 직분을 영광스럽게 생각한다(11:13). 이는 그가 자기 혈육을 어떻게든 시기 나게 하여, 그들 중에서 얼마를 구원하려는 것이다(11:14). 바울은 왜 그렇게도 자기 혈육의 구원에 관심이 많은가? 그 이유는(γάρ) 그들의 구원이 죽은 자들의 부활과 하나님 나라의 도래에 이르게 할 수 있기 때문이다(11:15).

11:11-15를 볼 때, 이스라엘의 미래 구원은 확실하다. 처음 익은 곡식의 가루(조상들)가 거룩한즉 떡 덩이(후손들)도 거룩하고, 뿌리(조상들)가 거룩한즉 가지(후손들)도 거룩하다(11:16). 이 구절은 이스라엘에 미래가 있다는 주장을 다시 확증하는 말이다.

11:17-22에서 바울은 이방인 그리스도인들에게 유대인들을 향하여 자긍하지 말라고 경고한다. 만일 참감람나무인 이스라엘의 가지 얼마가 꺾이고, 돌감람나무인 이방인이 그곳에 접붙임이 되어, 참감람나무 뿌리의 진액을 함께 받는 자가 되었다면, 이방인들은 그 꺾인 가지들에 대해 자랑해서는 안 된다(11:17-18a). 왜 자랑을 해서는 안 되는가? 그 이유는 이방인들이 나무의 뿌리를 보전하는 것이 아니라, 뿌리가 그들을 보전하기 때문이다(11:18b). [68]

여기서 바울은 이방인들의 반대를 예상한다. 이방인들은 자기중심적으로 생각하여, 유대인 가지들이 꺾인 것은 이방인으로 하여금 접붙임을 받게 하려 함이라고 말할 수 있다(11:19). 바울은 일단 그 말에 진리가 있다고 동의한다(11:20a). 그러나 그것은 위험한 반쪽 진리다. 유대인이 꺾인 것은 불신앙 때문이고, 이방인이 서 있는 것은 믿음 때문이다(11:20b). 이처럼 하나님의 은총에 기초한 믿음이 결정적인 요소라면, 이방인 그리스도인들은 높은 마음을 품지 말고 도리어 두려워해야 한다(11:20c).

왜 그들이 교만하지 말고 두려워해야 하는가? 그 이유는(γάρ) 하나님이 원가지라 할지라도 믿지 않고 교만한 유대인을 아끼지 아니하신 것처럼, 이방인 그리스도인들도 믿음을 잃게 되면 아끼지 아니하실 것이기 때문이다(11:21).

그러므로(οὖν) 이방인 그리스도인들은 이방인의 접붙임과 믿지 않는 유대인의 꺾어짐 가운데서 나타난 하나님의 인자하심과 준엄하심을 보아야 한다(11:22a). 하나님은 넘어진 유대인에게는 준엄하심을 보이시고, 이방인에게는 인자하심을 보이신다(11:22b). 그러나 하나님이 무조건 인자하심을 보이시는 것은 아니다. 이방인이 계속 하나님의 인자하심에 머물러있어야만, 그들에게 인자하심이 있을 것이다(11:22c). 그렇지 않으면, 그들도 찍히는 바 될 것이다(11:22d).

이처럼 이방인 그리스도인들이 알아야 할 것은, 그들이 하나님의 인자하심에 머물러있지 않으면 그들도 찍히는 바 될 것이라는 사실이다. 그런데 그들은 또 알아야 할 것이 있다. 그것은 이스라엘도 불신앙에 머물지 아니하면 접붙임을 받을 것이라는 사실이다(11:23a). 하나님은 그들을 다시 접붙일 수 있는 능력을 가지고 계시기 때문이다(11:23b). 하나님이 이스라엘을 회복할 수 있는 능력을 가지고 계시다는 것은, 자기 백성 이스라엘을 구원할 준비가 되어 있고 또한 그것을 원하신다는 것을 말해 준다. 원래 돌감람나무인 이방인 그리스도인들이 좋은 감람나무에 접붙임을 받았다면, 하나님이 원 가지인 이스라엘을 원래 속했던 감람나무에 접붙이기를 원하신다는 것은 너무나 당연한 일이기 때문이다(11:24).

---

68) Schreiner, *Romans*, 603.

5) 내용 정리

11:11-12 이스라엘의 넘어짐에 들어있는 하나님의 계획

11:13-14 하나님의 계획 속에서의 바울의 전략

11:15-16 바울의 전략 뒤에 숨어 있는 소망

11:17-18 이방인 그리스도인들에 대한 경고

11:19-20 이방인 그리스도인들의 반대와 대답

11:21-22 이방인 그리스도인들도 찍힘을 받을 수 있다

11:23-24 이스라엘도 다시 접붙임을 받을 수 있다

이스라엘의 구원에 대한 비밀 11:25-32

1) 구문 분석

25 Οὐ γὰρ θέλω ὑμᾶς ἀγνοεῖν, ἀδελφοί, τὸ μυστήριον τοῦτο,
형제들아 이 비밀을 너희가 모르기를 내가 원하지 아니하노니

ἵνα μὴ ἦτε [παρ'] ἑαυτοῖς φρόνιμοι,
너희가 스스로 지혜 있다 함을 면하기 위하여

ὅτι πώρωσις ἀπὸ μέρους τῷ Ἰσραὴλ γέγονεν
이 비밀은 이스라엘의 더러는 완악하게 된 것이라

ἄχρις οὗ τὸ πλήρωμα τῶν ἐθνῶν εἰσέλθῃ,
이방인의 충만한 수가 들어오기까지

26 καὶ οὕτως πᾶς Ἰσραὴλ σωθήσεται·
그리하여 온 이스라엘이 구원을 얻으리라

καθὼς γέγραπται,
기록된 바 ... 함과 같으니라

Ἥξει ἐκ Σιὼν ὁ ῥυόμενος,
구원자가 시온에서 오사

ἀποστρέψει ἀσεβείας ἀπὸ Ἰακώβ·
야곱에게서 경건하지 않은 것을 제거하시리라[69]

27 καὶ αὕτη αὐτοῖς ἡ παρ' ἐμοῦ διαθήκη,
이것이 그들에게 이루어질 내 언약이라

ὅταν ἀφέλωμαι τὰς ἁμαρτίας αὐτῶν.
내가 그들의 죄를 없이 할 때에

28 κατὰ μὲν τὸ εὐαγγέλιον
복음으로 하면

---

[69] 여기 ἀποστρέψω는 'remove'의 의미로 사용되고 있다(BDAG, "ἀποστρέψω," 2. a).

ἐχθροὶ δι' ὑμᾶς,
그들이 너희를 인하여 원수 된 자요

κατὰ δὲ τὴν ἐκλογὴν
택하심으로 하면

ἀγαπητοὶ διὰ τοὺς πατέρας·
조상들을 인하여 사랑을 입은 자라

29 ἀμεταμέλητα γὰρ τὰ χαρίσματα καὶ ἡ κλῆσις τοῦ θεοῦ.
하나님의 은사와 부르심에는 후회하심이 없느니라

30 ὥσπερ γὰρ ὑμεῖς ποτε ἠπειθήσατε τῷ θεῷ,
너희가 전에 하나님께 순종하지 아니하더니

νῦν δὲ ἠλεήθητε
너희가 이제 긍휼을 입었는지라

τῇ τούτων ἀπειθείᾳ,
이스라엘이 순종하지 아니함으로

31 οὕτως καὶ οὗτοι νῦν ἠπείθησαν
이와 같이 이 사람들이 순종하지 아니하니

τῷ ὑμετέρῳ ἐλέει,
너희에게 베푸시는 긍휼로

ἵνα καὶ αὐτοὶ [νῦν] ἐλεηθῶσιν·
이는 이제 그들도 긍휼을 얻게 하려 하심이니라

32 συνέκλεισεν γὰρ ὁ θεὸς τοὺς πάντας εἰς ἀπείθειαν,
하나님이 모든 사람을 순종하지 아니하는 가운데 가두어 두심은

ἵνα τοὺς πάντας ἐλεήσῃ.
모든 사람에게 긍휼을 베풀려 하심이로다

2) 한글 본문

25 형제들아 너희가 스스로 지혜 있다 하면서 이 신비를 너희가 모르기를 내가 원하지 아니하노니 이

신비는 이방인의 충만한 수가 들어오기까지 이스라엘의 더러는 우둔하게 된 것이라

26 그리하여 온 이스라엘이 구원을 받으리라 기록된 바 구원자가 시온에서 오사 야곱에게서 경건하지 않은 것을 돌이키시겠고

27 내가 그들의 죄를 없이 할 때에 그들에게 이루어질 내 언약이 이것이라 함과 같으니라

28 복음으로 하면 그들이 너희로 말미암아 원수 된 자요 택하심으로 하면 조상들로 말미 암아 사랑을 입은 자라

29 하나님의 은사와 부르심에는 후회하심이 없느니라

30 너희가 전에는 하나님께 순종하지 아니하더니 이스라엘이 순종하지 아니함으로 이제 긍휼을 입었는지라

31 이와 같이 이 사람들이 순종하지 아니하니 이는 너희에게 베푸시는 긍휼로 이제 그들도 긍휼을 얻게 하려 하심이니라

32 하나님이 모든 사람을 순종하지 아니하는 가운데 가두어 두심은 모든 사람에게 긍휼을 베풀려 하심이로다

3) 형식 관찰

(1) 11:25에 나타나는 '비밀'(μυστήριον)이란 단어는 한 번 등장하지만 이 단락의 핵심적인 단어이다.

(2) 11:28에서 '복음으로 하면'과 '택하심으로 하면'이 대조를 이루고 있음을 주목하라.

(3) 11:30-32에서 '긍휼을 입다'(ἐλεέω)라는 단어가 4번 등장한다.

4) 본문의 흐름

11:11-24에서 바울은 이스라엘의 회복에 대한 소망을 여러 가지로 말했다.[70] 이제 그는 지금까지 말해온 것을 초월하는 신비를 전수하고자 한다(11:25a). 이 신비는 이스라엘에 대

---

70) 11:25의 γάρ는 11:25이하가 11:11-24와 연결되는 것을 나타낸다. C. E. B. Cranfield, *The Epistle to the Romans*, II (Edinburgh: T. & T. Clark, 1979), 573.

한 하나님의 구원 계획에 관한 것이다. 말하자면, 이방인의 충만한 수가 들어오기까지 이스라엘의 더러는 우둔하게 되고, 그리하여 '온 이스라엘'이 구원을 받으리라는 것이다(11:25b-26a). '온 이스라엘'이 구원을 받으리라는 것은 구약 성경의 뒷받침을 받는다. 기록된 바와 같이, 구원자(그리스도)가 시온으로부터 와서 야곱에게서 경건하지 못한 것을 제거하실 것이다(11:26b). 이스라엘을 죄로부터 구속하시는 것은 그들과 맺은 언약에 따라 이루어질 것이다(11:27).

11:28-32는 왜 '온 이스라엘'이 구원을 받을 것인지를 설명한다. 그 설명은 두 가지다.

(1) 복음으로 하면 유대인은 이방인을 위하여 하나님의 원수가 되었지만, 택하심으로 하면 그들은 조상들로 인하여 하나님의 사랑을 입은 자들이다(11:28). 왜 이스라엘은 조상들로 인하여 하나님의 사랑을 입은 자들이라고 말할 수 있는가? 그 이유는(γάρ) 하나님이 이스라엘에게 베푸신 수많은 은혜들(곧 9:4-5에 언급된 특권들)과 아브라함 안에서 이스라엘에게 반포된 택함의 부르심은 철회될 수 없기 때문이다(11:29).

(2) 이방인이 전에는 불순종하였으나 이스라엘의 불순종으로 인하여 이제 긍휼을 입은 것 같이(11:30), 지금 불순종하는 이스라엘도 마침내 긍휼을 입게 될 것이다(11:31). 왜 모두가 하나님의 긍휼을 입게 되는가? 이에 대한 설명이 11:32에 제시되어 있다(γάρ). "하나님이 모든 사람을 순종하지 아니하는 가운데 가두어 두심은 모든 사람에게 긍휼을 베풀려 하심이로다"(11:32).

5) 내용 정리

11:25-26a 신비: 이스라엘에 대한 하나님의 구원 계획

11:26b-27 온 이스라엘의 구원에 대한 구약 성경의 증언

11:28-29 철회될 수 없는 하나님의 은사와 부르심

11:30-32 인간의 불순종과 하나님의 긍휼

하나님께 대한 찬양 11:33-36

| 하나님께 대한 찬양 11:33-36

1) 구문 분석

33 Ὦ βάθος πλούτου καὶ σοφίας καὶ γνώσεως θεοῦ·
깊도다 하나님의 부요함과 지혜와 지식이여

ὡς ἀνεξεραύνητα τὰ κρίματα αὐτοῦ
그의 판단은 측량하지 못할 것이며

καὶ ἀνεξιχνίαστοι αἱ ὁδοὶ αὐτοῦ.
그의 길은 찾지 못할 것이로다

34 Τίς γὰρ ἔγνω νοῦν κυρίου;
누가 주의 마음을 알았느냐

ἢ τίς σύμβουλος αὐτοῦ ἐγένετο;
누가 그의 모사가 되었느냐

35 ἢ τίς προέδωκεν αὐτῷ,
누가 주께 먼저 드려서

καὶ ἀνταποδοθήσεται αὐτῷ;
갚으심을 받겠느냐

36 ὅτι ἐξ αὐτοῦ καὶ δι' αὐτοῦ καὶ εἰς αὐτὸν τὰ πάντα·
이는 만물이 주에게서 나오고 주로 말미암고 주에게로 돌아감이라

αὐτῷ ἡ δόξα εἰς τοὺς αἰῶνας, ἀμήν.
영광이 그에게 세세에 있으리로다 아멘

2) 한글 본문

33 깊도다 하나님의 지혜와 지식의 풍성함이여, 그의 판단은 헤아리지 못할 것이며 그의 길은 찾지 못할 것이로다

34 누가 주의 마음을 알았느냐 누가 그의 모사가 되었느냐

35 누가 주께 먼저 드려서 갚으심을 받겠느냐

36 이는 만물이 주에게서 나오고 주로 말미암고 주에게로 돌아감이라 그에게 영광이 세세에 있을지어다 아멘

3) 형식 관찰

(1) 이 찬송시는 3부분으로 구성되어 있다. 11:33은 감탄, 11:34-35는 수사학적인 질문들, 그리고 11:36은 송영이다.

(2) 11:33에서 '깊도다'(βάθος)에 의존하는 있는 세 단어들(부요함, 지혜, 지식)을 주목하라. 그리고 그 단어들이 11:33b-35에서 차례로 서술되고 있음을 주목하라. 곧, 하나님의 지식의 깊이는 11:33b에서, 하나님의 지혜의 깊이는 11:34에서, 그리고 하나님의 부요함의 깊이는 11:35에서 서술되고 있다.[71]

(3) 11:36a의 세 전치사(ἐκ, διά, εἰς)도 주목하라.

(4) 이 단락에서는 3이란 숫자가 모든 것을 지배한다.

4) 본문의 흐름

바울은 하나님의 신비한 구원 계획과 그 안에 나타난 하나님의 부요와 지혜와 지식을 보

---

71) 슈툴마허, 『로마서 주석』, 300.

고, 경외심과 경의로 충만하여 하나님을 찬양한다.

> 깊도다 하나님의 부요함과 지혜와 지식이여(11:33a)[72]
> 그의 판단은 헤아리지 못할 것이며
> 그의 길은 찾지 못할 것이로다(11:33b).

왜 이런 찬양을 하는가? 그 이유는(γάρ) 아무도 주의 마음을 알지 못하였고(11:34a), 아무도 그의 모사가 되지 못하였고(11:34b), 아무도 주께 먼저 드려 갚으심을 받지 못하였기 때문이다(11:35). 11:34-35의 근거는 11:36a이다. "이는(ὅτι) 만물이 주에게서 나오고 주로 말미암고 주에게로 돌아감이라"(11:36a).

11:36b는 모든 논증을 마무리하는 송영이다. "그에게 영광이 세세에 있을지어다 아멘"(11:36b).

5) 내용 정리

11:33 헤아릴 수 없는 하나님의 지혜
11:34-35 아무도 주의 마음을 알고 조언할 수 없다
11:36a 만물이 주에게서 나오고 주로 말미암고 주에게로 돌아간다
11:36b 송영

---

72) 개역개정의 번역("깊도다 하나님의 지혜와 지식의 풍성함이여")도 가능하나, 하나님의 부요와 지혜와 지식을 각기 따로 취급하는 것이 더 좋은 것 같다.

V 그리스도인의 실제적인 순종의 삶

12:1-15:13

그리스도인의 영적 예배 12:1-2

| 그리스도인의 영적 예배 12:1-2

1) 구문 분석

1 Παρακαλῶ οὖν ὑμᾶς, ἀδελφοί,
    그러므로 형제들아 내가 너희를 권하노니

    διὰ τῶν οἰκτιρμῶν τοῦ θεοῦ
    하나님의 모든 자비하심으로

παραστῆσαι τὰ σώματα ὑμῶν
너희 몸을 드리라

    θυσίαν ζῶσαν ἁγίαν εὐάρεστον τῷ θεῷ,
    하나님이 기뻐하시는 거룩한 산 제물로

    τὴν λογικὴν λατρείαν ὑμῶν·
    이는 너희의 드릴 영적 예배니라

2 καὶ μὴ συσχηματίζεσθε τῷ αἰῶνι τούτῳ,
    너희는 이 세대를 본받지 말고

ἀλλὰ μεταμορφοῦσθε τῇ ἀνακαινώσει τοῦ νοός
오직 마음을 새롭게 함으로 변화를 받아

    εἰς τὸ δοκιμάζειν ὑμᾶς τί τὸ θέλημα τοῦ θεοῦ,
    하나님의 뜻이 무엇인지 분별하도록 하라

> τὸ ἀγαθὸν καὶ εὐάρεστον καὶ τέλειον.
> 선하시고 기뻐하시고 온전하신 (하나님의 뜻)

2) 한글 본문

1 그러므로 형제들아 내가 하나님의 모든 자비하심으로 너희를 권하노니 너희 몸을 하나님이 기뻐하시는 거룩한 산 제물로 드리라 이는 너희가 드릴 영적 예배니라
2 너희는 이 세대를 본받지 말고 오직 마음을 새롭게 함으로 변화를 받아 하나님의 선하시고 기뻐하시고 온전하신 뜻이 무엇인지 분별하도록 하라

3) 형식 관찰

(1) 로마서의 권면 부분의 첫머리가 '권하노니'(παρακαλέω)로 시작되는 것을 주목하라 (12:1).

(2) 바울은 자신이 앞에서(1-11장) 제시한 복음을 12:1에서 '하나님의 모든 자비하심'(οἰκτιρμοί τοῦ θεοῦ)로 요약하고 있다.

(3) 12:1의 핵심 권면인 "너희 몸을 드리라"에서 '몸'(σῶμα)이란 단어는 6:6, 12; 7:4, 24; 8:10, 11, 13, 23을 상기시키고, '드리라'(παραστῆσαι)라는 단어는 6:13, 19를 상기시킨다. 또한 12:2의 '마음'(νοῦς)은 7:23, 25를 상기시킨다.

4) 본문의 흐름

로마서 12:1-15:13은 권면 부분이다. 이 권면 부분에는 수많은 명령법(imperative)이 등장한다. 1-11장에도 명령법이 나타나긴 하지만 많지 않다(6:11-13, 19; 11:18, 20). 12:1-15:13의 권면은 1-11장의 신학적인 가르침에 뿌리를 두고 있다.

12:1-15:13의 권면은 크게 두 부분으로 나누어진다. 12-13장은 일반적인 권면이고, 14:1-15:13은 로마 가정교회의 특정한 문제를 해결하기 위한 권면이다.

12:1-2는 권면 전체(12:1-15:13)의 서론으로서 원론적인 권면을 담고 있다. 바울은 1-11장

에서 설명된 하나님의 모든 자비에 근거하여 로마 형제들을 권한다. "그러므로 형제들아 내가 하나님의 모든 자비하심으로 너희를 권하노니 너희 몸을 하나님이 기뻐하시는 거룩한 산 제물로 드리라 이는 너희가 드릴 영적 예배니라"(12:1). 우리가 우리 몸을 하나님께 산 제물로 드리려면, 실제로 어떻게 해야 하는가? 소극적으로 말하면, 우리 그리스도인들은 이 세대를 본받아서는 안 된다(12:2a). 적극적으로 말하면, 우리는 오직 마음을 새롭게 함으로 변화를 받아야 한다(12:2b). 그리하면 우리는 하나님의 선하시고 기뻐하시고 온전하신 뜻이 무엇인지 분별하게 될 것이다(12:2c).

5) 내용 정리

12:1a 권면의 근거
12:1b 권면: 몸을 하나님께 산 제물로 드리라
12:2 권면에 대한 설명

그리스도 몸 안에서의 은사 활용 12:3-8

| 그리스도 몸 안에서의 은사 활용 12:3-8

1) 구문 분석

3 Λέγω γὰρ διὰ τῆς χάριτος τῆς δοθείσης μοι παντὶ τῷ ὄντι ἐν ὑμῖν
내게 주신 은혜로 말미암아 너희 중 각 사람에게 말하노니

    μὴ ὑπερφρονεῖν παρ' ὃ δεῖ φρονεῖν
    마땅히 생각할 그 이상의 생각을 품지 말고

    ἀλλὰ φρονεῖν εἰς τὸ σωφρονεῖν,
    오직 지혜롭게 생각하라

        ἑκάστῳ ὡς ὁ θεὸς ἐμέρισεν μέτρον πίστεως.
        하나님께서 각 사람에게 나눠 주신 믿음의 분량대로

4 καθάπερ γὰρ ἐν ἑνὶ σώματι πολλὰ μέλη ἔχομεν,
우리가 한 몸에 많은 지체를 가졌으나

    τὰ δὲ μέλη πάντα οὐ τὴν αὐτὴν ἔχει πρᾶξιν,
    모든 지체가 같은 직분을 가진 것이 아니니

5 οὕτως οἱ πολλοὶ ἓν σῶμά ἐσμεν ἐν Χριστῷ,
이와 같이 우리 많은 사람이 그리스도 안에서 한 몸이 되어

    τὸ δὲ καθ' εἷς ἀλλήλων μέλη.
    서로 지체가 되었느니라

6 ἔχοντες δὲ χαρίσματα κατὰ τὴν χάριν τὴν δοθεῖσαν ἡμῖν διάφορα,
우리에게 주신 은혜대로 받은 은사가 각각 다르니

εἴτε προφητείαν κατὰ τὴν ἀναλογίαν τῆς πίστεως,
혹 예언이면 믿음의 분수대로,

7 εἴτε διακονίαν ἐν τῇ διακονίᾳ,
혹 섬기는 일이면 섬기는 일로,

εἴτε ὁ διδάσκων ἐν τῇ διδασκαλίᾳ,
혹 가르치는 자면 가르치는 일로,

8 εἴτε ὁ παρακαλῶν ἐν τῇ παρακλήσει·
혹 권위하는 자면 권위하는 일로,

ὁ μεταδιδοὺς ἐν ἁπλότητι,
구제하는 자는 성실함으로,

ὁ προϊστάμενος ἐν σπουδῇ,
다스리는 자는 부지런함으로,

ὁ ἐλεῶν ἐν ἱλαρότητι.
긍휼을 베푸는 자는 즐거움으로 할 것이니라

2) 한글 본문

3 내게 주신 은혜로 말미암아 너희 각 사람에게 말하노니 마땅히 생각할 그 이상의 생각을 품지 말고 오직 하나님께서 각 사람에게 나누어 주신 믿음의 분량대로 지혜롭게 생각하라

4 우리가 한 몸에 많은 지체를 가졌으나 모든 지체가 같은 기능을 가진 것이 아니니

5 이와 같이 우리 많은 사람이 그리스도 안에서 한 몸이 되어 서로 지체가 되었느니라

6 우리에게 주신 은혜대로 받은 은사가 각각 다르니 혹 예언이면 믿음의 분수대로,

7 혹 섬기는 일이면 섬기는 일로, 혹 가르치는 자면 가르치는 일로,

8 혹 위로하는 자면 위로하는 일로, 구제하는 자는 성실함으로, 다스리는 자는 부지런함으로, 긍휼을 베푸는 자는 즐거움으로 할 것이니라

3) 형식 관찰

(1) 12:1의 "너희 몸을 드리라"라는 권면에 등장하는 '몸'의 개념은 12:4-5에서 다시 수용되어 발전된다.

(2) 12:4-6에서 '지체'(μέλος)와 '직분'(πρᾶξις)과 '은사'(χάρισμα)가 평행을 이루고 있다.

4) 본문의 흐름

12:3-8의 권면은 12:1-2의 원론적인 권면에 기초를 두고 있다. 말하자면, 몸을 하나님께 산 제물로 드리라는 권면은 12:3-8에서 구체화된다.

바울은 그리스도인 각자가 자신을 너무 높게 평가하지 말고, 믿음이라는 기준에 따라 지혜롭게 생각하라고 권한다(12:3). 왜 그리스도인은 그래야 하는가? 그 이유는(γάρ) 한 몸 안에는 많은 지체들이 있고 지체들은 몸 안에서 서로 다른 기능을 가지고 있는 것과 같이, 우리 그리스도인들은 그리스도 안에서 한 몸이 되어 서로 지체가 되었기 때문이다(12:4-5).

우리는 우리에게 주어진 은혜에 따라 각각 다른 은사를 가지고 있다(12:6a). 그러면 다양한 은사들은 각각 구체적으로 어떻게 사용되어야 하는가? "혹 예언이면 믿음의 분수대로, 혹 섬기는 일이면 섬기는 일로, 혹 가르치는 자면 가르치는 일로, 혹 권위하는 자면 권위하는 일로, 구제하는 자는 성실함으로, 다스리는 자는 부지런함으로, 긍휼을 베푸는 자는 즐거움으로 해야 한다"(12:6b-8).

5) 내용 정리

12:3 자신을 너무 높게 평가하지 말라
12:4-5 한 몸의 통일성과 지체의 다양성
12:6-8 다양한 은사 목록과 사용 방법

형제자매에 대한 사랑과 외인들에 대한 사랑 12:9-21

| 형제자매에 대한 사랑과 외인들에 대한 사랑 12:9-21

1) 구문 분석

9 Ἡ ἀγάπη ἀνυπόκριτος
 사랑에 거짓이 없어야 한다

 ἀποστυγοῦντες τὸ πονηρόν,
 악을 미워하고

 κολλώμενοι τῷ ἀγαθῷ,
 선에 속하라

10 τῇ φιλαδελφίᾳ εἰς ἀλλήλους φιλόστοργοι,
 형제를 사랑하여 서로 우애하고

 τῇ τιμῇ ἀλλήλους προηγούμενοι,
 존경하기를 서로 먼저 하며

11 τῇ σπουδῇ μὴ ὀκνηροί,
 부지런하여 게으르지 말고

 τῷ πνεύματι ζέοντες,
 성령으로 뜨거워져서

 τῷ κυρίῳ δουλεύοντες,
 주를 섬기라

12 τῇ ἐλπίδι χαίροντες,
소망 중에 즐거워하며

τῇ θλίψει ὑπομένοντες,
환난 중에 참으며

τῇ προσευχῇ προσκαρτεροῦντες,
기도에 항상 힘쓰며

13 ταῖς χρείαις τῶν ἁγίων κοινωνοῦντες,
성도들의 쓸 것을 공급하며

τὴν φιλοξενίαν διώκοντες.
손님 대접하기를 힘쓰라

14 εὐλογεῖτε τοὺς διώκοντας [ὑμᾶς]
너희를 핍박하는 자를 축복하라

εὐλογεῖτε καὶ μὴ καταρᾶσθε.
축복하고 저주하지 말라

15 χαίρειν μετὰ χαιρόντων,
즐거워하는 자들로 함께 즐거워하고

κλαίειν μετὰ κλαιόντων.
우는 자들로 함께 울라

16 τὸ αὐτὸ εἰς ἀλλήλους φρονοῦντες,
서로 마음을 같이 하며

μὴ τὰ ὑψηλὰ φρονοῦντες
높은 데 마음을 두지 말고

ἀλλὰ τοῖς ταπεινοῖς συναπαγόμενοι.
도리어 낮은 데 처하며

μὴ γίνεσθε φρόνιμοι παρ' ἑαυτοῖς.
스스로 지혜 있는 체 말라

17 <u>μηδενὶ κακὸν ἀντὶ κακοῦ ἀποδιδόντες</u>,
<u>아무에게도 악으로 악을 갚지 말고</u>

προνοούμενοι καλὰ ἐνώπιον πάντων ἀνθρώπων·
모든 사람 앞에서 선한 일을 도모하라

18 εἰ δυνατὸν τὸ ἐξ ὑμῶν,
할 수 있거든 너희로서는

μετὰ πάντων ἀνθρώπων εἰρηνεύοντες·
모든 사람으로 더불어 평화하라

19 μὴ ἑαυτοὺς ἐκδικοῦντες, ἀγαπητοί,
내 사랑하는 자들아 너희가 친히 원수를 갚지 말고

ἀλλὰ δότε τόπον τῇ ὀργῇ,
진노하심에 맡기라

γέγραπται γάρ,
기록되었으되

Ἐμοὶ ἐκδίκησις,
원수 갚는 것이 내게 있으니

ἐγὼ ἀνταποδώσω,
내가 갚으리라고

λέγει κύριος.
주께서 말씀하시니라

20 ἀλλὰ ἐὰν πεινᾷ ὁ ἐχθρός σου, ψώμιζε αὐτόν·
네 원수가 주리거든 먹이고

ἐὰν διψᾷ, πότιζε αὐτόν·
목마르거든 마시우라

τοῦτο γὰρ ποιῶν
그리함으로

ἄνθρακας πυρὸς σωρεύσεις
네가 숯불을 쌓아 놓으리라

ἐπὶ τὴν κεφαλὴν αὐτοῦ.
그 머리에

21 μὴ νικῶ ὑπὸ τοῦ κακοῦ
악에게 지지 말고

ἀλλὰ νίκα ἐν τῷ ἀγαθῷ τὸ κακόν.
선으로 악을 이기라

2) 한글 본문

9 사랑에는 거짓이 없나니 악을 미워하고 선에 속하라

10 형제를 사랑하여 서로 우애하고 존경하기를 서로 먼저 하며

11 부지런하여 게으르지 말고 열심을 품고 주를 섬기라

12 소망 중에 즐거워하며 환난 중에 참으며 기도에 항상 힘쓰며

13 성도들의 쓸 것을 공급하며 손 대접하기를 힘쓰라

14 너희를 핍박하는 자를 축복하라 축복하고 저주하지 말라

15 즐거워하는 자들과 함께 즐거워하고 우는 자들로 함께 울라

16 서로 마음을 같이 하며 높은 데 마음을 두지 말고 도리어 낮은 데 처하며 스스로 지혜있는 체 하지 말라

17 아무에게도 악을 악으로 갚지 말고 모든 사람 앞에서 선한 일을 도모하라

18 할 수 있거든 너희로서는 모든 사람과 더불어 화목하라

19 내 사랑하는 자들아 너희가 친히 원수를 갚지 말고 하나님의 진노하심에 맡기라 기록되었으되 원수 갚는 것이 내게 있으니 내가 갚으리라고 주께서 말씀하시니라

20 네 원수가 주리거든 먹이고 목마르거든 마시게 하라 그리함으로 네가 숯불을 그 머리에 쌓아 놓으리라

21 악에게 지지 말고 선으로 악을 이기라

3) 형식 관찰

(1) 이 단락은 형제사랑으로 시작되어(12:9-10) 원수사랑으로 끝난다(12:19-21).

(2) 사랑(형제사랑과 원수사랑)과 관련하여, 선악에 대한 언급이 3번이나 등장하고 있는 것을 주목하라(12:9, 17, 21).

(3) 전체적으로 느슨하게 구성된 단락이다.

4) 본문의 흐름

바울은 그리스도의 몸과 은사에 관한 가르침에서 이제 사랑이라는 주제로 이동한다. 고린도전서 12-13장에서도 그는 은사 문제를 취급한 다음 사랑을 해설하고 있다.

12:9-21은 크게 두 부분으로 나누어진다. 12:9-16은 교회 안에서 그리스도인들 사이의 관계를 취급하고, 12:17-21은 그리스도인들과 세상과의 관계를 다룬다.

12:9-16의 구조는 아주 느슨하고, 일정한 논리를 보여주지 않는다. 하지만 중심 주제는 사랑이다. 사랑에는 거짓이 없어야 한다(12:9a). 그런데 진실한 사랑을 위해서는 도덕적으로 악한 것을 미워하고, 도덕적으로 선한 것을 굳게 잡으려는 열정이 있어야 한다(12:9b). 형제를 사랑하여 서로 우애하고, 존경하기를 서로 먼저 해야 한다(12:10). 열심에 있어서 뒤처지지 말고, 성령으로 뜨거워져서 주를 섬겨야 한다(12:11). 소망을 품고 즐거워하며, 환난을 당할 때 참으며, 기도에 항상 힘써야 한다(12:12). 성도들의 쓸 것을 공급하며, 손님 대접하기를 힘써야 한다(12:13). 박해하는 자들을 축복하고 저주해서는 안 된다(12:14). 기뻐하는 자들과 함께 기뻐하고, 우는 자들과 함께 울어야 한다(12:15). 서로 마음을 같이하고, 높은 데 마음을 두지 말며, 오히려 낮은 자들과 사귀고, 스스로 지혜 있는 체하지 말아야 한다(12:16).

우리 그리스도인의 사랑은 교회의 경계를 넘어서 교회 밖에 있는 사람들에게까지 향해야 한다. 우리는 아무에게도 악을 악으로 갚지 말고, 모든 사람 앞에서 선한 일에 힘써야 한다(12:17). 할 수만 있으면, 모든 사람과 더불어 평화롭게 지내야 한다(12:18).

우리는 친히 원수를 갚지 말고, 하나님의 진노하심에 맡겨야 한다(12:19a). 왜 그래야 하는가? 그 이유는(γάρ) "원수 갚는 것이 내게 있으니 내가 갚으리라"고 주께서 말씀하시기 때문이다(12:19b). 원수가 주리거든 먹이고, 목마르거든 마시게 하여야 한다(12:20a). 그리함으로 원수에게 내적 수치심을 불러일으키고, 부끄러움과 통회의 타는 듯한 고통을 줄 수 있기 때

문이다(12:20b).[73]

12:21은 12:17-20을 요약한다. "악에게 지지 말고 선으로 악을 이기라"(12:21).

5) 내용 정리

12:9-16 그리스도인들 사이의 관계

12:17-21 그리스도인들과 세상과의 관계

    12:17-18 보복하지 말고 모든 사람과 화목하라

    12:19-20 친히 원수를 갚지 말고 하나님께 맡기라

    12:21 선으로 악을 이기라

---

[73] Cranfield, *Romans*, II, 649.

국가에 대한 그리스도인의 책임 13:1-7

| 국가에 대한 그리스도인의 책임 13:1-7

1) 구문 분석

1 <u>Πᾶσα ψυχὴ ἐξουσίαις ὑπερεχούσαις ὑποτασσέσθω</u>.
   각 사람은 위에 있는 권세들에게 복종하라

   οὐ γὰρ ἔστιν ἐξουσία εἰ μὴ ὑπὸ θεοῦ,
   권세는 하나님께로 나지 않음이 없나니

   αἱ δὲ οὖσαι ὑπὸ θεοῦ τεταγμέναι εἰσίν·
   모든 권세는 다 하나님의 정하신 바라

2 ὥστε ὁ ἀντιτασσόμενος τῇ ἐξουσίᾳ τῇ τοῦ θεοῦ διαταγῇ ἀνθέστηκεν,
   그러므로 권세를 거스리는 자는 하나님의 명을 거스림이니

   οἱ δὲ ἀνθεστηκότες ἑαυτοῖς κρίμα λήμψονται.
   거스리는 자들은 심판을 자취하리라

3 οἱ γὰρ ἄρχοντες οὐκ εἰσὶν φόβος τῷ ἀγαθῷ ἔργῳ ἀλλὰ τῷ κακῷ.
   관원들은 선한 일에 대하여 두려움이 되지 않고 악한 일에 대하여 되나니

   θέλεις δὲ μὴ φοβεῖσθαι τὴν ἐξουσίαν·
   네가 권세를 두려워하지 아니하려느냐

   τὸ ἀγαθὸν ποίει,
   선을 행하라

καὶ ἕξεις ἔπαινον ἐξ αὐτῆς·
그리하면 그에게 칭찬을 받으리라

4 θεοῦ γὰρ διάκονός ἐστιν σοὶ εἰς τὸ ἀγαθόν.
그는 하나님의 사자가 되어 네게 선을 이루는 자니라

ἐὰν δὲ τὸ κακὸν ποιῇς, φοβοῦ·
그러나 네가 악을 행하거든 두려워하라

οὐ γὰρ εἰκῇ τὴν μάχαιραν φορεῖ·
그가 공연히 칼을 가지지 아니하였으니

θεοῦ γὰρ διάκονός ἐστιν
곧 하나님의 사자가 되어

ἔκδικος εἰς ὀργὴν τῷ τὸ κακὸν πράσσοντι.
악을 행하는 자에게 진노하심을 위하여 보응하는 자니라

5 διὸ ἀνάγκη ὑποτάσσεσθαι,
그러므로 복종하지 아니할 수 없으니

οὐ μόνον διὰ τὴν ὀργὴν
노를 인하여만 할 것이 아니요

ἀλλὰ καὶ διὰ τὴν συνείδησιν.
또한 양심을 인하여 할 것이라

6 διὰ τοῦτο γὰρ καὶ φόρους τελεῖτε·
너희가 조세를 바치는 것도 이를 인함이라

λειτουργοὶ γὰρ θεοῦ εἰσιν εἰς αὐτὸ τοῦτο προσκαρτεροῦντες.
그들이 하나님의 일꾼이 되어 바로 이 일에 항상 힘쓰느니라

7 <u>ἀπόδοτε πᾶσιν τὰς ὀφειλάς,</u>
<u>모든 자에게 줄 것을 주되</u>

τῷ τὸν φόρον τὸν φόρον,
조세를 받을 자에게 조세를 바치고

τῷ τὸ τέλος τὸ τέλος,
관세 받을 자에게 관세를 바치고

τῷ τὸν φόβον τὸν φόβον,
두려워할 자를 두려워하며

τῷ τὴν τιμὴν τὴν τιμήν.
존경할 자를 존경하라

2) 한글 본문

1 각 사람은 위에 있는 권세들에게 복종하라 권세는 하나님으로부터 나지 않음이 없나니 모든 권세는 다 하나님께서 정하신 바라

2 그러므로 권세를 거스르는 자는 하나님의 명을 거스름이니 거스르는 자들은 심판을 자취하리라

3 다스리는 자들은 선한 일에 대하여 두려움이 되지 않고 악한 일에 대하여 되나니 네가 권세를 두려워하지 아니하려느냐 선을 행하라 그리하면 그에게 칭찬을 받으리라

4 그는 하나님의 사역자가 되어 네게 선을 베푸는 자니라 그러나 네가 악을 행하거든 두려워하라 그가 공연히 칼을 가지지 아니하였으니 곧 하나님의 사역자가 되어 악을 행하는 자에게 진노하심을 따라 보응하는 자니라

5 그러므로 복종하지 아니할 수 없으니 진노 때문에 할 것이 아니라 양심을 따라 할 것이라

6 너희가 조세를 바치는 것도 이로 말미암음이라 그들이 하나님의 일꾼이 되어 바로 이 일에 항상 힘쓰느니라

7 모든 자에게 줄 것을 주되 조세를 받을 자에게 조세를 바치고 관세를 받을 자에게 관세를 바치고 두려워할 자를 두려워하며 존경할 자를 존경하라

3) 형식 관찰

(1) 13:1-3에 '권세'(ἐξουσία)라는 말이 4번 나온다.

(2) 권세에 '복종'해야 한다는 말이 13:1, 5에 두 번 나타난다.

(3) 13:7안에 있는 평행을 주목하라.

4) 본문의 흐름

12:1-15:13 안에 있는 모든 권면들처럼 13:1-7도 역시 12:1-2의 주제적인 권면 아래 있다.

일상생활에서 영적 예배가 무엇인지에 대한 바울의 가르침은 계속된다. 우리 그리스도인들은 교회의 일원일 뿐만 아니라 지상 국가의 국민이다. 그러므로 우리는 하나님이 우리에게 부여하신 국가에 대한 책임을 성실하게 수행해야 한다. 이것은 "모든 사람 앞에서 선한 일을 도모하고"(12:17), "모든 사람과 더불어 화목하는"(12:18) 좋은 예 중의 하나이다.

국가 권세에 대한 바울의 권면은 이렇게 시작된다. "각 사람은 위에 있는 권세들에게 복종하라"(13:1a). 왜 복종해야 하는가? 그 이유는(γάρ) 모든 권세가 하나님께로부터 온 것이기 때문이다(13:1b). 이미 있는 권세들도 다 하나님께서 세워주신 것이다(13:1b). 그러므로(ὥστε) 권세를 거역하는 자는 하나님의 명을 거역하는 것이다(13:2a).

거역하는 자들은 심판을 받게 될 것이다(13:2b). 그 이유는(γάρ) 다스리는 자들은 선한 일에 대하여는 두려움이 되지 않고 악한 일에 대하여만 두려움이 되기 때문이다(13:3a). 하지만 우리가 선을 행하면 그에게서 칭찬을 받게 될 것이다(13:3b). 왜냐하면(γάρ) 그가 하나님의 사역자가 되어 우리에게 선을 베풀기 때문이다(13:4a). 그러나 우리가 악을 행한다면, 두려워해야 한다(13:4b). 왜냐하면(γάρ) 그가 하나님의 사역자가 되어 악을 행하는 자에게 하나님의 진노를 따라 보응하는 자이기 때문이다(13:4c).

그러므로(διό) 우리는 복종해야 하되, 진노 때문만이 아니라 양심 때문에도 해야 한다(13:5).

바로 이런 양심 때문에, 그리스도인들은 또한 조세를 바친다(13:6a). 권세자들은 하나님의 일꾼이 되어 세금 받는 일에 항상 힘쓴다(13:6b).

요약하면, 우리는 모든 자에게 줄 것을 주어야 한다(13:7a). 곧, 조세 징수원에게는 조세를 바치고, 관세를 징수하는 자에게는 관세를 바치고, 칼을 가진 자를 두려워하고, 다양한 국가 권력자를 존경해야 한다(13:7b).

5) 내용 정리

13:1a 위에 있는 권세에게 복종하라

13:1b-2a 권세에 복종해야 할 이유

13:2b-4 악을 행하면 심판을 받고, 선을 행하면 칭찬을 받는다

13:5 양심 때문에 복종하여야 한다

13:6 양심 때문에 또한 조세를 바쳐야 한다

13:7 요약: 모든 사람에게 줄 것을 주어야 한다

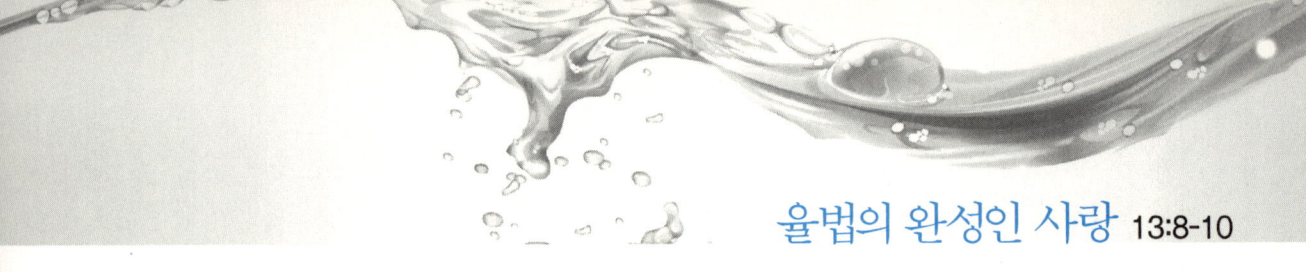

율법의 완성인 사랑 13:8-10

1) 구문 분석

8 Μηδενὶ μηδὲν ὀφείλετε
아무에게든지 아무 빚도 지지 말라

    εἰ μὴ τὸ ἀλλήλους ἀγαπᾶν·
    피차 사랑의 빚 외에는

ὁ γὰρ ἀγαπῶν τὸν ἕτερον νόμον πεπλήρωκεν
남을 사랑하는 자는 율법을 완성하였느니라

9 τὸ γὰρ

    Οὐ μοιχεύσεις,
    간음하지 말라,

    Οὐ φονεύσεις,
    살인하지 말라,

    Οὐ κλέψεις,
    도적질하지 말라,

    Οὐκ ἐπιθυμήσεις,
    탐내지 말라 한 것과

καὶ εἴ τις ἑτέρα ἐντολή,
그 외에 다른 계명이 있을지라도

ἐν τῷ λόγῳ τούτῳ ἀνακεφαλαιοῦται
이 한 말씀 가운데 다 들었느니라

[ἐν τῷ] Ἀγαπήσεις τὸν πλησίον σου ὡς σεαυτόν.
네 이웃을 네 자신과 같이 사랑하라 하신 (한 말씀)

10 ἡ ἀγάπη τῷ πλησίον κακὸν οὐκ ἐργάζεται·
사랑은 이웃에게 악을 행하지 아니하나니

<u>πλήρωμα οὖν νόμου ἡ ἀγάπη.</u>
<u>그러므로 사랑은 율법의 완성이니라</u>

2) 한글 본문

8 피차 사랑의 빚 외에는 아무에게든지 아무 빚도 지지 말라 남을 사랑하는 자는 율법을 다 이루었느니라
9 간음하지 말라, 살인하지 말라, 도둑질하지 말라, 탐내지 말라 한 것과 그 외에 다른 계명이 있을지라도 네 이웃을 네 자신과 같이 사랑하라 하신 그 말씀 가운데 다 들었느니라
10 사랑은 이웃에게 악을 행하지 아니하나니 그러므로 사랑은 율법의 완성이니라

3) 형식 관찰

(1) 이 단락에는 주제 '사랑하다/사랑'(ἀγαπάω/ἀγάπη)이 5번 등장한다.
(2) 핵심 단어 '사랑'과 함께 '율법'(νόμος)이란 단어가 2번, 그리고 '계명'(ἐντολή)이란 단어가 1번 등장한다.
(3) 13:8b와 13:10b가 평행을 이루고 있음을 주목하라.

13:8b 남을 사랑하는 자는 율법을 완성하였느니라(πεπλήρωκεν)[74]

---

74) 개역개정은 13:8b의 πεπλήρωκεν을 '다 이루었느니라'라고 번역하고 있는데, '완성하였느니라'라고 번역하는 것이 더 좋다.

13:10b 사랑은 율법의 완성(πλήρωμα)이니라

4) 본문의 흐름

이제 바울은 자신의 윤리적인 권면을 사랑의 계명으로 요약한다. "피차 사랑의 빚 외에는 아무에게든지 아무 빚도 지지 말라"(13:8a). 사랑의 빚은 다른 빚과는 달리 되갚을 수 없는 무한한 빚이다. 우리 믿는 자는 영원히 빚을 갚는 심정으로 남을 끝까지 사랑해야 한다. 사랑이 왜 이토록 중요한가? 그 이유는(γάρ) 남을 사랑하는 자는 율법을 지속적으로 완성하기 때문이다(13:8b). 왜 사랑은 율법의 완성인가? 그 이유는(γάρ) 간음, 살인, 도둑질, 탐심에 관한 계명들과 그 외에 다른 계명들은 "네 이웃을 네 자신과 같이 사랑하라"는 한 말씀 안에 요약되기 때문이다(13:9). 이웃 사랑을 소극적으로 말하면, 이웃에게 악을 행하지 아니하는 것이다(13:10a). 그러므로(οὖν) 사랑은 율법의 완성이다(13:10b). 이것은 13:8b를 재 진술한 것이다.

5) 내용 정리

13:8a 서로 사랑하라
13:8b-10 사랑은 율법의 완성이다

권면의 종말론적인 기초 13:11-14

| 권면의 종말론적인 기초 13:11-14

1) 구문 분석

11 Καὶ τοῦτο (ποιεῖτε)
또한 이를 행하라[75]

    εἰδότες τὸν καιρόν,
    너희가 이 시기를 알거니와

        ὅτι ὥρα ἤδη ὑμᾶς ἐξ ὕπνου ἐγερθῆναι,
        너희가 자다가 깰 때가 벌써 되었으니

νῦν γὰρ ἐγγύτερον ἡμῶν ἡ σωτηρία
이는 이제 우리의 구원이 가까웠음이니라

    ἢ ὅτε ἐπιστεύσαμεν.
    처음 믿을 때보다

12 ἡ νὺξ προέκοψεν,
밤이 깊었고

    ἡ δὲ ἡμέρα ἤγγικεν.
    낮이 가까왔으니

---

[75] Schreiner, *Romans*, 696-67; 참조. Jewett, *Romans*, 818-19.

ἀποθώμεθα οὖν τὰ ἔργα τοῦ σκότους,
그러므로 우리가 어두움의 일을 벗고

ἐνδυσώμεθα [δὲ] τὰ ὅπλα τοῦ φωτός.
빛의 갑옷을 입자

13 ὡς ἐν ἡμέρᾳ
낮에와 같이

εὐσχημόνως περιπατήσωμεν,
단정히 행하고

μὴ κώμοις καὶ μέθαις,
방탕과 술 취하지 말며

μὴ κοίταις καὶ ἀσελγείαις,
음란과 호색하지 말며

μὴ ἔριδι καὶ ζήλῳ,
쟁투와 시기하지 말고

14 ἀλλὰ ἐνδύσασθε τὸν κύριον Ἰησοῦν Χριστόν
오직 주 예수 그리스도로 옷 입고

καὶ τῆς σαρκὸς πρόνοιαν μὴ ποιεῖσθε εἰς ἐπιθυμίας.
정욕을 위하여 육신의 일을 도모하지 말라

2) 한글 본문

11 또한 너희가 이 시기를 알거니와 자다가 깰 때가 벌써 되었으니 이는 이제 우리의 구원이 처음 믿을 때보다 가까웠음이라

12 밤이 깊고 낮이 가까웠으니 그러므로 우리가 어두움의 일을 벗고 빛의 갑옷을 입자

13 낮에와 같이 단정히 행하고 방탕하거나 술 취하지 말며 음란하거나 호색하지 말며 다투거나 시기하지 말고

14 오직 주 예수 그리스도로 옷 입고 정욕을 위하여 육신의 일을 도모하지 말라

3) 형식 관찰

(1) 13:12에서 '밤'(νύξ)과 '낮'(ἡμέρα), 그리고 '어두움'(σκότος)과 '빛'(φῶς)의 대조가 특징적이다.

(2) 13:14에서 예수 그리스도와 '육신'(σάρξ)이 대조되고 있다.

(3) 이 단락에서 특별히 주목할 것은 13:11b,c와 13:12a에 있는 권면의 종말론적인 동기이다.

> 13:11b 자다가 깰 때가 벌써 되었으니
> 13:11c 이는 이제 우리의 구원이 처음 믿을 때보다 가까웠음이라
> 13:12a 밤이 깊고 낮이 가까웠으니

위 세 문장은 평행을 이루고 있다.

4) 본문의 흐름

바울은 12:1-2에서 몸을 하나님께 산 제물로 드릴 것과 종말로 가고 있는 이 세대를 본받지 말 것, 그리고 마음을 새롭게 함으로 변화를 받을 것을 요구한다. 이런 원론적인 권면은 12:3-13:10에서 확대된다. 이제 바울은 지금까지의 권면(12:1-13:10)에 종말론적인 동기를 부여하고 있다.

12:1-13:10의 권면을 요약하면 다음과 같다. 그리스도인들은 몸을 산 제물로 하나님께 드리고, 서로 사랑하는 일에 힘써야 한다는 것이다(13:11a).[76)] 왜냐하면 자다가 깰 때가 벌써 되고, 우리 구원이 처음 믿을 때보다 가까웠기 때문이다(13:11b,c). 바울이 볼 때, 밤이 깊고 낮이 가까웠다(13:12a).

그러므로(οὖν) 그리스도인들은 어두움의 일을 벗고 빛의 갑옷을 입어야 한다(13:12b). 구체

---

76) καὶ τοῦτο는 12:1-13:10의 권면을 가리키는 것 같다. Schreiner, Romans, 697.

적으로 말하면, 낮에 행동하듯이 단정히 행하고, 방탕과 술 취하지 말며, 음란과 호색하지 말며, 다툼과 시기를 멀리하고, 오직 주 예수 그리스도로 옷 입고, 정욕을 위하여 육신의 일을 도모해서는 안 된다(13:13-14).

5) 내용 정리

13:11a 권면
13:11b,c 권면의 동기
13:12a 권면의 동기
13:12b-14 권면

공동체 안에서 서로 받으라는 호소 14:1-15:13

| 서로 반대하지 말라는 호소 14:1-12

1) 구문 분석

1 Τὸν δὲ ἀσθενοῦντα τῇ πίστει προσλαμβάνεσθε,
   믿음이 연약한 자를 너희가 받되

   μὴ εἰς διακρίσεις διαλογισμῶν.
   그의 의심하는 바를 비판하지 말라

2 ὃς μὲν πιστεύει φαγεῖν πάντα,
   어떤 사람은 모든 것을 먹을 만한 믿음이 있으나

   ὁ δὲ ἀσθενῶν λάχανα ἐσθίει.
   연약한 자는 채소를 먹느니라

3 ὁ ἐσθίων τὸν μὴ ἐσθίοντα μὴ ἐξουθενείτω,
   먹는 자는 먹지 않는 자를 업신여기지 말고

   ὁ δὲ μὴ ἐσθίων τὸν ἐσθίοντα μὴ κρινέτω,
   먹지 못하는 자는 먹는 자를 판단하지 말라

   ὁ θεὸς γὰρ αὐτὸν προσελάβετο.
   이는 하나님이 저를 받으셨음이니라

4 σὺ τίς εἶ ὁ κρίνων ἀλλότριον οἰκέτην;
   남의 하인을 판단하는 너는 누구냐

τῷ ἰδίῳ κυρίῳ στήκει ηπίπτει·
그가 섰는 것이나 넘어지는 것이 제 주인에게 있으매

σταθήσεται δέ,
저가 세움을 받으리니

    δυνατεῖ γὰρ ὁ κύριος στῆσαι αὐτόν.
    이는 저를 세우시는 권능이 주께 있음이니라

5 ὃς μὲν [γὰρ] κρίνει ἡμέραν παρ' ἡμέραν,
   혹은 이 날을 저 날보다 낫게 여기고

ὃς δὲ κρίνει πᾶσαν ἡμέραν·
혹은 모든 날을 같게 여기나니

ἕκαστος ἐν τῷ ἰδίῳ νοΐ πληροφορείσθω.
각각 자기 마음에 확정할지니라

6 ὁ φρονῶν τὴν ἡμέραν κυρίῳ φρονεῖ·
   날을 중히 여기는 자도 주를 위하여 중히 여기고

καὶ ὁ ἐσθίων κυρίῳ ἐσθίει
먹는 자도 주를 위하여 먹으니

    εὐχαριστεῖ γὰρ τῷ θεῷ·
    이는 하나님께 감사함이요

καὶ ὁ μὴ ἐσθίων κυρίῳ οὐκ ἐσθίει,
먹지 않는 자도 주를 위하여 먹지 아니하며

καὶ εὐχαριστεῖ τῷ θεῷ.
하나님께 감사하느니라

7 οὐδεὶς γὰρ ἡμῶν ἑαυτῷ ζῇ
   우리 중에 누구든지 자기를 위하여 사는 자가 없고

καὶ οὐδεὶς ἑαυτῷ ἀποθνῄσκει·
자기를 위하여 죽는 자도 없도다

8 ἐάν τε γὰρ ζῶμεν, τῷ κυρίῳ ζῶμεν,
   우리가 살아도   주를 위하여 살고

ἐάν τε ἀποθνῄσκωμεν, τῷ κυρίῳ ἀποθνῄσκομεν.
우리가 죽어도   주를 위하여 죽나니

ἐάν τε οὖν ζῶμεν ἐάν τε ἀποθνῄσκωμεν, τοῦ κυρίου ἐσμέν.
그러므로 우리가 사나   죽으나   주의 것이로라

9 εἰς τοῦτο γὰρ Χριστὸς ἀπέθανεν καὶ ἔζησεν,
이를 위하여 그리스도께서 죽었다가 다시 살으셨으니

ἵνα καὶ νεκρῶν καὶ ζώντων κυριεύσῃ.
곧 죽은 자와 산 자의 주가 되려 하심이니라

10 σὺ δὲ τί κρίνεις τὸν ἀδελφόν σου;
네가 어찌하여 네 형제를 판단하느냐

ἢ καὶ σὺ τί ἐξουθενεῖς τὸν ἀδελφόν σου;
어찌하여 네 형제를 업신여기느냐

πάντες γὰρ παραστησόμεθα τῷ βήματι τοῦ θεοῦ,
우리가 다 하나님의 심판대 앞에 서리라

11 γέγραπται γάρ,
기록되었으되 … 하였느니라

Ζῶ ἐγώ, λέγει κύριος,
주께서 이르시되 내가 살았노니

ὅτι ἐμοὶ κάμψει πᾶν γόνυ
모든 무릎이 내게 꿇을 것이요

καὶ πᾶσα γλῶσσα ἐξομολογήσεται τῷ θεῷ.
모든 혀가 하나님께 자백하리라

12 ἄρα [οὖν] ἕκαστος ἡμῶν περὶ ἑαυτοῦ λόγον δώσει [τῷ θεῷ].
이러므로 우리 각인이 자기 일을 하나님께 직고하리라

2) 한글 본문

1 믿음이 연약한 자를 너희가 받되 그의 의견을 비판하지 말라

2 어떤 사람은 모든 것을 먹을 만한 믿음이 있고 믿음이 연약한 자는 채소만 먹느니라

3 먹는 자는 먹지 않는 자를 업신여기지 말고 먹지 않는 자는 먹는 자를 비판하지 말라 이는 하나님이 그를 받으셨음이라

4 남의 하인을 비판하는 너는 누구냐 그가 서있는 것이나 넘어지는 것이 자기 주인에게 있으매 그가 세움을 받으리니 이는 그를 세우시는 권능이 주께 있음이라

5 어떤 사람은 이 날을 저 날보다 낫게 여기고 어떤 사람은 모든 날을 같게 여기나니 각각 자기 마음으로 확정할지니라

6 날을 중히 여기는 자도 주를 위하여 중히 여기고 먹는 자도 주를 위하여 먹으니 이는 하나님께 감사함이요 먹지 않는 자도 주를 위하여 먹지 아니하며 하나님께 감사하느니라

7 우리 중에 누구든지 자기를 위하여 사는 자가 없고 자기를 위하여 죽는 자도 없도다

8 우리가 살아도 주를 위하여 살고 죽어도 주를 위하여 죽나니 그러므로 사나 죽으나 우리가 주의 것이로다

9 이를 위하여 그리스도께서 죽었다가 다시 살아나셨으니 곧 죽은 자와 산 자의 주가 되려 하심이라

10 네가 어찌하여 네 형제를 비판하느냐 어찌하여 네 형제를 업신여기느냐 우리가 다 하나님의 심판대 앞에 서리라

11 기록되었으되 주께서 이르시되 내가 살았노니 모든 무릎이 내게 꿇을 것이요 모든 혀가 하나님께 자백하리라 하였느니라

12 이러므로 우리 각 사람이 자기 일을 하나님께 직고하리라

3) 형식 관찰

(1) κρίνω ('판단하다' 또는 '여기다')라는 단어가 5번 등장한다 (14:3-5, 10).

(2) 자세히 보면 14:2-4와 14:5-6이 평행을 이루고 있다. 각기 로마 교회 안에 존재하는 두 다른 입장을 나란히 서술하고 (14:2, 5), 두 입장 모두 주님과 관련시킨다 (14:3-4, 6).

(3) 14:3과 14:10은 현저한 평행이다.

(4) 14:3-4, 10-12는 2:1-3, 16과 평행을 이루고 있다는 것도 주목하라. 2장과 14장 두 경

우 모두 다른 사람을 판단하지 말라고 경고하고, 뒤따라 하나님의 심판을 상기시킨다.

4) 본문의 흐름

권면의 마지막 부분에서, 바울은 로마 가정교회들이 직면한 구체적인 문제를 취급한다. 그 문제는 '믿음이 연약한 자'와 '믿음이 강한 자' 사이에 있었던 불화이다. 이슈는 고기를 먹는 것과 포도주를 마시는 것, 그리고 유대교의 날들을 지키는 것이다.

연약한 자 그룹은 주로 유대인 그리스도인들로 구성되어 있었다. 연약한 자들은 그리스도를 믿는 믿음이 주는 자유에 대한 확신이 약하여 음식과 날에 대한 유대교의 규정을 엄격히 준수하였다.

그러나 강한 자 그룹은 전혀 다른 견해를 가지고 있었다. 그들은 대부분 이방인 그리스도인들, 곧 당시 로마 가정교회의 다수를 차지하고 있던 이방인 그리스도인들로 구성되어 있었다. 강한 자들은 연약한 자들과는 달리, 그리스도 안에 있는 자유를 자랑하며 먹는 것과 날들에 대해 자유로운 입장을 취하였다.

강한 자들(대부분 이방인 그리스도인들)과 연약한 자들(대부분 유대인 그리스도인들)은 서로 상대방을 비난하였다. 강한 자들은 연약한 자들의 행위를 경멸하였고, 연약한 자들은 강한 자들의 자유로운 생활 방식을 정죄하였다.

바울은 먼저 로마교회의 다수를 차지하고 있는 강한 자에게 다음과 같이 권면한다. 믿음이 연약한 자를 형제자매로 받아들이고, 그들의 견해를 비판하여 신학적인 논쟁을 해서는 안 된다고 말한다(14:1). 약한 자와 강한 자 사이에 있었던 문제는 음식문제인데, 강한 자는 그리스도 안에 있는 자유에 대한 확신이 강하여 모든 것을 먹고, 연약한 자는 고기가 우상에게 제물로 바쳐진 고기일 수도 있고 유대교의 음식법에 따라 도살되지 않은 짐승의 고기일 수도 있기에 채소만 먹는다(14:2). 바울은 다시 권면한다. 먹는 자(강한 자)는 먹지 않는 자(연약한 자)를 업신여기면 안 되고(14:3a), 먹지 않는 자(연약한 자)는 먹는 자(강한 자)를 비판해서는 안 된다고 권면한다(14:3b).

먹지 않는 자는 왜 먹는 자를 비판해서는 안 되는가? 그 이유는 (γάρ) 하나님이 먹는 자(고기를 거리낌 없이 먹는 자)를 받으셨기 때문이다(14:3c). 주님께 속한 종을 비판하는 것은 부적절하다(14:4a). 먹는 자가 서 있는 것이나 넘어지는 것은 주님께 달려 있다(14:4b). 그는 세움을 받을 것이다(14:4c). 왜냐하면(γάρ) 그를 세우시는 권능이 주님께 있기 때문이다(14:4d).

강한 자와 연약한 자 사이에는 음식 문제 외에 또 다른 문제가 있었다. 그것은 연약한 자가 안식일과 그 외 다른 유대인 명절을 거룩하게 지키고, 강한 자는 모든 날을 거룩한 날로 취급한 것이다(14:5a). 날에 대해 어떤 입장을 취하든지 간에, 각자는 상대방의 반대 견해에 제한을 받지 말고 자기 마음에 확신하는 대로 행하여야 한다(14:5b).

다양한 견해가 허용될 수 있다. 날을 중히 여기는 자도 주를 위하여 중히 여기고, 먹는 자나 먹지 않는 자도 주를 위하여 그렇게 하기 때문이다(14:6). 우리 중에 아무도 자기를 위하여 사는 자가 없고, 자기를 위하여 죽는 자도 없다(14:7). 왜냐하면(γάρ) 우리가 살아도 주를 위하여 살고, 죽어도 주를 위하여 죽기 때문이다(14:8a). 왜 우리가 주를 위하여 살고 죽는가? 그 이유는 우리가 사나 죽으나 주의 것이기 때문이다(14:8b).[77] 왜 우리는 사나 죽으나 주의 것인가? 그 이유는(γάρ) 그리스도께서 죽었다가 다시 살아나사 산 자와 죽은 자의 주가 되셨기 때문이다(14:9).

결론적으로, 바울은 연약한 자와 강한 자 모두에게 권면한다. 먼저는 연약한 자(유대교의 전통을 존중하는 자)에게 그리고는 강한 자(그리스도 안에서 자유를 소중히 여기는 자)에게 권면한다. 곧, 연약한 자는 강한 자를 비판해서는 안 되고(14:10a), 강한 자는 연약한 자를 멸시해서는 안 된다고 말한다(14:10b). 왜냐하면(γάρ) 우리가 모두 하나님의 심판대 앞에 설 것이기 때문이다(14:10c). 14:10c를 뒷받침하기 위하여(γάρ) 바울은 14:11에서 이사야를 인용한다. "주께서 이르시되 내가 살았노니 모든 무릎이 내게 꿇을 것이요 모든 혀가 하나님께 자백하리라"(사. 45:23). 이 성경 구절로부터 바울은 경고성 결론을 이끌어 낸다. "이러므로(ἄρα [οὖν]) 우리 각인이 자기 일을 하나님께 직고하리라"(14:12).

---

[77] 14:8b의 οὖν은 이유를 나타낸다. Cranfield, *Romans*, II, 707.

5) 내용 정리

14:1 강한 자를 향한 권면

14:2 강한 자와 연약한 자 사이에 있는 문제

14:3a,b 강한 자와 연약한 자를 향한 권면

14:3c-4 연약한 자가 강한 자를 비판해서는 안 되는 이유

14:5 강한 자와 연약한 자 사이에 있는 또 다른 문제

14:6-9 다양한 견해가 허용될 수 있는 이유

14:10a,b 연약한 자와 강한 자를 향한 책망적 권면

14:10c-12 견해가 다른 형제를 비판하거나 멸시해서는 안 되는 이유

| **강한 자에 대한 권면 14:13-23**

1) 구문 분석

13 Μηκέτι οὖν ἀλλήλους κρίνωμεν·
그런즉 우리가 다시는 서로 판단하지 말고

   ἀλλὰ τοῦτο κρίνατε μᾶλλον,
   도리어 ... 결심하라

      τὸ μὴ τιθέναι πρόσκομμα τῷ ἀδελφῷ ἢ σκάνδαλον.
      부딪힐 것이나 거칠 것으로 형제 앞에 두지 아니할 것을

14 οἶδα καὶ πέπεισμαι ἐν κυρίῳ Ἰησοῦ
내가 주 예수 안에서 알고 확신하노니

   ὅτι οὐδὲν κοινὸν δι' ἑαυτοῦ,
   무엇이든지 스스로 속된 것이 없으되

      εἰ μὴ τῷ λογιζομένῳ τι κοινὸν εἶναι,
      다만 속되게 여기는 그 사람에게는

      ἐκείνῳ κοινόν.
      바로 그에게는 속되니라

15 εἰ γὰρ διὰ βρῶμα ὁ ἀδελφός σου λυπεῖται,
만일 식물을 인하여 네 형제가 근심하게 되면

   οὐκέτι κατὰ ἀγάπην περιπατεῖς·
   이는 네가 사랑으로 행하지 아니함이라

   μὴ τῷ βρώματί σου ἐκεῖνον ἀπόλλυε
   형제를 네 식물로 망하게 하지 말라

      ὑπὲρ οὗ Χριστὸς ἀπέθανεν
      그리스도께서 대신하여 죽으신 (형제)

16 μὴ βλασφημείσθω οὖν ὑμῶν τὸ ἀγαθόν.
그러므로 너희의 선한 것이 비방을 받지 않게 하라

17 οὐ γάρ ἐστιν ἡ βασιλεία τοῦ θεοῦ βρῶσις καὶ πόσις
하나님의 나라는 먹는 것과 마시는 것이 아니요

ἀλλὰ δικαιοσύνη καὶ εἰρήνη καὶ χαρὰ ἐν πνεύματι ἁγίῳ·
오직 성령 안에서 의와 평강과 희락이라

18 ὁ γὰρ ἐν τούτῳ δουλεύων τῷ Χριστῷ
이렇게 그리스도를 섬기는 자는

εὐάρεστος τῷ θεῷ καὶ δόκιμος τοῖς ἀνθρώποις.
하나님께 기뻐하심을 받으며 사람에게도 칭찬을 받느니라

19 <u>ἄρα οὖν τὰ τῆς εἰρήνης διώκωμεν</u>
<u>이러므로 우리가 화평의 일과 … 힘쓰자</u>

<u>καὶ τὰ τῆς οἰκοδομῆς τῆς εἰς ἀλλήλους.</u>
<u>서로 덕을 세우는 일을</u>

20 μὴ ἕνεκεν βρώματος κατάλυε τὸ ἔργον τοῦ θεοῦ.
식물을 인하여 하나님의 사업을 무너지게 말라

πάντα μὲν καθαρά,
만물이 다 정하되

ἀλλὰ κακὸν τῷ ἀνθρώπῳ τῷ διὰ προσκόμματος ἐσθίοντι.
거리낌으로 먹는 사람에게는 악하니라

21 καλὸν τὸ μὴ φαγεῖν κρέα μηδὲ πιεῖν οἶνον μηδὲ
고기도 먹지 아니하고 포도주도 마시지 아니하고 무엇이든지 … 아니함이 아름다우니라

ἐν ᾧ ὁ ἀδελφός σου προσκόπτει.
네 형제로 거리끼게 하는 일을

22 σὺ πίστιν [ἣν] ἔχεις κατὰ σεαυτὸν ἔχε ἐνώπιον τοῦ θεοῦ.
네게 있는 믿음을 하나님 앞에서 스스로 가지고 있으라

μακάριος ὁ μὴ κρίνων ἑαυτὸν ἐν ᾧ δοκιμάζει·
자기의 옳다 하는 바로 자기를 정죄하지 아니하는 자는 복이 있도다

23 ὁ δὲ διακρινόμενος ἐὰν φάγῃ κατακέκριται,
   의심하고 먹는 자는 정죄되었나니

   ὅτι οὐκ ἐκ πίστεως·
   이는 믿음으로 좇아 하지 아니한 연고라

   πᾶν δὲ ὃ οὐκ ἐκ πίστεως ἁμαρτία ἐστίν.
   믿음으로 좇아 하지 아니하는 모든 것이 죄니라

2) 한글 본문

13 그런즉 우리가 다시는 서로 비판하지 말고 도리어 부딪힐 것이나 거칠 것으로 형제 앞에 두지 아니하도록 주의하라

14 내가 주 예수 안에서 알고 확신하노니 무엇이든지 스스로 속된 것이 없으되 다만 속되게 여기는 그 사람에게는 속되니라

15 만일 음식으로 말미암아 네 형제가 근심하게 되면 이는 네가 사랑으로 행하지 아니함이라 그리스도께서 대신하여 죽으신 형제를 네 음식으로 망하게 하지 말라

16 그러므로 너희의 선한 것이 비방을 받지 않게 하라

17 하나님의 나라는 먹는 것과 마시는 것이 아니요 오직 성령 안에서 의와 평강과 희락이라

18 이로써 그리스도를 섬기는 자는 하나님을 기쁘시게 하며 사람에게도 칭찬을 받느니라

19 그러므로 우리가 화평의 일과 서로 덕을 세우는 일을 힘쓰나니

20 음식으로 말미암아 하나님의 사업을 무너지게 하지 말라 만물이 다 깨끗하되 거리낌으로 먹는 사람에게는 악한 것이라

21 고기도 먹지 아니하고 포도주도 마시지 아니하고 무엇이든지 네 형제로 거리끼게 하는 일을 아니함이 아름다우니라

22 네게 있는 믿음을 하나님 앞에서 스스로 가지고 있으라 자기가 옳다 하는 바로 자기를 정죄하지 아니하는 자는 복이 있도다

23 의심하고 먹는 자는 정죄되었나니 이는 믿음을 따라 하지 아니하였기 때문이라 믿음을 따라 하지

아니하는 것은 다 죄니라

3) 형식 관찰

(1) 14:13-18과 14:19-23은 평행을 이루고 있는데, 단순한 평행이 아니라 교차대구법적인 평행이다.

14:13a 서로 판단하지 말라	14:22-23 자기 믿음을 스스로 간직하라
14:13b 걸림돌을 두지 말라	14:21 걸려 넘어지게 하는 일을 하지 말라
14:14 속된 것은 없다	14:20b 만물이 다 정하다
14:15 형제를 음식으로 망하게 하지 말라	14:20a 음식으로 하나님의 사업을 무너지게 하지 말라
14:16-18 하나님 나라의 특징은 의와 화평과 희락이다	14:19 화평의 일에 힘쓰자

4) 본문의 흐름

14:10-12의 권면을 바울은 다음과 같이 간단하게 요약한다. "그런즉(οὖν) 우리가 다시는 서로 판단해서는 안 된다"(14:13a). 이것은 강한 자와 연약한 자 모두에게 하는 권면이다.

그 다음 바울은 강한 자에게 얼굴을 돌려 권면한다(14:13b-23). 먼저 바울은 연약한 형제를 넘어지게 하는 그 어떤 일도 하지 않도록 결심하라고 말한다(14:13b).

물론 이것은 강한 자들이 신앙에 대한 자신의 확신을 포기해야 한다는 말은 아니다. 바울은 강한 자와 확신을 같이하여, 아무것도 그 자체로서 부정한 것은 없다고 확신한다(14:14a). 다만 어떤 것을 부정하다고 여기는 그 사람에게만 그것이 부정한 것이다(14:14b).

바울은 14:13b로 돌아가, 왜 연약한 형제를 넘어지게 해서는 안 되는지를 설명한다. 그 이유는(γάρ) 강한 자가 부정한 음식을 먹는 것을 보고 연약한 자가 근심하게 되면, 그것은 그리스도인의 삶에서 가장 중요한 사랑의 원리를 위반하는 것이기 때문이다(14:15a). 강한 자는 형제, 곧 그리스도께서 대신하여 죽으신 형제를 음식으로 망하게 해서는 안 된다(14:15b).

만일 강한 자가 사랑과 반대되는 행동을 하고 연약한 자를 망하게 한다면, 복음은 좋지 않은 것으로 비방을 받을 것이다(14:16). 음식 때문에 공동체 안에서 파괴적인 문제가 발생하여, 복음이 비방을 받아서는 안 된다. 왜 그래서는 안 되는가? 그 이유는 (γάρ) 14:17-18에 나타난다. 곧, 하나님 나라의 특징은 먹는 것과 마시는 것이 아니라, 공동체 안에서 맺어지는 성령의 열매인 의와 화평과 희락이기 때문이다(14:17). 이렇게 성령으로 공동체 안에서 의와 화평과 희락의 열매를 맺으며[78] 그리스도를 섬기는 자는, 하나님을 기쁘시게 하며 주변 사람들에게도 인정을 받는다(14:18).

바울은 이제 결론을 내린다. "이러므로(ἄρα οὖν) 우리가 화평의 일과 서로 덕을 세우는 일을 힘쓰자"(4:19). 음식 때문에 하나님의 교회 공동체를 무너지게 해서는 안 된다(4:20a). 다시 말해서 음식으로 말미암아 형제를 넘어지게 해서는 안 된다. 만물이 다 깨끗하나, 어떤 것을 먹는 일로 연약한 형제를 넘어지게 하는 것은 악을 행하는 것이다(4:20b).[79] 연약한 형제를 넘어지지 않도록 하기 위해서, 고기도 먹지 않고 포도주도 마시지 않고 그리고 연약한 형제를 걸려 넘어지게 하는 그 어떤 일도 하지 않는 것이 좋은 일이다(14:21).

여기서 바울은 오해가 발생하지 않도록 말을 덧붙인다. 곧, 강한 자에 대한 이상의 권면이 강한 자의 믿음을 부정하거나 공격하는 것으로 이해되어서는 안 된다는 것이다. 강한 자는 음식에 대한 자기 믿음을 하나님 앞에서 간직하여야 한다(14:22a). 이 말은 자기 집에서는 무엇이나 자유롭게 먹을 수 있다는 말이다. 더 나아가 바울은 강한 자의 복을 인정한다. 그 복은 자기가 옳다고 생각하는 일을 하면서 자기를 정죄하지 아니한다는 것이다(14:22b). 달리 말하면 아무런 죄책감을 느끼지 않고 확신 속에서 원하는 것은 무엇이든지 먹을 수 있다는 것이다. 그러나 의심하면서 자칫 부정한 음식을 먹는, 연약한 자는 정죄를 받는다(14:23a). 왜냐하면(ὅτι) 그 사람은 믿음으로 행하지 않기 때문이다(14:23b). 믿음을 따라 하지 아니한 모든 것, 곧 주이신 그리스도에 대한 신앙고백을 근거로 하지 않고 다른 것에 근거하여 행동

---

78) 14:18의 τούτῳ는 바로 앞에서 언급된 "오직 성령 안에서 의와 평강과 희락이라"(14:17b)를 가리킨다.
79) 14:20b에 대해서는 기본적으로 두 가지 해석이 있다. Cranfield, *Romans*, II, 723-24.

한 모든 것은 다 죄다(14:23c).

5) 내용 정리

14:13a 이상의 권면의 요약

14:13b 권면의 전환: 연약한 자를 넘어지게 하지 말라

14:14 강한 자의 신앙 인정

14:15-18 연약한 자를 넘어지게 해서는 안 되는 두 가지 이유

    14:15 첫 번째 이유

    14:16-18 두 번째 이유

14:19-21 결론적인 권면

14:22-23 강한 자의 신앙 인정

그리스도의 모범 15:1-6

1) 구문 분석

1 Ὀφείλομεν δὲ ἡμεῖς οἱ δυνατοὶ τὰ ἀσθενήματα τῶν ἀδυνάτων βαστάζειν
우리 강한 자가 마땅히 연약한 자의 약점을 담당하고

    καὶ μὴ ἑαυτοῖς ἀρέσκειν.
    자기를 기쁘게 하지 아니할 것이라

2 ἕκαστος ἡμῶν τῷ πλησίον ἀρεσκέτω
우리 각 사람이 이웃을 기쁘게 하되

    εἰς τὸ ἀγαθὸν πρὸς οἰκοδομήν·
    선을 이루고 덕을 세우도록 할지니라

3 καὶ γὰρ ὁ Χριστὸς οὐχ ἑαυτῷ ἤρεσεν·
그리스도께서 자기를 기쁘게 하지 아니하셨나니

    ἀλλὰ καθὼς γέγραπται,
    기록된 바 … 함과 같으니라

        Οἱ ὀνειδισμοὶ τῶν ὀνειδιζόντων σε ἐπέπεσαν ἐπ' ἐμέ.
        주를 비방하는 자들의 비방이 내게 미쳤나이다

4 ὅσα γὰρ προεγράφη,
무엇이든지 전에 기록한 바는

    εἰς τὴν ἡμετέραν διδασκαλίαν ἐγράφη,
    우리의 교훈을 위하여 기록된 것이니

        ἵνα διὰ τῆς ὑπομονῆς καὶ διὰ τῆς παρακλήσεως τῶν γραφῶν
        이는 인내로 그리고 성경의 안위로

        τὴν ἐλπίδα ἔχωμεν.
        우리가 소망을 가지게 함이니라

5   ὁ δὲ θεὸς τῆς ὑπομονῆς καὶ τῆς παρακλήσεως δώῃ ὑμῖν
   이제 인내와 안위의 하나님이 너희로 ... 하여 주사

   τὸ αὐτὸ φρονεῖν ἐν ἀλλήλοις <u>κατὰ Χριστὸν Ἰησοῦν</u>,
   <u>그리스도 예수를 본받아</u> 서로 뜻이 같게

6   ἵνα ὁμοθυμαδὸν ἐν ἑνὶ στόματι δοξάζητε τὸν θεὸν
   한 마음과 한 입으로 하나님께 ... 영광을 돌리게 하려 하노라

   καὶ πατέρα τοῦ κυρίου ἡμῶν Ἰησοῦ Χριστοῦ.
   곧 우리 주 예수 그리스도의 아버지께

2) 한글 본문

1 믿음이 강한 우리는 마땅히 믿음이 약한 자의 약점을 담당하고 자기를 기쁘게 하지 아니할 것이라

2 우리 각 사람이 이웃을 기쁘게 하되 선을 이루고 덕을 세우도록 할지니라

3 그리스도께서도 자기를 기쁘게 하지 아니하셨나니 기록된 바 주를 비방하는 자들의 비방이 내게 미쳤나이다 함과 같으니라

4 무엇이든지 전에 기록한 바는 우리의 교훈을 위하여 기록된 것이니 우리로 하여금 인내로 또는 성경의 위로로 소망을 가지게 함이니라

5 이제 인내와 위로의 하나님이 너희로 그리스도 예수를 본받아 서로 뜻이 같게 하여 주사

6 한 마음과 한 입으로 하나님 곧 우리 주 예수 그리스도의 아버지께 영광을 돌리게 하려하노라

3) 형식 관찰

(1) 15:1에 나타난 '강한 자'(ὁ δυνατός)와 '약한 자'(ὁ ἀδύνατος)의 대조를 주목하라.

(2) 15:1-3에 '기쁘게 하다'(ἀρέσκω)라는 말이 3번 등장한다.

(3) 15:4-5에 '인내'(ὑπομονή)와 '위로'(παράκλησις)라는 말이 쌍으로 두 번 나타난다.

4) 본문의 흐름

15:1-2에서 바울은 강한 자들에 대한 자신의 권면을 다음과 같이 요약한다. 그 권면은 우리 강한 자들은 연약한 자들의 약점을 담당하고 자기를 기쁘게 해서는 안 된다는 것이다(15:1). 또한 우리 각 사람은 이웃을 기쁘게 하여, 선을 이루고 덕을 세우도록 해야 한다는 것이다(15:2).

왜 우리는 이웃을 그렇게 해야 하는가? 그 이유는(γάρ) 그리스도께서도 자기를 기쁘게 하지 아니하고, 시편 69:9의 말씀처럼 하나님을 향한 인간의 비방을 받으셨기 때문이다(15:3). 이전에 기록된 것은 우리의 교훈을 위하여 기록된 것인데(15:4a), 그 목적은(ἵνα) 우리로 하여금 인내와 성경의 위로로 소망을 갖게 하려는 것이다(15:4b).

15:5-6에서 바울은 기도한다. 곧, 하나님께서 로마의 그리스도인들로 하여금 그리스도를 본받아 서로 같은 마음을 품게 하셔서(15:5), 한 마음과 한 입으로 하나님께 영광 돌리게 하시길 기도한다(15:6).

5) 내용 정리

15:1-2 강한 자들에 대한 권면 요약

15:3 그리스도의 본

15:4 구약 성경의 역할

15:5-6 바울의 기도

| 서로 받으라는 권면 15:7-13

1) 구문 분석

7 <u>Διὸ προσλαμβάνεσθε ἀλλήλους,</u>
　<u>이러므로 너희도 서로 받으라</u>

　　<u>καθὼς καὶ ὁ Χριστὸς προσελάβετο ὑμᾶς εἰς δόξαν τοῦ θεοῦ.</u>
　　<u>그리스도께서 너희를 받아 하나님께 영광을 돌리심과 같이</u>

8 λέγω γὰρ Χριστὸν διάκονον γεγενῆσθαι περιτομῆς
　내가 말하노니 그리스도께서 할례자의 종이 되셨으니

　　ὑπὲρ ἀληθείας θεοῦ,
　　하나님의 진실하심을 위하여

　　εἰς τὸ βεβαιῶσαι τὰς ἐπαγγελίας τῶν πατέρων,
　　이는 조상들에게 주신 약속들을 견고하게하시고

9 　τὰ δὲ ἔθνη ὑπὲρ ἐλέους δοξάσαι τὸν θεόν,
　　이방인으로 그 긍휼하심을 인하여 하나님께 영광을 돌리게 하려 하심이라

καθὼς γέγραπται,
기록된 바 … 함과 같으니라

　　Διὰ τοῦτο ἐξομολογήσομαί σοι ἐν ἔθνεσιν
　　이러므로 내가 열방 중에서 주께 감사하고

　　καὶ τῷ ὀνόματί σου ψαλῶ.
　　주의 이름을 찬송하리로다

10 καὶ πάλιν λέγει,
　또 가로되 … 하였으며

　　Εὐφράνθητε, ἔθνη, μετὰ τοῦ λαοῦ αὐτοῦ.
　　열방들아 주의 백성과 함께 즐거워하라

11 καὶ πάλιν,
또 … 하였으며

   Αἰνεῖτε, πάντα τὰ ἔθνη, τὸν κύριον,
   모든 열방들아 주를 찬양하며

   καὶ ἐπαινεσάτωσαν αὐτὸν πάντες οἱ λαοί.
   모든 백성들아 저를 찬송하라

12 καὶ πάλιν Ἠσαΐας λέγει,
또 이사야가 이르되 … 하였느니라

   Ἔσται ἡ ῥίζα τοῦ Ἰεσσαί
   이새의 뿌리 … 가 있으리니

      καὶ ὁ ἀνιστάμενος ἄρχειν ἐθνῶν,
      곧 열방을 다스리기 위하여 일어나시는 이

   ἐπ' αὐτῷ ἔθνη ἐλπιοῦσιν.
   열방이 그에게 소망을 두리라

13 ὁ δὲ θεὸς τῆς ἐλπίδος πληρώσαι ὑμᾶς πάσης χαρᾶς καὶ εἰρήνης
소망의 하나님이 모든 기쁨과 평강을 너희에게 충만하게 하사

   ἐν τῷ πιστεύειν,
   믿음 안에서

   εἰς τὸ περισσεύειν ὑμᾶς ἐν τῇ ἐλπίδι ἐν δυνάμει πνεύματος ἁγίου.
   성령의 능력으로 소망이 넘치게 하시기를 원하노라

2) 한글 본문

7 그러므로 그리스도께서 우리를 받아 하나님께 영광을 돌리심과 같이 너희도 서로 받으라

8 내가 말하노니 그리스도께서 하나님의 진실하심을 위하여 할례의 추종자가 되셨으니 이는 조상들에게 주신 약속들을 견고하게 하시고

9 이방인들도 그 긍휼하심으로 말미암아 하나님께 영광을 돌리게 하려 하심이라 기록된 바 그러므로 내가 열방 중에서 주께 감사하고 주의 이름을 찬송하리로다 함과 같으니라

10 또 이르되 열방들아 주의 백성과 함께 즐거워하라 하였으며

11 또 모든 열방들아 주를 찬양하며 모든 백성들아 그를 찬송하라 하였으며

12 또 이사야가 이르되 이새의 뿌리 곧 열방을 다스리기 위하여 일어나시는 이가 있으리니 열방이 그에게 소망을 두리라 하였느니라

13 소망의 하나님이 모든 기쁨과 평강을 믿음 안에서 너희에게 충만하게 하사 성령의 능력으로 소망이 넘치게 하시기를 원하노라

3) 형식 관찰

(1) 15:8에서 유대인에 대한 하나님의 '진실하심'(ἀλήθεια)과 이방인에 대한 하나님의 '긍휼하심'(ἔλεος)이 평행을 이루고 있는 것을 주목하라.

(2) 15:9-12에 있는 일련의 구약 성경 인용은 '열방'(ἔθνη)이란 주제어로 결합되어 있다.

(3) 15:12-13에는 '소망'에 대한 3중 강조가 나타난다. 곧, '소망하다'(ἐλπίζω)라는 동사가 1번, '소망'(ἐλπίς)이란 명사가 2번 등장한다.

4) 본문의 흐름

14:1-12에서 바울은 강한 자와 연약한 자 모두에게 권면하고, 14:13-5:6에서는 강한 자의 의무를 강조한 다음, 마지막으로 15:7-13에서는 강한 자와 연약한 자 모두에게 다음과 같이 명령한다. "이러므로(διό) 너희도 서로 받으라"(15:7a). 왜 그들은 서로 받아야 하는가? 그 이유는 그리스도께서 자신의 대속적인 죽음을 통하여 강한 자와 연약한 자 모두를 받아 하나님께 영광을 돌리셨기 때문이다(15:7b).[80]

15:8-9a는 15:7b에 대한 부가적인 설명이다(γάρ). 곧, 바울은 유대인 그리스도인들과 이방인 그리스도인들을 하나로 통합하기 위하여 그리스도께서 행하신 화해사역을 말한다. 그것은 그리스도께서 하나님의 언약적 진실하심(신실하심)을 나타내기 위하여, 유대인의 메시아

---

80) 15:7b의 καθώς는 원인적인 의미를 가지고 있다. Cranfield, *Romans*, II, 739.

(할례자의 종)로서 십자가 위에서 자기 목숨을 버리셨다는 것이다(15:8a). 그 목적은 조상들에게 주신 약속들을 성취하기 위함이다(15:8b). 또한 언약 밖에 있는 이방인도 하나님의 긍휼하심으로 말미암아 이스라엘에게 약속된 구원에 참여하여 하나님께 영광을 돌리게 하려 하심이다(15:9a; 참조. 창 12:3). [81] 이방인들이 유대인들과 함께 하나님을 찬양하게 되는 것은, 구약 성경 여러 곳에 이미 예언되어 있는 것이다(15:9b-12).

바울은 자신의 권면을 기도로 마감한다. 그는 소망을 주시고 소망을 온전히 이루실 하나님이 믿음 안에서 모든 기쁨과 평강을 로마 성도들에게 충만하게 하사, 성령의 능력으로 소망이 넘치게 하시길 소원한다(15:13).

5) 내용 정리

15:7 결론적 권면: 서로 받으라

15:8-9a 권면에 대한 이유: 그리스도의 사역

15:9b-12 이방인들의 하나님 찬양

15:13 바울의 기도

---

81) 15:9a가 구문론적으로 15:8과 어떻게 연결되는지에 대해선, 많은 견해가 있다. Cranfield, *Romans*, II, 742-44; Dunn, *Romans 9-16*, 847-48; Schreiner, *Romans*, 755-56; Jewett, *Romans*, 892-93을 보라.

VI 결론 15:14-16:27

바울의 선교 사역 15:14-21

1) 구문 분석

14 Πέπεισμαι δέ, ἀδελφοί μου, καὶ αὐτὸς ἐγὼ περὶ ὑμῶν
　　내 형제들아 … 나도 확신하노라

　　ὅτι καὶ αὐτοὶ μεστοί ἐστε ἀγαθωσύνης,
　　너희가 스스로 선함이 가득하고

　　πεπληρωμένοι πάσης [τῆς] γνώσεως,
　　모든 지식이 차서

　　δυνάμενοι καὶ ἀλλήλους νουθετεῖν.
　　능히 서로 권할 수 있음을

15 τολμηρότερον δὲ ἔγραψα ὑμῖν ἀπὸ μέρους
　　그러나 내가 더욱 담대히 대강 너희에게 썼노니

　　ὡς ἐπαναμιμνῄσκων ὑμᾶς
　　너희로 다시 생각나게 하려고

　　διὰ τὴν χάριν τὴν δοθεῖσάν μοι ὑπὸ τοῦ θεοῦ
　　하나님께서 내게 주신 은혜를 인하여

16　　εἰς τὸ εἶναί με λειτουργὸν Χριστοῦ Ἰησοῦ εἰς τὰ ἔθνη,
　　이 은혜는 곧 나로 이방인을 위하여 그리스도 예수의 일꾼이 되어

   ἱερουργοῦντα τὸ εὐαγγέλιον τοῦ θεοῦ,
   하나님의 복음의 제사장 직무를 하게 하사

   ἵνα γένηται ἡ προσφορὰ τῶν ἐθνῶν εὐπρόσδεκτος,
   이방인을 제물로 드리는 그것이 … 받으심직하게 하려 하심이라

   ἡγιασμένη ἐν πνεύματι ἁγίῳ.
   성령 안에서 거룩하게 되어

17 ἔχω οὖν [τὴν] καύχησιν ἐν Χριστῷ Ἰησοῦ τὰ πρὸς τὸν θεόν·
  그러므로 내가 그리스도 예수 안에서 하나님의 일에 대하여 자랑하는 것이 있거니와

18 οὐ γὰρ τολμήσω τι λαλεῖν
  내가 감히 말하지 아니하노라

  ὧν οὐ <u>κατειργάσατο Χριστὸς δι' ἐμοῦ</u>
  <u>그리스도께서 나로 말미암아 역사하신 것</u> 외에는

   <u>εἰς ὑπακοὴν ἐθνῶν</u>,
   <u>이방인들을 순종하게 하기 위하여</u>

   λόγῳ καὶ ἔργῳ,
   말과 일로,

19 ἐν δυνάμει σημείων καὶ τεράτων,
   표적과 기사의 능력으로,

   ἐν δυνάμει πνεύματος [θεοῦ]
   성령의 능력으로

  ὥστε με ἀπὸ Ἰερουσαλὴμ καὶ κύκλῳ μέχρι τοῦ Ἰλλυρικοῦ
  이 역사로 인하여 내가 예루살렘으로부터 두루 행하여 일루리곤까지

  πεπληρωκέναι τὸ εὐαγγέλιον τοῦ Χριστοῦ,
  그리스도의 복음을 편만하게 전하였노라

20 οὕτως δὲ φιλοτιμούμενον εὐαγγελίζεσθαι οὐχ ὅπου ὠνομάσθη Χριστός,
  또 내가 그리스도의 이름을 부르시 않는 곳에 복음을 전하기를 힘썼노니

  ἵνα μὴ ἐπ' ἀλλότριον θεμέλιον οἰκοδομῶ,
  이는 남의 터 위에 건축하지 아니하려 함이라

21 ἀλλὰ καθὼς γέγραπται,
  기록된 바 ... 함과 같으니라

  Οἷς οὐκ ἀνηγγέλη περὶ αὐτοῦ ὄψονται,
  주의 소식을 받지 못한 자들이 볼 것이요

  καὶ οἳ οὐκ ἀκηκόασιν συνήσουσιν.
  듣지 못한 자들이 깨달으리라

2) 한글 본문
14 내 형제들아 너희가 스스로 선함이 가득하고 모든 지식이 차서 능히 서로 권하는 자임을 나도 확신하노라

15 그러나 내가 너희로 다시 생각나게 하려고 하나님께서 내게 주신 은혜로 말미암아 더욱 담대히 대략 너희에게 썼노니

16 이 은혜는 곧 나로 이방인을 위하여 그리스도 예수의 일꾼이 되어 하나님의 복음의 제사장 직분을 하게 하사 이방인을 제물로 드리는 것이 성령 안에서 거룩하게 되어 받으실 만하게 하려 하심이라

17 그러므로 내가 그리스도 예수 안에서 하나님의 일에 대하여 자랑하는 것이 있거니와

18 그리스도께서 이방인들을 순종하게 하기 위하여 나를 통하여 역사하신 것 외에는 내가 감히 말하지 아니하노라 그 일은 말과 행위로

19 표적과 기사의 능력으로 성령의 능력으로 이루어졌으며 그리하여 내가 예루살렘으로부터 두루 행하여 일루리곤까지 그리스도의 복음을 편만하게 전하였노라

20 또 내가 그리스도의 이름을 부르는 곳에는 복음을 전하지 않기로 힘썼노니 이는 남의 터위에 건축하지 아니하려 함이라

21 기록된 바 주의 소식을 받지 못한 자들이 볼 것이요 듣지 못한 자들이 깨달으리라 함과 같으니라

3) 형식 관찰
(1) 이 단락에는 '복음'이라는 단어가 3번 등장한다(15:16, 19, 20).

(2) 15:18-19에 나타난 다음 평행을 주목하라.

말과 행위로(λόγῳ καὶ ἔργῳ)
표적과 기사의 능력으로(ἐν δυνάμει σημείων καὶ τεράτων)
성령의 능력으로(ἐν δυνάμει πνεύματος [θεοῦ])

4) 본문의 흐름

위대한 신학적인 해설(1:18-11:36)과 실제적인 권면(12:1-15:13)은 끝났다. 바울은 이제 로마서를 마무리하고자 한다. 그는 먼저 자신이 지금까지 수행해왔던 사도적 선교사역에 대해 간단히 진술한다.

여기서 바울은 1:8-15의 머리말로 되돌아가고자 한다. 그런데 그는 자기가 설립하지도 않았고 아직 한 번도 방문하지도 않은 교회에 지금까지 담대하게 말한 것이 약간 마음에 걸린 듯하다. 그래서 바울은 로마 교회 성도들의 신앙 성숙에 대한 확신을 표현한다. 곧, 그들이 서로의 관계 속에서 선함이 가득하고, 모든 영적 지식으로 충만하여, 서로를 권면할 수 있는 능력이 있음을 굳게 믿는다고 말한다(15:14). 이런 확신에도 불구하고 바울은 그들로 다시 생각나게 하려고, 자신에게 주어진 하나님의 은혜에 근거하여 몇 가지 점에서 어느 정도 담대히 기록하였다(15:15).

그러면 바울에게 주어진 하나님의 은혜는 무엇인가? 그것은 그가 이방인을 위하여 그리스도의 일꾼이 된 것, 곧 이방인의 사도가 된 것이다(15:16a). 이 사도적 사역은 복음의 제사장 직무를 행하는 것인데(15:16b), 그 목적은(ἵνα) 이방인이 성령으로 거룩하게 되어 하나님께서 기쁘게 받으시는 제물이 되게 하려는 것이다(15:16c).

사도적 역할에 대해 언급한 다음, 바울은 그리스도 안에서 하나님이 자기를 통하여 성취하신 일을 자랑스럽게 말한다(15:17). 그 일에 대한 설명이 15:18-19에 제공된다(γάρ). 곧, 그리스도께서 이방인들을 순종하게 하려고, 말과 행위로, 표적과 기사의 능력으로, 성령의 능력으로 그를 통하여 역사하셨다는 것이다(15:18-19a). 그 결과(ὥστε) 그는 예루살렘으로부터 일루리곤까지 두루 다니며 그리스도의 복음을 충만하게 전하였다(15:19b).

15:20-21에는 바울의 선교 정책이 부언(附言)되어 있다. 그 정책은 그가 그리스도의 이름을 부르는 곳에서는 복음을 전하지 않기를 힘썼던 것인데(15:20a), 그 목적은(ἵνα) 남의 터 위에 건축하지 아니 하려는 것이다(15:20b). 이러한 선교 사역 안에서 이사야의 예언, 곧 그리스도에 대해 전혀 들어보지 못한 자들에게 복음이 전파되리라는 예언은 성취되고 있다고 바울은 이해한다(15:21).

5) 내용 정리

15:14 로마 성도들에 대한 바울의 확신

15:15 바울이 로마 성도들에게 편지를 쓰는 이유

15:16 바울에게 주어진 은혜

15:17-19 바울의 선교 사역

15:20-21 바울의 선교 정책

바울의 여행 계획 15:22-33

| 바울의 여행 계획 15:22-33

1) 구문 분석

22 Διὸ καὶ ἐνεκοπτόμην τὰ πολλὰ τοῦ <u>ἐλθεῖν πρὸς ὑμᾶς</u>·
그러므로 또한 내가 <u>너희에게 가려</u> 하던 것이 여러 번 막혔더니

23 νυνὶ δὲ μηκέτι τόπον ἔχων ἐν τοῖς κλίμασι τούτοις,
이제는 이 지방에 일할 곳이 없고

ἐπιποθίαν δὲ ἔχων τοῦ <u>ἐλθεῖν πρὸς ὑμᾶς</u> ἀπὸ πολλῶν ἐτῶν,
여러 해 전부터 언제든지 <u>너희에게 가려는</u> 소원이 있었으니

24 ὡς ἂν πορεύωμαι εἰς τὴν Σπανίαν·
서바나로 갈 때에

ἐλπίζω γὰρ διαπορευόμενος θεάσασθαι ὑμᾶς
이는 지나가는 길에 너희를 보고

καὶ ὑφ' ὑμῶν προπεμφθῆναι ἐκεῖ
너희의 그리로 보내 줌을 바람이라

ἐὰν ὑμῶν πρῶτον ἀπὸ μέρους ἐμπλησθῶ.
먼저 너희와 교제하여 얼마간 만족을 받은 후에

25 νυνὶ δὲ πορεύομαι εἰς Ἰερουσαλὴμ
그러나 이제는 내가 예루살렘에 가노니

διακονῶν τοῖς ἁγίοις.
성도를 섬기는 일로

26 εὐδόκησαν γὰρ Μακεδονία καὶ Ἀχαΐα κοινωνίαν τινὰ ποιήσασθαι
이는 마게도냐와 아가야 사람들이 기쁘게 얼마를 동정하였음이라

εἰς τοὺς πτωχοὺς τῶν ἁγίων τῶν ἐν Ἰερουσαλήμ.
예루살렘 성도 중 가난한 자들을 위하여

27 εὐδόκησαν γάρ
그들이 기뻐서 하였거니와

καὶ ὀφειλέται εἰσὶν αὐτῶν·
또한 그들은 그들에게 빚진 자니

εἰ γὰρ τοῖς πνευματικοῖς αὐτῶν ἐκοινώνησαν τὰ ἔθνη,
만일 이방인들이 그들의 신령한 것을 나눠 가졌으면

ὀφείλουσιν καὶ ἐν τοῖς σαρκικοῖς λειτουργῆσαι αὐτοῖς.
육신의 것으로 그들을 섬기는 것이 마땅하니라

28 τοῦτο οὖν ἐπιτελέσας
그러므로 내가 이 일을 마치고

καὶ σφραγισάμενος αὐτοῖς τὸν καρπὸν τοῦτον,
이 열매를 그들에게 확증한 후에

ἀπελεύσομαι δι' ὑμῶν εἰς Σπανίαν·
너희에게 들렀다가 서바나로 가리라

29 οἶδα δὲ
내가 ... 아노라

ὅτι ἐρχόμενος πρὸς ὑμᾶς
너희에게 나갈 때에

ἐν πληρώματι εὐλογίας Χριστοῦ ἐλεύσομαι.
그리스도의 충만한 복을 가지고 갈 줄을

30 Παρακαλῶ δὲ ὑμᾶς [, ἀδελφοί,]
형제들아 내가 너희를 권하노니

Ⅵ
결론

255

διὰ τοῦ κυρίου ἡμῶν Ἰησοῦ Χριστοῦ
내가 우리 주 예수 그리스도로 말미암아

καὶ διὰ τῆς ἀγάπης τοῦ πνεύματος
그리고 성령의 사랑으로 말미암아

συναγωνίσασθαί μοι ἐν ταῖς προσευχαῖς ὑπὲρ ἐμοῦ πρὸς τὸν θεόν,
너희 기도에 나와 힘을 같이하여 나를 위하여 하나님께 빌어

31 ἵνα ῥυσθῶ ἀπὸ τῶν ἀπειθούντων ἐν τῇ Ἰουδαίᾳ
나로 유대에 순종하지 아니하는 자들에게서 구원을 받게 하고

καὶ ἡ διακονία μου ἡ εἰς Ἰερουσαλὴμ
또 예루살렘에 대한 나의 섬기는 일이

εὐπρόσδεκτος τοῖς ἁγίοις γένηται,
성도들에게 받아들여지게 하고

32 ἵνα ἐν χαρᾷ ἐλθὼν πρὸς ὑμᾶς διὰ θελήματος θεοῦ
그리하여 하나님의 뜻을 좇아 기쁨으로 너희에게 나아가

συναναπαύσωμαι ὑμῖν.
나로 너희와 함께 편히 쉬게 하라

33 ὁ δὲ θεὸς τῆς εἰρήνης μετὰ πάντων ὑμῶν, ἀμήν.
평강의 하나님께서 너희 모든 사람과 함께 계실지어다 아멘

2) 한글 본문

22 그러므로 또한 내가 너희에게 가려 하던 것이 여러 번 막혔더니

23 이제는 이 지방에 일할 곳이 없고 또 여러 해 전부터 언제든지 서바나로 갈 때에 너희에게 가기를 바라고 있었으니

24 이는 지나가는 길에 너희를 보고 먼저 너희와 사귐으로 얼마간 기쁨을 가진 후에 너희가 그리로 보내주기를 바람이라

25 그러나 이제는 내가 성도를 섬기는 일로 예루살렘에 가노니

26 이는 마게도냐와 아가야 사람들이 예루살렘 성도 중 가난한 자들을 위하여 기쁘게 얼마를 연보하였음이라

27 저희가 기뻐서 하였거니와 또한 저희는 그들에게 빚진 자니 만일 이방인들이 그들의 영적인 것을 나눠 가졌으면 육적인 것으로 그들을 섬기는 것이 마땅하니라

28 그러므로 내가 이 일을 마치고 이 열매를 그들에게 확증한 후에 너희에게 들렀다가서 바나로 가리라

29 내가 너희에게 나아갈 때에 그리스도의 충만한 복을 가지고 갈 줄을 아노라

30 형제들아 내가 우리 주 예수 그리스도와 성령의 사랑으로 말미암아 너희를 권하노니 너희 기도에 나와 힘을 같이하여 나를 위하여 하나님께 빌어

31 나로 유대에서 순종하지 아니하는 자들로부터 건짐을 받게 하고 또 예루살렘에 대하여 내가 섬기는 일을 성도들이 받을 만하게 하고

32 나로 하나님의 뜻을 따라 기쁨으로 너희에게 나아가 너희와 함께 편히 쉬게 하라

33 평강의 하나님께서 너희 모든 사람과 함께 계실지어다 아멘

3) 형식 관찰

(1) 이 단락에서는 1:8-15에서 다루어진 주제들이 재진술되고 있다.

| 15:22 | 길이 막혀서 가지 못했다 | 1:13 |
| 15:23-24, 28-29 | 상호 유익을 위해 보기를 원한다 | 1:11-12 |

(2) "너희에게 가다"(ἔρχομαι πρὸς ὑμᾶς)라는 말이 4번 등장하는 것을 주목하라(15:22, 23, 29, 32).

(3) 15:27에 나타난 '영적인 것'(τὸ πνευματικός)과 '육적인 것'(τὸ σαρκικός)의 대조를 주목하라.

4) 본문의 흐름

이제 바울은 로마 방문 계획을 밝힌다. 그동안 그는 예루살렘에서 일루리곤까지 복음을

두루 전파하고 또한 끊임없이 발생하는 교회의 문제들을 해결하느라 바빴다. 그래서 로마 성도들에게 갈 수가 없었다(15:22).

그러나 이제는(νυνὶ δέ) 예루살렘과 일루리곤 사이에서 일할 곳이 없고, 또 여러 해 전부터 서바나로 갈 때에 언제든지 로마 성도들에게 가려는 소원이 있었기에, 바울은 지나가는 길에 그들을 만나 보길 원한다(15:23-24a). 그리고 그들과 사귐으로 얼마 동안 기쁨을 나눈 후에, 그들의 도움을 받아 서바나로 가기를 원한다(15:24b).

그러나 이제(νυνὶ δέ) 바울은 성도를 섬기는 일로 예루살렘에 간다(15:25). 그 이유는(γάρ) 마케도냐와 아가야에 있는 그리스도인들이 예루살렘 교회의 가난한 자들을 위하여 기쁘게 얼마를 연보하였기 때문이다(15:26). 물론 그들이 기쁘게 연보했지만, 그들은 사실상 예루살렘 성도들에게 빚진 자들이다(15:27a). 만일 그들이 예루살렘에서 시작된 복음을 통하여 모교회의 영적인 보화를 나누어 가지게 되었다면, 육신적인 것으로 그들을 섬기는 것이 마땅하다(15:27b).

이제 바울은 자기 여행 계획에 대한 서술을 다음과 같이 요약한다. 이방인 그리스도인들이 모은 구제 헌금을 예루살렘에 전달하고 또한 그 일이 올바로 이해되는지를 확인한 후에, 로마를 들렀다가 서바나로 갈 것이다(15:28). 그는 로마에 갈 때에 그리스도의 충만한 복을 가지고 갈 것을 확신하고 있다(15:29).

그러나 예루살렘으로 향하려는 바울의 마음에는 많은 염려가 있다. 그는 주 예수 그리스도 안에 있는 유대 관계를 힘입어 그리고 성령이 부어 주시는 형제 사랑을 힘입어, 로마 성도들에게 기도를 부탁한다(15:30). 곧, 그가 유대에 가서 복음에 적대적인 유대인들로부터 구원을 받게 되도록(15:31a), 또한 예루살렘 성도들이 이방인 그리스도인들의 구제 헌금을 기쁘게 받게 되도록(15:31b), 그리하여 그가 기쁨으로 로마 성도들에게 나아가 그들과 함께 편히 쉴 수 있게 되도록 기도해 달라는 것이다(15:32).

바울은 평강의 하나님이 모든 로마 성도들과 함께 있기를 바라는 축복 기도로 마무리한다(15:33).

5) 내용 정리

15:22 바울이 로마에 가려 하던 것이 여러 번 막히다

15:23-24 바울의 로마 방문 계획

15:25-27 로마에 가기 전 예루살렘에 구제헌금을 전달하려는 계획

15:28-29 여행 계획 요약

15:30-32 기도 요청

15:33 축복 기도

마지막 인사 16:1-23

| 뵈뵈의 천거 16:1-2

1) 구문 분석

1 Συνίστημι δὲ ὑμῖν Φοίβην τὴν ἀδελφὴν ἡμῶν,
　　　내가 우리 자매 뵈뵈를 너희에게 천거하노니

　　　　οὖσαν [καὶ] διάκονον τῆς ἐκκλησίας τῆς ἐν Κεγχρεαῖς,
　　　　겐그레아 교회의 일꾼으로 있는 (우리 자매 뵈뵈)

2 ἵνα αὐτὴν προσδέξησθε ἐν κυρίῳ ἀξίως τῶν ἁγίων
　　　너희가 주 안에서 성도들의 합당한 예절로 그를 영접하고

　　　καὶ παραστῆτε αὐτῇ ἐν ᾧ ἂν ὑμῶν χρῄζῃ πράγματι·
　　　무엇이든지 그에게 소용되는 바를 도와 줄지니

　　　καὶ γὰρ αὐτὴ προστάτις πολλῶν ἐγενήθη καὶ ἐμοῦ αὐτοῦ.
　　　이는 그가 여러 사람과 나의 후원자가 되었음이니라

2) 한글 본문

1 내가 겐그레아 교회의 일꾼으로 있는 우리 자매 뵈뵈를 너희에게 추천하노니
2 너희는 주 안에서 성도들의 합당한 예절로 그를 영접하고 무엇이든지 그에게 소용되는바를 도와 줄 지니 이는 그가 여러 사람과 나의 후원자가 되었음이라

3) 형식 관찰
(1) 16:1-2는 천거 서신의 형태이다.

4) 본문의 흐름
로마서의 마지막 장인 16장에는 바울의 마지막 인사(16:1-23)와 송영(16:25-27)이 포함되어 있다.[82] 16:1-23의 구조는 분명하다. (1) 16:1-2에서 바울은 뵈뵈를 추천한다. (2) 16:3-16에서는 로마에 있는 많은 그리스도인들에게 일일이 개인적인 인사를 한다. (3) 16:17-20에서는 거짓 선생들에 대하여 경고한다. (4) 16:20-23에는 바울의 친구들이 전하는 인사말이 포함되어 있다.

먼저, 바울은 로마의 그리스도인들에게 겐그레아 교회 일꾼으로 있는 자매 뵈뵈를 추천한다(16:1). 추천의 목적은 두 가지다. 하나는 로마의 그리스도인들이 뵈뵈 자매를 주 안에서 영접하도록 하기 위한 것이고, 다른 하나는 그들이 무엇이든지 그녀가 필요한 도움을 제공하도록 하기 위한 것이다(16:2a,b). 왜 로마의 성도들은 뵈뵈 자매를 영접하고 도와주어야 하는가? 그 이유는(γάρ) 그녀가 여러 사람과 바울의 후원자가 되었기 때문이다(16:2c).

5) 내용 정리
16:1 뵈뵈 자매 추천
16:2a,b 추천 목적
16:2c 뵈뵈를 영접하고 도와주어야하는 이유

---
[82] 어떤 학자들은 로마서 16장이 원래 로마서에 포함되지 않았을 것이라고 주장한다. 그러나 이런 주장은 얼마든지 반박될 수 있다. 예. Moo, *Romans*, 7-9를 보라.

바울의 문안 인사 16:3-16

1) 구문 분석

3 <u>Ἀσπάσασθε</u> Πρίσκαν καὶ Ἀκύλαν
   너희가 브리스가와 아굴라에게 <u>문안하라</u>

   τοὺς συνεργούς μου ἐν Χριστῷ Ἰησοῦ,
   그리스도 예수 안에서 나의 동역자들인 (브리스가와 아굴라)

4 οἵτινες ὑπὲρ τῆς ψυχῆς μου τὸν ἑαυτῶν τράχηλον ὑπέθηκαν,
   그들은 내 목숨을 위하여 자기의 목이라도 내어 놓았나니

   οἷς οὐκ ἐγὼ μόνος εὐχαριστῶ ἀλλὰ καὶ πᾶσαι αἱ ἐκκλησίαι τῶν ἐθνῶν,
   나뿐 아니라 이방인의 모든 교회도 그들에게 감사하느니라

5 καὶ τὴν κατ' οἶκον αὐτῶν ἐκκλησίαν.
   또 저희 집에서 모이는 교회에게도 문안하라

   <u>ἀσπάσασθε</u> Ἐπαίνετον τὸν ἀγαπητόν μου,
   나의 사랑하는 에배네도에게 <u>문안하라</u>

   ὅς ἐστιν ἀπαρχὴ τῆς Ἀσίας εἰς Χριστόν.
   저는 아시아에서 그리스도께 처음 익은 열매니라

6 <u>ἀσπάσασθε</u> Μαρίαν,
   마리아에게 <u>문안하라</u>

   ἥτις πολλὰ ἐκοπίασεν εἰς ὑμᾶς.
   너희를 위하여 많이 수고한 (마리아)

7 <u>ἀσπάσασθε</u> Ἀνδρόνικον καὶ Ἰουνιᾶν
   안드로니고와 유니아에게 <u>문안하라</u>

   τοὺς συγγενεῖς μου καὶ συναιχμαλώτους μου,
   내 친척이요 나와 함께 갇혔던 (안드로니고와 유니아)

οἵτινές εἰσιν ἐπίσημοι ἐν τοῖς ἀποστόλοις,
그들은 사도에게 유명히 여김을 받고

οἳ καὶ πρὸ ἐμοῦ γέγοναν ἐν Χριστῷ.
또한 나보다 먼저 그리스도 안에 있는 자라

8 ἀσπάσασθε Ἀμπλιᾶτον
암블리아에게 문안하라

τὸν ἀγαπητόν μου ἐν κυρίῳ.
주 안에서 내 사랑하는 (암블리아)

9 ἀσπάσασθε Οὐρβανὸν τὸν συνεργὸν ἡμῶν ἐν Χριστῷ
그리스도 안에서 우리의 동역자인 우르바노와 … 문안하라

καὶ Στάχυν τὸν ἀγαπητόν μου.
나의 사랑하는 스다구에게

10 ἀσπάσασθε Ἀπελλῆν
아벨레에게 문안하라

τὸν δόκιμον ἐν Χριστῷ.
그리스도 안에서 인정함을 받은 (아벨레)

ἀσπάσασθε τοὺς ἐκ τῶν Ἀριστοβούλου.
아리스도불로의 권속에게 문안하라

11 ἀσπάσασθε Ἡρῳδίωνα
헤로디온에게 문안하라

τὸν συγγενῆ μου.
내 친척 (헤로디온)

ἀσπάσασθε τοὺς ἐκ τῶν Ναρκίσσου τοὺς ὄντας ἐν κυρίῳ.
나깃수의 권속 중 주 안에 있는 자들에게 문안하라

12 ἀσπάσασθε Τρύφαιναν καὶ Τρυφῶσαν
드루배나와 드루보사에게 문안하라

τὰς κοπιώσας ἐν κυρίῳ.
주 안에서 수고한 (드루배나와 드루보사)

ἀσπάσασθε Περσίδα
버시에게 문안하라

τὴν ἀγαπητήν, ἥτις πολλὰ ἐκοπίασεν ἐν κυρίῳ.
주 안에서 많이 수고하고 사랑하는 (버시)

13 ἀσπάσασθε Ῥοῦφον τὸν ἐκλεκτὸν ἐν κυρίῳ
주 안에서 택하심을 입은 루포와 ... 에게 문안하라

καὶ τὴν μητέρα αὐτοῦ καὶ ἐμοῦ.
그의 어머니 곧 나의 어머니

14 ἀσπάσασθε Ἀσύγκριτον, Φλέγοντα, Ἑρμῆν, Πατροβᾶν, Ἑρμᾶν,
아순그리도와 블레곤과 허메와 바드로바와 허마와 ... 에게 문안하라

καὶ τοὺς σὺν αὐτοῖς ἀδελφούς.
그들과 함께 있는 형제들

15 ἀσπάσασθε Φιλόλογον καὶ Ἰουλίαν, Νηρέα καὶ τὴν ἀδελφὴν αὐτοῦ,
빌롤로고와 율리아와 또 네레오와 그 자매와 ... 에게 문안하라

καὶ Ὀλυμπᾶν, καὶ τοὺς σὺν αὐτοῖς πάντας ἁγίους.
올름바와 그들과 함께 있는 모든 성도

16 Ἀσπάσασθε ἀλλήλους ἐν φιλήματι ἁγίῳ.
너희가 거룩하게 입맞춤으로 서로 문안하라

Ἀσπάζονται ὑμᾶς αἱ ἐκκλησίαι πᾶσαι τοῦ Χριστοῦ.
그리스도의 모든 교회가 다 너희에게 문안하느니라

2) 한글 본문

3 너희는 그리스도 예수 안에서 나의 동역자들인 브리스가와 아굴라에게 문안하라

4 그들은 내 목숨을 위하여 자기들의 목까지도 내놓았나니 나뿐 아니라 이방인의 모든 교회도 그들에게 감사하느니라

5 또 저의 집에 있는 교회에도 문안하라 내가 사랑하는 에배네도에게 문안하라 그는 아시아에서 그리스도께 처음 맺은 열매니라

6 너희를 위하여 많이 수고한 마리아에게 문안하라

7 내 친척이요 나와 함께 갇혔던 안드로니고와 유니아에게 문안하라 그들은 사도들에게 존중히 여겨지고 또한 나보다 먼저 그리스도 안에 있는 자라

8 또 주 안에서 내 사랑하는 암블리아에게 문안하라

9 그리스도 안에서 우리의 동역자인 우르바노와 나의 사랑하는 스다구에게 문안하라

10 그리스도 안에서 인정함을 받은 아벨레에게 문안하라 아리스도불로의 권속에게 문안하라

11 내 친척 헤로디온에게 문안하라 나깃수의 가족 중 주 안에 있는 자들에게 문안하라

12 주 안에서 수고한 드루배나와 드루보사에게 문안하라 주 안에서 많이 수고하고 사랑하는 버시에게 문안하라

13 주 안에서 택하심을 입은 루포와 그의 어머니에게 문안하라 그의 어머니는 곧 내 어머니니라

14 아순그리도와 블레곤과 허메와 바드로바와 허마와 그들과 함께 있는 형제들에게 문안하라

15 빌롤로고와 율리아와 또 네레오와 그의 자매와 올름바와 그들과 함께 있는 모든 성도에게 문안하라

16 너희가 거룩하게 입맞춤으로 서로 문안하라 그리스도의 모든 교회가 다 너희에게 문안하느니라

3) 형식 관찰

(1) '문안하다'(ἀσπάζομαι)라는 단어가 17번 나온다.

(2) 이 단락에는 적어도 세 개의 가정교회가 언급되고 있는 것 같다(16:5, 14, 15). 16:10에 언급된 '아리스도불로의 권속' 그리고 16:11에 언급된 '나깃수의 가족 중 주 안에 있는 자들'도 가정교회를 가리키는지는 불분명하다.

4) 본문의 흐름

뵈뵈 자매에 대한 추천이 나온 후에, 특이하게도 기다란 인사 목록이 이어진다(16:3-16). 이 인사 목록은 단계별로 구성되어 있다. 먼저 바울은 과거 선교사역 과정에서 그와 특별하게 관련된 사람들에게 문안하라고 말한다(16:3-7). 그런 다음 그 밖의 다른 친구들과 아는 사람들에게 문안하라고 한다(16:8-15). 마지막으로 바울은 거룩한 입맞춤으로 서로 문안하라고

한다(16:16a). 그리고 로마의 그리스도인들에게 제국의 동쪽에 있는 모든 교회들의 문안 인사를 전한다(16:16b).[83]

5) 내용 정리

16:3-7 과거 선교 동역자들에게 문안

16:8-15 다른 친구들과 아는 사람들에게 문안

16:16 입맞춤으로 서로 문안하라

---

83) Stuhlmacher, *Romans*, 247; Moo, *Romans*, 918.

거짓 선생에 대한 경고 16:17-20

1) 구문 분석

¹⁷ <u>Παρακαλῶ δὲ ὑμᾶς, ἀδελφοί,</u>
<u>형제들아 내가 너희를 권하노니</u>

 <u>σκοπεῖν τοὺς τὰς διχοστασίας καὶ τὰ σκάνδαλα</u>
 <u>분쟁을 일으키고 거치게 하는 자들을 살피고</u>

  <u>παρὰ τὴν διδαχὴν ἣν ὑμεῖς ἐμάθετε ποιοῦντας,</u>
  <u>너희가 배운 교훈을 거슬러</u>

 <u>καὶ ἐκκλίνετε ἀπ' αὐτῶν·</u>
 <u>그들에게서 떠나라</u>

¹⁸ οἱ γὰρ τοιοῦτοι τῷ κυρίῳ ἡμῶν Χριστῷ οὐ δουλεύουσιν
이같은 자들은 우리 주 그리스도를 섬기지 아니하고

 ἀλλὰ τῇ ἑαυτῶν κοιλίᾳ,
 다만 자기의 배만 섬기나니

 καὶ διὰ τῆς χρηστολογίας καὶ εὐλογίας
 공교하고 아첨하는 말로

 ἐξαπατῶσιν τὰς καρδίας τῶν ἀκάκων.
 순진한 자들의 마음을 미혹하느니라

¹⁹ ἡ γὰρ ὑμῶν ὑπακοὴ εἰς πάντας ἀφίκετο·
너희 순종함이 모든 사람에게 들리는지라

 ἐφ' ὑμῖν οὖν χαίρω,
 그러므로 내가 너희를 인하여 기뻐하노니

θέλω δὲ ὑμᾶς σοφοὺς εἶναι εἰς τὸ ἀγαθόν,
너희가 선한 데 지혜롭고… 원하노라

ἀκεραίους δὲ εἰς τὸ κακόν.
악한 데 미련하기를

20 ὁ δὲ θεὸς τῆς εἰρήνης συντρίψει τὸν Σατανᾶν
평강의 하나님께서 사탄을 상하게 하시리라

ὑπὸ τοὺς πόδας ὑμῶν ἐν τάχει.
속히 너희 발 아래서

ἡ χάρις τοῦ κυρίου ἡμῶν Ἰησοῦ μεθ' ὑμῶν.
우리 주 예수의 은혜가 너희에게 있을지어다

2) 한글 본문

17 형제들아 내가 너희를 권하노니 너희가 배운 교훈을 거슬러 분쟁을 일으키거나 거치게 하는 자들을 살피고 그들에게서 떠나라

18 이같은 자들은 우리 주 그리스도를 섬기지 아니하고 다만 자기들의 배만 섬기나니 교활한 말과 아첨하는 말로 순진한 자들의 마음을 미혹하느니라

19 너희 순종함이 모든 사람에게 들리는지라 그러므로 내가 너희로 말미암아 기뻐하노니 너희가 선한 데 지혜롭고 악한 데 미련하기를 원하노라

20 평강의 하나님께서 속히 사탄을 너희 발 아래서 상하게 하시리라 우리 주 예수의 은혜가 너희에게 있을지어다

3) 형식 관찰

(1) 긴 문안인사 다음에 거짓 교사에 대한 날카로운 경고가 갑작스럽게 튀어나오는 것이 놀랍다.

(2) 16:17-18에 나열된 거짓 교사들의 특징적인 행위들을 주목하라.

(3) 바울이 거짓 교사들의 잘못된 행위에 반하여 참된 성도의 특징을 16:19에서 '순종'(ὑπακοή)이라고 언급한 것을 주목하라. 이 '순종'이란 주제어는 로마서에서 결정적인 순간에 등장한다. 1:5; 15:18; 16:26을 보라(참조. 5:19와 6:16).

> 1:5 그로 말미암아 우리가 은혜와 사도의 직분을 받아 그의 이름을 위하여 모든 이방인 중에서 믿어 순종하게(εἰς ὑπακοὴν πίστεως) 하나니
>
> 15:18 그리스도께서 이방인들을 순종하게 하기 위하여(εἰς ὑπακοήν) 나를 통하여 역사하신 것 외에는 내가 감히 말하지 아니하노라
>
> 16:26 이제는 나타내신 바 되었으며 영원하신 하나님의 명을 따라 선지자들의 글로 말미암아 모든 민족이 믿어 순종하게 하시려고(εἰς ὑπακοὴν πίστεως) 알게 하신 바 그 신비의 계시를 따라 된 것이니

4) 본문의 흐름

기다란 인사 목록 다음에, 우리는 거짓 선생들에 대한 바울의 갑작스런 경고를 발견한다. 12:1과 15:30에서와 같이, 바울은 한 번 더 하나의 분명한 권고로 시작한다. 곧, 복음의 진리에 반하여 분쟁을 일으키고 걸려 넘어지게 하는 자들을 주목하고 그들에게서 떠나라는 것이다(16:17). 왜 그런 자들을 멀리해야 하는가? 그 이유는(γάρ) 그들이 우리 주 그리스도를 섬기지 아니하고 다만 자기의 배만 섬기며 교활한 말과 아첨하는 말로 순진한 사람들의 마음을 속이기 때문이다(16:18).

바울은 16:17의 권고를 뒷받침하기 위하여, 로마의 그리스도인들의 순종이 세상에 널리 알려진 것을 언급하며 그들을 인한 기쁨을 표현한다(16:19a). 하지만 동시에 그는 로마의 그리스도인들이 선한 데 지혜롭고 악한 데 미련하기를 원한다(16:19b). 또한 그들은 평강의 하나님께서 거짓 선생들 안에서 활동하는 사단을 속히 그들의 발 아래서 상하게 하시리라는 것을 알아야 한다(16:20a).

바울은 주 예수의 은혜가 로마 성도들에게 있기를 기원한다(16:20b).

5) 내용 정리

16:17-18 경고: 거짓 선생들을 피하라

16:19-20a 참된 교회의 태도

16:20b 축복의 말씀

바울의 동역자들의 문안 인사 16:21-23

1) 구문 분석

21 <u>Ἀσπάζεται</u> ὑμᾶς Τιμόθεος ὁ συνεργός μου
   나의 동역자 디모데와 … 가 너희에게 <u>문안하느니라</u>

   καὶ Λούκιος καὶ Ἰάσων καὶ Σωσίπατρος οἱ συγγενεῖς μου.
   나의 친척 누기오와 야손과 소시바더

22 <u>ἀσπάζομαι</u> ὑμᾶς ἐγὼ Τέρτιος ὁ γράψας τὴν ἐπιστολὴν ἐν κυρίῳ.
   이 편지를 대서하는 나 더디오도 주 안에서 너희에게 <u>문안하노라</u>

23 <u>ἀσπάζεται</u> ὑμᾶς Γάϊος
   가이오도 너희에게 <u>문안하고</u>

   ὁ ξένος μου καὶ ὅλης τῆς ἐκκλησίας.
   나와 온 교회 식주인 (가이오)

   <u>ἀσπάζεται</u> ὑμᾶς Ἔραστος ὁ οἰκονόμος τῆς πόλεως καὶ Κούαρτος ὁ ἀδελφός.
   이 성의 재무 에라스도와 형제 구아도도 너희에게 <u>문안하느니라</u>

2) 한글 본문

21 나의 동역자 디모데와 나의 친척 누기오와 야손과 소시바더가 너희에게 문안하느니라

22 이 편지를 기록하는 나 더디오도 주 안에서 너희에게 문안하노라

23 나와 온 교회를 돌보아 주는 가이오도 너희에게 문안하고 이 성의 재무관 에라스도와 형제 구아도도 너희에게 문안하느니라

3) 형식 관찰

(1) 이 단락에는 '문안하다'(ἀσπάζομαι)라는 단어가 4번 등장한다.

(2) 바울의 동역자들의 문안 인사에 로마서의 대필자가 직접 문안하고 있는 점이 흥미

롭다.

4) 본문의 흐름

여기서 바울은 로마서를 작성할 당시 고린도에 같이 있는 형제들의 문안 인사를 덧붙인다. 먼저 바울은 그의 동역자들의 문안 인사를 전한다(16:21). 그 다음 바울의 대필자가 문안한다(16:22). 마지막으로 바울은 자신과 가까이 있었던 고린도 교회 성도들 몇 명의 문안 인사를 전한다(16:23).

5) 내용 정리

16:21 바울의 동역자들의 문안 인사
16:22 바울의 대필자의 문안 인사
16:23 고린도 성도 몇 명의 문안 인사

결론적인 송영 16:25-27

| 결론적인 송영 16:25-27

1) 구문 분석

25 |τῷ δὲ δυναμένῳ ὑμᾶς στηρίξαι
   너희를 능히 견고하게 하실 (하나님께)

   κατὰ τὸ εὐαγγέλιόν μου καὶ τὸ κήρυγμα Ἰησοῦ Χριστοῦ,
   나의 복음과 예수 그리스도를 선포함으로 (견고하게 하실)

   κατὰ ἀποκάλυψιν μυστηρίου
   비밀의 계시에 따라

   χρόνοις αἰωνίοις σεσιγημένου,
   영세 전부터 감취어졌다가

26   φανερωθέντος δὲ νῦν
   이제는 나타내신 바 되었으며

   διά τε γραφῶν προφητικῶν
   선지자들의 글로 말미암아

   κατ' ἐπιταγὴν τοῦ αἰωνίου θεοῦ
   영원하신 하나님의 명을 좇아

   εἰς ὑπακοὴν πίστεως εἰς πάντα τὰ ἔθνη γνωρισθέντος,
   모든 민족으로 믿어 순종하게 하시려고 알게 하신 (비밀)

27 μόνῳ σοφῷ θεῷ
유일하게 지혜로우신 하나님께

διὰ Ἰησοῦ Χριστοῦ,
예수 그리스도로 말미암아

ᾧ ἡ δόξα εἰς τοὺς αἰῶνας, ἀμήν.]
영광이 세세무궁토록 있을지어다 아멘

2) 한글 본문

25 나의 복음과 예수 그리스도를 전파함은 영세 전부터 감취어졌다가

26. 이제는 나타내신 바 되었으며 영원하신 하나님의 명을 따라 선지자들의 글로 말미암아 모든 민족이 믿어 순종하게 하시려고 알게 하신 바 그 신비의 계시를 따라 된 것이니 이 복음으로 너희를 능히 견고하게 하실

27 지혜로우신 하나님께 예수 그리스도로 말미암아 영광이 세세무궁하도록 있을지어다 아 멘

3) 형식 관찰

(1) 이 결론적인 송영은 1:1-7의 서문과 평행을 이룬다.

1:1-2	복음이 핵심 주제다	16:25
1:2	선지자들에 의해 미리 알려지다	16:26
1:5	모든 민족이 믿어 순종하게 하는 것이 목적이다	16:26

4) 본문의 흐름

마지막으로 등장하는 것은 하나님께 대한 송영이다. 로마서가 극도로 신중하게 구성된 서문(1:1-7)으로 시작된 것처럼, 아주 신중하게 표현된 찬양으로 마감된다.

바울은 먼저 하나님이 누구신지 말한다. 곧, 하나님은 믿는 자를 능히 견고하게 하실 수

있는 분이시다(16:25a). 그러면 하나님은 무엇으로 믿는 자를 견고하게 하시는가? 그것은 바로 복음과 예수 그리스도를 선포함으로 그렇게 하신다(16:25b). 그런데 예수 그리스도를 선포하는 것은 비밀의 계시에 근거한 것이다(16:25c). 그러면 그 비밀은 무엇인가? 그것은 영세 전부터 감추어졌다가(16:25d), 이제는 나타내신 바 되었으며(16:26a), 그리고 하나님의 명을 따라 선지자들의 글을 통하여 알게 하신 것이다(16:26b,c). 이 비밀을 알게 하신 것에는 중요한 목적이 있다. 그 목적은 모든 민족으로 하여금 믿어 순종하게 하려는 것이다(16:26d).

유일하게[84] 지혜로우신 하나님은 그리스도로 말미암아 영광을 받으시기에 합당하다(16:27).

5) 내용 정리

16:25a,b 믿는 자를 복음으로 견고하게 하시는 하나님
16:25c-26d 복음의 비밀의 계시
16:27 하나님께 영광

---

84) Cranfield, *Romans*, II, 813-14.

참고문헌

참고문헌

슈툴마허, 페터, 『로마서 주석』, 장흥길 역 (서울: 장로회신학대학교출판부, 2002).

홍인규, 『바울신학사색』, (서울: 이레서원, 2007).

홍인규, "로마서 5:12-21의 논증의 흐름," 『기독신학저널』, 13 (2007), 201-21.

홍인규, 『로마서 어떻게 읽을 것인가』, 개정증보판 (서울: 성서유니온, 2008).

Bauer, W., Danker, F. W., Arndt, W. F., and Gingrich, F. W., *A Greek-English Lexicon of the New Testament and Other Early Christian Literature*, Third Edition (Chicago: The University of Chicago Press, 2000).

Byrne, B., *Romans* (SP; Collegeville: The Liturgical Press, 1996).

Cranfield, C. E. B., *The Epistle to the Romans*, I (ICC; Edinburgh: T. & T. Clark, 1975).

Cranfield, C. E. B., *The Epistle to the Romans*, II (Edinburgh: T. & T. Clark, 1979).

De Boer, M. C., *The Defeat of Death: Apocalyptic Eschatology in 1 Corinthians 15 and Romans 5* (JSNTS; Sheffield: JSOT, 1988).

Dunn, J. D. G., *Romans 1-8* (WBC; Dallas: Word Books, 1988).

Dunn, J. D. G., *Romans 9-16* (WBC; Dallas: Word Books, 1988).

Jewett, R., *Romans* (Hermeneia; Minneapolis: Fortress, 2007).

Käsemann, E., *Commentary on Romans* (Grand Rapids: Eerdmans, 1980).

Moo, D. J., *The Epistle to the Romans* (NICNT; Grand Rapids: Eerdmans, 1996).

Murray, J., *The Epistle to the Romans*, I (NICNT; Grand Rapids: Eerdmans, 1959).

Schreiner, T. R., *Romans* (BECNT; Grand Rapids: Baker, 1998).

Schweizer, E., "υἱός" *TDNT*, VIII, 363-92.

Stuhlmacher, P., *Paul's Letter to the Romans: A Commentary* (Louisville: Westminster/John Knox, - 1994).

Wilckens, U., *Der Brief an die Römer*, II (Zürich: Benziger/Neukirchen-Vluyn: Neukirchener Verlag, 1980).

Wright, N. T., *The Climax of the Covenant: Christ and the Law in Pauline Theology* (Minneapolis: Fortress, 1992).

Zerwick, M., *A Grammatical Analysis of the Greek New Testament* (Roma: Editrice Pontificio Istituto Biblico, 1988).